本书获得中国矿业大学公共管理学院（应急管理学院）学科建设经费资助；

江苏省高校哲学社会科学重大项目"'双减'政策实施成效及其对家长教育焦虑疏解路径研究"（项目编号：2022SJZD038）；

中国矿业大学基本科研经费项目"'双减'背景下家长教育焦虑疏解程度及路径研究"（项目编号：2022SK06）。

| 光明社科文库 |

"双减"背景下
校外培训协同治理路径研究

丁亚东◎著

光明日报出版社

图书在版编目（CIP）数据

"双减"背景下校外培训协同治理路径研究 ／ 丁亚东著 . -- 北京：光明日报出版社，2023.9

ISBN 978－7－5194－7468－3

Ⅰ.①双… Ⅱ.①丁… Ⅲ.①中小学生—校外教育—教育管理—研究—中国 Ⅳ.①G632.0

中国国家版本馆 CIP 数据核字（2023）第 175457 号

"双减"背景下校外培训协同治理路径研究

"SHUANGJIAN" BEIJING XIA XIAOWAI PEIXUN XIETONG ZHILI LUJING YANJIU

著　　者：丁亚东

责任编辑：刘兴华　　　　　　责任校对：宋　悦　董小花
封面设计：中联华文　　　　　责任印制：曹　诤

出版发行：光明日报出版社

地　　址：北京市西城区永安路 106 号，100050

电　　话：010-63169890（咨询），010-63131930（邮购）

传　　真：010-63131930

网　　址：http：// book. gmw. cn

E - mail：gmrbcbs@ gmw. cn

法律顾问：北京市兰台律师事务所龚柳方律师

印　　刷：三河市华东印刷有限公司

装　　订：三河市华东印刷有限公司

本书如有破损、缺页、装订错误，请与本社联系调换，电话：010-63131930

开　　本：170mm×240mm

字　　数：222 千字　　　　　　印　　张：15

版　　次：2024 年 1 月第 1 版　　印　　次：2024 年 1 月第 1 次印刷

书　　号：ISBN 978－7－5194－7468－3

定　　价：95.00 元

目　录
CONTENTS

第一章 选题背景及意义、
研究现状与思路方法

校外培训作为一个普遍的教育和社会现象，对社会阶层流动、教育公平等产生越来越大的影响。2018 年以来，政府集中发布了一系列以"校外培训"为题的规管政策，校外培训治理工作实现了由"治人"到"治机构"的转变。2021 年 6 月 15 日，教育部校外教育培训监管司挂牌成立，标志着校外教育发展进入"专有监护人"的新阶段。新阶段将重点引导校外培训机构由规范发展向绿色发展的转型。绿色培训的实现，需要政府建立一条行之有效的治理路径。就上一阶段校外培训治理而言，治理方法尚存在治理主体单一、治理举措缺乏创新性、治理信心不足等问题，校外培训治理陷入困境。

一、选题背景

《中国教育现代化 2035》提出"形成全社会共同参与的教育治理新格局"的发展目标。校外培训作为一个普遍的教育和社会现象，涉及政府、行业协会、社区、学校、家长等诸多利益主体。校外培训的治理应形成以政府为主导，多元主体共同参与的治理新格局。校外培训作为校外教育资源获取的重要途径，不断对教育机构、学校教育教学等产生深远影响，成为撬动教育公平、固化阶层流动的新杠杆。①

治理能力现代化对协同治理提出更高的要求。党和国家领导人在不同场合

---

① 薛海平，师欢欢．义务教育均衡发展能否降低初中生课外补习参与率？[J]．教育与经济，2020（5）：22-32，51.

多次阐述了"共治共享"在社会治理中的作用与价值。校外培训协同治理的理念强调在构建校外培训治理责任联盟的基础上，以政府为主导，多元主体共同参与的方式，形成各主体对校外培训治理"共治共享"的治理新格局。校外培训协同治理以"共治"为基础，实现各主体对治理结果的"共享"，符合国家社会治理和教育治理现代化的理念。2018 年以来，中央政府和各级地方政府集中发布了一系列政策，对校外培训机构的规范发展进行引导。本部分以校外培训治理政策为切入点，关注校外培训与教育焦虑、教育需求、学生减负等关联问题。同时本书结合校外培训的发展现状、研究对象的选取等方面形成对校外培训治理背景的介绍。

（一）"共治共享"理念成为教育治理现代化的重要体现

"共治共享"的协同治理理念，成为教育治理现代化的重要体现。《中国教育现代化 2035》是我国未来一段时间教育发展的重要指导性文件，它明确了我国教育发展的阶段性目标。《中国教育现代化 2035》提出"推进教育治理体系和治理能力现代化"的教育发展战略。教育治理现代化提出建立健全社会参与教育治理的理念和思路。这表明教育治理应更多地树立协同治理和多元主体参与的治理理念。协同治理强调教育治理时，对治理对象的利益相关者进行联合，形成治理责任联盟，共同应对治理问题。多元主体强调治理对象利益相关者共同参与治理工作，建立涵盖各主体的命运共同体。

"共建共治共享"作为国家治理的新格局和新理念，不断被细化到社会治理的各个领域。①"共建共治共享"对进一步优化社会治理能力、创新社会治理模式、构建新时代社会治理格局具有重要的意义。教育治理作为社会治理的重要组成部分，教育治理的体系和能力将是教育发展的重要方向。在"共建共治共享"的社会治理理念下，教育治理也应树立更加现代化的理念，将"共建共治共享"融合到教育治理的过程中。校外培训治理作为教育治理的热点问题，应探索建立社会共治的路径。本书提出的校外培训协同治理路径的核心，是教育治理履行"共建共治共享"治理理念的重要践行。首先，校外培训协同治理强调"共建"的理念。校外培训协同治理路径强调各主体共同建设校外培

---

① 王东旭. 打造共建共治共享的社会治理格局［N］. 人民日报，2018-10-22（7）.

训治理责任联盟，共同研讨制定校外培训协同治理的政策和措施。其次，校外培训协同治理核心理念强调"共治"。校外培训协同治理路径的实施强调，将校外培训利益相关者纳入一个命运共同体，实现校外培训单一主体治理路径向校外培训多元主体参与治理的协同治理路径转变。最后，校外培训协同治理的成效由各主体"共享"。由于校外培训协同治理将利益相关主体进行了纳入，可以较好地实现校外培训协同治理结果的共享。

教育治理现代化和"共建共治共享"治理理念，应深入贯彻教育发展和改革的进程中，为教育现代化的推进提供动力。上述表明基于多元主体参与，实现社会共治的协同治理理念，符合教育治理现代化和校外培训治理的需要。

（二）校外培训治理的热潮及其教育影响力

1. 校外培训治理处在"主攻阶段"，政府治理举措集中实施

校外培训作为一个普遍的教育现象①，已逐渐发展成为一个独立的教育系统，且对学校主流教育的影响不断增大。2018 年以来，政府集中发布了一系列治理政策，对校外培训展开了大规模和针对性的治理。此次治理具有治理力度大、治理措施完善、治理意愿来源等级高等显著特征。因此，需要对校外培训治理的阶段、政策措施以及成效等进行梳理，形成对校外培训治理背景的系统介绍。

校外培训的治理主要经历了侦查时期、评估时期和主攻时期三个阶段。侦查和评估时期始于校外培训"正规化"发展的时期，主要开始于 2000 年之后。该时期校外培训的治理主要集中于学校开设补习班、在职教师有偿补习等。该阶段并没有出现直接针对校外培训的政策文件和规管措施。各级政府和相关部门涉及在职教师有偿补习和学校提供有偿教育服务等的政策文件约有 770 份，其中，中央层面发布的政策文件有 26 份、省级和直辖市层面发布的政策文件有 313 份、县市级层面发布的政策文件有 431 份。这些政策文件发布的目的或者规治对象并不是校外培训，主要是涉及在职教师和学校提供有偿教育服务的

---

① 周东洋，吴愈晓．教育竞争和参照群体：课外补习流行现象的一个社会学解释 ［J］.南京师大学报（社会科学版），2018（5）：84-97.

问题。① 如2001年5月21日，《关于基础教育改革与发展的决定》（国发〔2001〕21号）明确提出严禁学校和教师通过提供课外教育服务进行乱收费；2015年5月29日，教育部发布《严禁中小学校和在职中小学教师有偿补课的规定》（教师〔2015〕5号）提出严禁中小学校提供补习服务或补习场地，禁止与补习机构联合补习等，同时严禁在职教师有偿参与补习、引导或暗示学生补习等行为。上述政策多是对在职教师有偿补习和学校乱收费等现象的批判，并没有实质性、具体化和可操作的治理措施。校外培训治理的评估时期，主要以"建立治理试点"的模式展开。该阶段选取部分城市作为治理评估的试点，针对评估地区中校外培训的发展现状，制定准入标准。该阶段主要通过校外培训机构设置的标准，对校外培训机构的办学场地、日常管理、招生招聘等进行监督和评估；同时，依据设置的标准对不符合规定的校外培训机构做出整改或关停的处罚决定。

目前，我国校外培训治理处于主攻阶段。该阶段具有治理愿望来源等级高、治理措施多样、治理决心较大、治理目标和任务具体等显著特征。校外培训主攻阶段具体表现为，由中央政府提出校外培训治理的总体目标和要求，教育部等部委机关出台校外培训治理的规范化文件，指出校外培训治理的具体思想，省级教育部门制定校外培训治理的具体操作措施和任务，县市制定治理政策和措施的实施细则。2018年2月13日，《教育部办公厅等四部门关于切实减轻中小学生课外负担开展校外培训机构专项治理行动的通知》（教基厅〔2018〕3号）中，针对校外培训存在的问题，从明确治理思想、确定治理任务、设置治理要求、完善治理分工、细化治理措施、加强组织监管等方面，形成了一套系统化的校外培训治理思路，有序开展校外培训的治理工作。随后，上海、浙江、江苏等省份均出台了校外培训治理的相关政策文本及实施细则，进一步明确了各市县校外培训的治理具体工作。我国校外培训治理形成了从中央到市县的治理体系，且治理政策针对性强、治理思路清晰，标志着我国校外培训的治理进入了关键阶段或主攻阶段。

---

① 丁亚东，刘积亮，薛海平. 在职教师参与课外补习的政策模式分析 [J]. 上海教育科研，2016（6）：41-45.

然而，政府对校外培训大规模整治的背景下校外培训依旧"火爆"，校外培训治理的目标并没有实现。所以，如何转变治理思路、构建新的治理路径、优化治理政策和措施，成为校外培训治理工作的重点，同时也为校外培训协同治理路径的提出奠定基础。

2. 校外培训的普遍性和不规范，提升政府校外培训治理的意愿

校外培训作为学校主流教育的补充、附属等被称为"影子教育"。① 校外培训在世界各国都有着一定的参与率，逐渐发展为一种普遍的社会和教育现象。② 校外培训机构自身发展中存在着较多问题，主要表现为校外培训机构运行机制不健全，缺乏内部治理制度和部门设置。③ 我国校外培训机构规模庞大，主要以中小校外培训机构为主。这些机构师资来源不统一，涵盖在职教师、学生、企业人员等；教学管理松散，没有明确的教学和课程开发体系，授课进度不协调，教学水平参差不齐；日常管理制度上，有较大的灵活性和随意性。灵活性表现在教学内容和教学时间的安排比较随意。校外培训机构在收取学生补习费用和工资发放时，主要以微信、支付宝转账等方式，财务管理制度不健全。④

综上所述，目前一些校外培训机构在教学课程、教学内容、师资来源和管理以及财务制度等方面存有较大问题。校外培训发展不规范、市场价格虚高等，不仅扰乱了正常的市场秩序，还加重了家庭的经济负担。上述因素成为政府对校外培训进行治理的重要因素。校外培训机构的不规范发展，辅之庞大的机构数量，增加了校外培训治理的难度和复杂性。

3. 教育需求不断上升，教育焦虑问题凸显

党的十九大对我国社会主要矛盾进行了重新论断，新社会矛盾在教育中的

---

① 李娜. 影子教育在我国的发展趋势［J］. 中国教育学刊，2015（5）：54-57.
② 丁亚东，杨涛. 我国校外培训机构治理政策的特征、问题与展望：基于21个省市政策文本的分析［J］. 教育与经济，2019（6）：87-93.
③ 王素斌，朱益明. 论校外培训机构的综合治理［J］. 基础教育，2018（2）：49-54.
④ 丁亚东. 价值与阻力：我国课外补习机构的发展阶段与治理路径［J］. 当代教育论坛，2019（3）：17-24.

体现表现在人民对优质和多样化教育资源的需求与教育发展不均衡不充分的矛盾①，主要表现为家长对教育资源尤其是优质教育资源需求的不断增加。教育需求的产生分为内、外两个层面，外部层面影响教育需求的主要因素是教育资源，内部因素为教育心理和教育选择。其中，教育资源配置的方式、效率和公平性对家长教育需求影响较大。② 义务教育阶段教育资源的配置理念以"均衡"为核心，重点强调教育资源配置的公平性。但均衡和公平的教育资源配置方式，无法满足家长多样性和个性化的教育需求。为获取更多教育资源和机会，满足教育需求，家长将教育资源获取的途径转向校外培训。人的行为选择往往受从众心理的影响，在当下校外培训热、民办教育热的背景下，家长的教育选择极容易受到"热门"的影响，出现一个家长的教育选择往往受制于其他家长教育选择的现象。③ 不管是校外培训热还是民办教育热，揭示的是家长对教育资源的竞逐。在教育资源竞争激烈化的现实下，家长极容易产生"非理性"的从众心理，往往会带来教育焦虑。2018 年 9 月，智课教育和新浪教育联合发布的《中国家长教育焦虑指数调查报告》显示，我国教育焦虑指数为 67点，处在比较焦虑的水平。④ 家长教育焦虑的主要来源为教育需求的无法满足，一定程度上促进了大规模校外培训的发生。校外培训虽然在一定程度上满足了家长的部分教育需求，但有家长因周围人参与校外培训而感到焦虑。家长教育焦虑凸显，加剧了政府对校外培训问题的关注。为缓解教育焦虑，营造良好的教育环境和教育生态，政府需要对校外培训进行科学性引导和规范化治理。

（三）中小学生课外学业负担重，掀起"课外减负"热潮

减轻学生负担一直是社会各界重点关注的焦点问题。根据中小学减负的内

---

① 郅庭瑾，陈佳欣．教育发展的不平衡与不充分［J］．清华大学教育研究，2018（3）：
10-13．
② 宋光辉，彭伟辉．义务教育阶段择校制度优化：基于教育需求视角的分析［J］．经济
体制改革，2016（1）：183-187．
③ 丁亚东．我国中小学生家庭参与影子教育的博弈策略［J］．苏州大学学报（教育科学
版），2020（2）：66-74．
④ 新浪教育．中国家长教育焦虑指数报告：成长烦恼不再是孩子专属［EB/OL］．
（2018-09-18）［2019-11-01］．https：//edu．sina．cn/zxx/zxxzx2018-09-18/detail-ih-
khfqns4070541．d．html．

容和方向划分，归纳起来我国中小学生减负大体经历了两个阶段。第一个阶段主要是对中小学生的课内学业负担过重进行减负，第二个阶段主要是对中小学生的课外学业（主要是校外培训带来的学业）负担过重进行减负。

1951 年 8 月 6 日，国家政务院针对学生课业负担重的问题，发布《关于改善各级学校学生健康状况决定》，提出减少学生课外习题量。1955 年 7 月 1 日，国家教委发布《关于减轻中、小学学生过重负担的指示》，从教材、教学水平、学校领导教学理念等方面，归纳学生学业负担重的原因。1964 年 5 月，针对学生学业负担不断加重的现象，国家教委发布《关于克服中小学学生负担过重现象和提高教学质量的报告》，对学生学业负担的特征分布进行归纳，并结合学生学业负担重的具体表现、成因、影响因素等提出改进措施。1988 年 5 月，国家教委发布《关于减轻小学生课业负担过重问题的若干规定》，从全面育人、提高教育质量、完善教育教学规划等方面提出解决学生学业负担重的方案。1993 年 3 月，国家教委发布《关于减轻义务教育阶段学生过重课业负担、全面提高教育质量的指示》（教基厅〔1993〕3 号），从提升教育质量的视角出发，提出中小学生课业负担过重，不仅不利于学生的全面发展，还阻碍了义务教育的发展和全民素养的提升。文件从转变教育观念、深化教育教学领域改革等方面提出减轻学生课业负担的思路。1994 年 11 月，国家教委发布《关于全面贯彻教育方针，减轻中小学生过重课业负担的意见》（教基厅〔1994〕24 号），深入分析了学生学业负担重的社会根源，从教育思想、教育观念、制度变革、监督问责等方面提出减负的思路。1999 年 6 月，中共中央、国务院发布《关于深化教育改革全面推进素质教育的决定》（中发〔1999〕9 号），从推进素质教育发展进程的视角，对减轻学生负担提出要求。2000 年 1 月，教育部发布《关于在小学减轻学生过重负担的紧急通知》（教基厅〔2000〕1 号），针对减轻学生学业负担重的成效不佳问题，提出从完善课程设置和丰富教学内容、加强监督问责等方面提出减负举措。2001 年 5 月，国务院发布《关于基础教育改革与发展的决定》（国发〔2001〕21 号），从促进学生全面发展的视角出发，提出减负举措。2010 年 7 月，教育部发布《国家中长期教育改革和发展规划纲要（2010—2020）》，构建政府、学校、家长、学生等协同参与的立体化、多主体的减负体系。①

2013 年以来，我国中小学生减负开始进入对课外学业负担减负的新阶段。2013 年 8 月，教育部出台史上最严"减负令"——《小学生减负十条规定》，对学生课外负担重的问题，进行明确规定，减轻学生的课外学业负担。② 党的十九大报告将持续减轻中小学生负担确定为未来教育工作的重点。2018 年 2 月 18 日，教育部、民政部、人力资源社会保障部、工商总局共同印发《关于切实减轻中小学生课外负担开展校外培训专项治理行动的通知》（教基厅〔2018〕3 号），以减轻学生课外学业负担为目的，拉开校外培训治理序幕；2018 年 3 月 5 日，李克强总理在政府工作报告中提出，要着力解决中学生负担重的问题；2018 年 8 月 6 日国务院办公厅发布《国务院办公厅关于规范校外培训发展的意见》（国办发〔2018〕80 号），针对学生课外学业负担重的问题，从"促进校外培训规范有序发展"的目的出发，对校外培训的准入审批、日常监管策略、治理理念以及培训内容、收费标准等给予指导。中央层面对学生减负和校外培训的治理程序与工作安排进行了规定、说明。在此政策和治理意见的影响下，社会各界展开了学生课外减负的大讨论，校外培训被推向校外"减负"的前沿。

校外培训作为学生课外学业负担的重要源头，为减轻学生课外学业负担，推动义务教育和素质教育的发展，政府加强对校外培训机构的治理。"一直以来围绕减负，我们也是做了大量的工作，上级每年的考核也会对减负提出要求。根据家长和学校的反映，补习也是我们减负工作的一部分。"（受访政府工作人员 G10）

二、选题意义

本书通过对校外培训治理问题的分析，归纳了校外培训治理成效不佳的原因，为进一步提升校外培训服务质量奠定基础。校外培训协同治理路径作为校外培训治理的新选择，对拓宽校外培训治理思路，优化校外培训治理思想等均

---

① 山子. 中小学减负政策文本的梳理及分析 [J]. 教育科学研究，2015（2）：38-43.
② 张赵姝影，郑东辉. 基于高频词汇的国家减负政策分析 [J]. 教师教育研究，2016（2）：27-33.

具有重要意义。同时，新路径的构建也为制定出更加符合教育规律、校外培训机构发展需要和各主体利益诉求治理举措提供借鉴。

（一）理论意义

本书理论意义的体现主要包含以下两个方面。一是通过文献研究和数据调查，梳理校外培训的变迁史、治理阶段及研究现状、校外培训的治理成效等。通过对校外培训治理的问题、校外培训协同治理路径的评估等的分析，归纳校外培训治理存在的问题，为校外培训规治方法提供新的治理路径选择。研究将协同治理理论引入校外培训治理，既完善了校外培训治理的理论基础，又丰富了校外培训治理的研究视角。二是目前校外培训的研究主要集中在校外培训对教育公平、学生升学、学校教学等关系的研究，关于校外培训治理的研究成果整体而言较少。本书以校外培训治理为研究视角，关注校外培训协同治理的问题，在一定程度上丰富了校外培训治理的研究成果。本书聚焦校外培训协同治理路径，以提升校外培训治理成效、推动学校教育与校外培训的协同发展为目的，提出基于多元主体和责任联盟的治理命运共同体的校外培训治理路径。因此，新路径本身也具有一定的理论创新意义。

（二）实践意义

校外培训与学业负担、教育焦虑、教育需求等有着密切联系。本书部分内容聚焦校外培训机构发展的问题，关注需求方校外培训获得差异。据此可以通过政策建议的提出，以降低校外培训参与率的方式，实现学生课外学业负担的减轻；同时，可以起到缓解教育焦虑的作用。校外培训协同治理路径是基于当前治理路径成效不佳的基础上提出的。新路径的实施对提升校外培训服务质量具有重要的促进作用，可以让需求方更好地享受校外培训教育服务，满足更加个性化和多元化的教育需求。当前校外培训治理举措存在可操作性差、创新性不足、校外培训内涵界定不清晰、校外培训治理定位不明确、治理体系不完善等问题。[①] 校外培训协同治理路径的提出，有助于联合更多主体参与治理，形成治理命运共同体。对优化治理举措、减少治理阻碍发挥重要作用。新路径的

---

① 周翠萍．论校外培训机构的特点、问题及定位监管［J］．教育科学研究，2019（10）：32-35，52.

提出为政府更好地实现校外培训治理目标，提供路径选择和借鉴。

（三）政策意义

目前，校外培训治理的政策和措施并不完善，导致校外培训治理存在治理效果不佳、治理满意度不高等问题。本书通过问卷调查和访谈，确定校外培训及校外培训治理的问题。依据调查分析对校外培训协同治理路径进行评估，为进一步完善校外培训治理的政策和措施，更好地实现校外培训治理目的奠定基础。本书通过对校外培训治理政策存在问题的梳理与分析，有利于推动各主体对现行校外培训治理政策进行深刻反思。新路径的实施有助于对校外培训治理措施进行完善，提升校外培训治理的满意度。

三、研究现状

本书的校外培训与课外补习（Private Tutoring）、影子教育、补习教育等为同一概念。因此，下文出现的课外补习、影子教育、补习教育等均与校外培训为同一内涵。

（一）校外培训的内涵、规模及影响因素研究

1. 校外培训的内涵研究：内容愈加丰富

校外培训常被称为"课外补习"，主要以学习成绩提升、兴趣素养培养等为教学目的。相较于学校教育，校外培训具有明显的有偿性特征。校外培训在不同的国家有着不同的称呼，英语国家一般称为"影子教育"（Shadow Education）、"私人补习"（Private Tuition）、"课堂"（Classes）、"学习中心"（Learning Center）、"专业学校"（Academies）、"学习所"（Institutes）等。日本一般将校外培训称为"学习塾"，同时根据参与学习塾学生的目标、内容及学习成绩，又分为"进学塾""补习塾"和"救济塾"三个类型。①② 我国一般将校外培训称为"课外补习""课外辅导""校外辅导"等。综上所述，根据不同国家对校外培训的称呼，总结起来大致分为"课外补习""影子教育"

---

① 孔令帅，陈铭霞，刘娣. 社会教育培训机构治理的国际经验及启示 [J]. 外国中小学教育，2017（6）：41-45.
② 牛敏. 日本学习塾的历史发展 [J]. 世界教育信息，2013（2）：56-59.

"补习教育"等。因此，本书将从校外培训不同的表述出发，总结其内涵。

课外补习的内涵。课外补习是指发生在学校正常教学之外的、有偿的教育活动。其主要目的在于提升学习成绩，具有培优和补差的两重性。① 根据课外补习与学习教育的关系，有学者提出课外补习是指产生于学校主流教育之外的，具有显著补充性特征的教育活动。② 依据课外补习的参与主体和内容，在肯定课外补习"学校教育补充性"特征的基础上，杨春提出课外补习是指中小学生参与的以学术课程为核心内容的学校之外的补充性教育活动。③

影子教育的内涵。影子教育的表述重点在于"影子"两字的理解。影子教育的表述，来源于对学校教育教学活动的依附，且受学校教育发展的影响较大，被作为学校教育的"影子"。因此，影子教育的定义为学生参与的附属学校主流教育之外的，有偿的教育辅导活动。④ 影子教育作为学校教育的"映像"，其辅导内容分为两类，一是以数学、化学、物理等为核心教学内容的学术辅导，二是以象棋、美术、书法等为核心教学内容的兴趣辅导。⑤

补习教育的内涵。学者对补习教育的论述，多是结合了课外补习和影子教育的内涵，从学校教育的关系、补习内容、补习对象等视角进行了界定。王有升认为，补习教育是指发生在学校之外的，以文化课程、兴趣培养等为教学内容的教育活动，中小学生为其主要的服务对象。⑥ 雷万鹏从家庭购买服务的视角出发，认为补习教育是指学校主流教育之外，家庭购买的教育服务内容，且

---

① 张羽，陈东，刘娟娟. 小学课外补习对初中学业成绩的影响：基于北京市某初中九年追踪数据的实证研究 [J]. 教育发展研究，2015（Z2）：18-25.
② BRAY M，KWOK P. Demand for private supplementary tutoring：Conceptual considerations，and socio-economic patterns in Hong Kong [J]. Economics of Education Review，2003（6）：611-620.
③ 杨春. 课外补习教育中师生关系伦理性与契约性的博弈 [J]. 教育理论与实践，2011（2）：11-13.
④ 周霖，周常稳. 韩国影子教育治理政策的演变及其启示 [J]. 外国教育研究，2017（5）：66-76.
⑤ 张冰."影子教育"与中国"新中间阶层"的文化再生产：从布迪厄的文化资本理论说开去 [J]. 教育理论与实践，2017（22）：17-20.
⑥ 王有升. 补习教育：一类不可忽视的教育现象 [J]. 上海教育科研，1997（6）：18-19，24.

以补习班、家教家庭辅导为主要的参与方式。① 考虑搭配补习教育内容的广泛性，有学者提出了广义和狭义的补习教育划分。广义的补习教育具有"全学生"和"全内容"的显著特征，即教育服务对象包括大学生、中小学生，教学内容包括职业培训、四六级等。狭义的补习教育主要是指中小学生参与的学校主流教育之外的教学活动，其内容主要为语文、英语、音乐、舞蹈、体育等。②

综上所述，"校外培训""课外补习""影子教育""补习教育"等，均表示学生有偿接受的校外教育，并且以提升学生成绩为共同的特征。③④ 由本书介绍的校外培训相关概念内涵可知，校外培训具有私人性、有偿性的显著特征，且具有教育和经济的双重属性。⑤ 校外培训内涵的多特征，表明校外培训的复杂性，同时也说明了校外培训治理的复杂性和艰巨性。对校外培训内涵的梳理，有助于各主体更好地了解校外培训的特征，为制定更加具有针对性的政策和措施提供借鉴。

2. 校外培训的规模研究：发展为普遍的教育现象

校外培训在国外和国内均比较盛行。学者对各国校外培训的规模也均有所研究。本书综述的校外培训规模主要包括对校外培训的参与率和支出的研究。本部分从不同国家、地区及我国不同城市校外培训的规模研究等多个层面对已有文献进行梳理和归纳。

东南亚部分国家或地区校外培训的规模研究。Rafsan Mahmud 和 Husaina Banu Kenayathulla 通过对孟加拉国 354 名学生和家长的调查分析，得出该国有 49%的中学生参与过校外培训，其中，城市郊区校外培训的参与率为 44.7%，

---

① 雷万鹏. 高中生教育补习支出：影响因素及政策启示 [J]. 教育与经济, 2005（1）: 39-42.

② 王吉, 刘东芝. 对补习教育研究几个基本问题的思考 [J]. 教学与管理, 2013（27）: 15-17.

③ 于金申, 贾利帅. 日本"影子教育"的治理与启示 [J]. 当代教育科学, 2020（4）: 65-69.

④ BRAY M, LYKINS C. Shadow education: Private tutoring and its implications for policy makers in Asia [R]. Manila: Asian Development Bank; Hong Kong: Comparative Education Research Center, The University of Hong Kong, 2012: 1.

⑤ 孟庆蛟. 影子教育产品的经济分析 [D]. 济南：山东大学, 2020: 25-27.

城市地区有 53.3% 的学生参与过校外培训。① Marshall 和 Fukao 对柬埔寨 134 所中学的调查分析，得出该国学生校外培训的参与率为 73%，数学（53%）、物理（38%）和英语（35%）为最常见的参与科目。② 世界银行（World Bank，2004）对越南 72660 名五年级学生的调查分析，得出该国有 38% 的学生参与过校外培训，校外培训支出占家庭教育总支出的比重为 20%。③ Harshita 对印度 60 名学生的访谈和调查分析，得出有 98% 的学生表示过去半年参与过校外培训，超过 70% 的学生每周参与校外培训超过 4 小时。④ 综上所述，校外培训在东南亚多国和地区均已成为一种普遍存在的教育现象，不管是小学、初中还是高中都有着一定的参与率和支出比重。

东亚部分国家或地区校外培训的规模研究。日本研究部科学省（Ministry of Education，Science，Culture and Sport，2016）对该国小学生的调查分析，得出小学生参与校外培训的比重为 53.5%，中学生参与校外培训的比重为 61.9%，高中学生参与校外培训的比重为 40%。⑤ 中泽涉、鲍威和冯倩倩通过对日本 888 名高中生的调查分析，得出学生个人每月的课外补习支出为 7776.993 日元，且不同背景学生课外补习支出呈现不均衡格局的结论。⑥ 韩国国家统计局（2017）的数据显示，该国小学到高中的校外培训参与为 67.8%，

① MAHMUD R，KENAYATHULLA H B. Shadow education：Patterns and scale of private supplementary tutoring in English in secondary education at urban Dhaka in Bangladesh［J］. Compare：A Journal of Comparative and International Education，2018（4）：702-716.
② JEFFERY H，FUKAO M T. Shadow education and inequality in lower secondary schooling in Cambodia：Understanding the dynamics of private tutoring participation and provision［J］. University of Chicago Press Chicago，IL，2019（1）：98-120.
③ BANK W. Vietnam：Reading and mathematics assessment research［R］. Washington DC：Human Development Sector Unit，East Asia and Pacific Region，2004：241.
④ SHARMA H. The perception on need and impact of private supplementary tutoring at higher secondary level in Delhi Region of India：An exploratory research［J］. The Eurasia Proceedings of Educational and Social Sciences，2019（13）：5-16.
⑤ 梁春贤，游宇. 日本中小学课外补习教育的治理经验及启示［J］. 文化创新比较研究，2020（1）：197-198.
⑥ 中泽涉，鲍威，冯倩倩. 日本的影子教育：聚焦高中阶段的课外补习支出［J］. 北京大学教育评论，2015（3）：17-28，187.

家庭月均校外培训支出为 224.3 美元。① Kim 对韩国中小学的调查分析，得出该国小学生校外培训的参与率为 83%，中学生校外培训的参与率为 75%，高中生校外培训的参与率为 56%，家庭校外培训支出占 GDP 的比重为 2.9%。② 综上所述，韩国校外培训的参与比重相对要高于日本。但两国校外培训的参与率，比东南亚国家校外培训的参与率要高。

欧洲和北美部分国家或地区校外培训的规模研究。Davies 和 Aurini 使用加拿大 2002 年安大略省"公众教育态度：第 14 次 OISE/UT 调查数据"的分析，得出有 17.8% 的学生参与过校外培训。③ Bray 对欧洲六国校外培训参与的调查分析，得出塞浦路斯（86%）、马耳他（78%）、立陶宛（62%）、匈牙利（61%）、斯洛伐克（56%）和葡萄牙（55%）。④ Bray 对法国巴黎高中生的调查分析，得出该地区高中生校外培训的参与率超过 75%。⑤ Zambeta 和 Psacharopoulos 对希腊家庭教育支出的调查分析，得出校外培训占家庭教育支出的比重超过 35%，有超过 50% 的学生参与过校外培训。⑥⑦ Smyth 对爱尔兰 1496 名高中学生的调查分析，得出有 45% 的高中学生参与校外培训。⑧ 朱洵通过对国外资料的整理分析，得出德国有 14.8% 的学生参与校外培训；西班牙 6~18 岁的

① JUNG H, SEO E H. Examining a causal effect of private tutoring in Korea: Does private tutoring damage students' self-regulated learning? [J]. Asia Pacific Education Review, 2019 (3): 375-389.

② KIM T. Shadow education: School shadow education: Quality and demand for private tutoring in Korea. Interfaces for the Advanced Economic Analysis [C]. Kyoto University, 2005: 1-22.

③ DAVIES S, AURINI J. The franchising of private tutoring: A view from Canada [J]. Phi Delta Kappan Magazine, 2006, (2): 123-128.

④ BRAY M. The challenge of shadow education: Private tutoring and its implications for policy makers in the European Union [M]. Brussels: EC/NESSE, 2011: 21-23.

⑤ BRAY M. Confronting the shadow education system. What government policies for what private tutoring? International Institute for Educational Planning [M]. Paris: UNESCO, 2009: 72.

⑥ ZAMBETA E. Education and Social Solidarity in times of Crisis: The case of voluntary shadow education in Greece [J]. Education Inquiry, 2014 (1): 69-88.

⑦ PSACHAROPOULOS G, STANTINOU P G. The real university costs in a "free" higher education country [J]. Economics of Education Review, 2005 (1): 103-108.

⑧ SMYTH E. Buying your way in to college? Private tuition and the transition to higher education in Ireland [J]. Oxford Review of Education, 2009 (1): 1-22.

学生中，有 20% 的学生参与校外培训。① 校外培训参与率最高的希腊达到 75%，最低的挪威也达到 8%。② 综上所述，欧洲和北美洲部分国家和地区校外培训的参与率表现出很大的差异性。个别国家比重很高，也有个别的国家比重较低。这体现出教育、经济和文化等方面的差异对校外培训参与的影响。

非洲部分国家或地区校外培训的规模研究。Wahab（2009）对埃及政府官方数据整理后的调查分析，得出该国中学生校外培训的参与率为 81%，小学生校外培训的参与率为 69%。③ 该国校外培训支出占家庭总支出的比重为 61%，校外培训支出占国内生产总值的比重为 1.6%；该国有 58% 的学生参与校外培训，其中，城市地区小学生校外培训的参与率为 64%，农村地区小学生校外培训参与率为 52%。④ Mark Bray 对肯尼亚 3233 名六年级学生的调查分析，得出该国有 68.6% 的学生参与校外培训。⑤ 综上所述，埃及和肯尼亚这两个非洲国家，校外培训的参与率较高，且高于部分发达国家和发展中国家。这表明校外培训的参与与该国的经济发展水平等并不是正相关的关系，其高低是多种因素综合影响的结果。

我国校外培训的规模研究。薛海平等和丁小浩使用 CEPS2014 的调查数据，得出有 73.8% 的小学生、65.6% 的初中生和 53.5% 的高中生接受过校外培训；城镇居民校外培训的平均花费为 1187.68 元，约为我国城镇居民年教育总支出的 1/3。⑥ 曲颖和薛海平使用 CFPS2012 的数据分析，得出校外培训支出占家庭

---

① 朱洵. 教育全球化中的影子教育与文化资本理论 [J]. 清华大学教育研究，2013（4）：51-55.

② SOUTHGATE D E. Determinants of shadow education：A cross-national analysis [D]. Columbus：The Ohio State University，2009：44.

③ SOBHY H. The de-facto privatization of secondary education in Egypt：A research of private tutoring in technical and general schools [J]. Compare：A Journal of Comparative and International Education，2012（1）：47-67.

④ BANK W. The road not traveled：Education reform in the middle east and north Africa [M]. Washington D C：The World Bank，2008：103.

⑤ BRAY M，SENG B，BANK W，et al. Balancing the books：Household financing of basic education in Cambodia [J]. Comparative Education，2005（100）：445-447.

⑥ 薛海平，丁小浩. 中国城镇学生教育补习研究 [J]. 教育研究，2009（1）：39-46.

年纯收入的比重为 10.41%，占家庭教育总支出的比重为 44.29%。① 就不同省份和城市的校外培训规模而言，北京校外培训的参与率为 78.6%，内蒙古校外培训的参与率为 69%②，辽宁校外培训的参与率为 89%③，广东深圳校外培训的参与率为 69.9%，湖北武汉校外培训的参与率为 72.7%④，陕西西安校外培训的参与率为 69.36%，⑤ 安徽淮北校外培训的参与率为 91.11%⑥。Zhan、Bray 和 Wang 通过对香港 16 所中学 1646 名学生的调查分析，得出 53.8% 的九年级学生和 71.8% 的十二年级学生参与过校外培训。⑦ 周东洋和吴愈晓研究发现，校外培训参与率和支出规模与班级内学生校外培训的参与和支出规模、家长互动、同辈互动等均有显著的相关性。⑧ 宋海生等（宋海生，薛海平，2018）使用 CEPS2014 数据研究发现，校外培训支出占家庭教育支出的比重增大，加重了家庭经济负担。⑨ 由此可知，校外培训在我国也有着较高的参与率，且校外培训的支出占据着家庭教育支出的高比重，受到广大学者和政府部门的高度关注。

综上所述，校外培训在发达国家、发展中国家和贫困国家其参与率和支出均较高，成为全球较为普遍的社会和教育现象。校外培训规模的研究有助于进

---

① 曲颖，薛海平. 我国义务教育阶段影子教育私人成本研究 [J]. 上海教育科研，2015（4）：21-26.

② 方晨晨，薛海平. 影子教育的影响因素及对学生成绩影响的实证研究：基于京、黑、鲁、晋、青、川六省市的调查数据 [J]. 现代中小学教育，2015（8）：9-12.

③ 刘东芝. 小学生影子教育弊大于利 [J]. 中国教育学刊，2014（11）：19-23.

④ 钱国英，唐丽静. 城市义务教育阶段学生参加课外补习机率的影响因素分析：基于武汉、深圳的调查 [J]. 教育财会研究，2009（6）：9-12.

⑤ 张颖，张清. 基础教育阶段影子教育的实证研究：基于西安市城区的调查与分析 [J]. 吉林教育学院学报，2013（12）：74-76.

⑥ 赵楠楠. 小学生影子教育现状调查与思考：以淮北市相山区小学为例 [J]. 曲靖师范学院学报，2014（9）：20-23.

⑦ ZHAN S，BRAY T，WANG D. The effectiveness of private tutoring：Students' perceptions in comparison with mainstream schooling in Hong Kong [J]. Asia Pacific Education Review，2013（4）：495-509.

⑧ 周东洋，吴愈晓. 教育竞争和参照群体：课外补习流行现象的一个社会学解释 [J]. 南京师大学报（社会科学版），2018（5）：84-97.

⑨ 宋海生，薛海平. 初中生课外补习支出：现状、影响因素及政策启示 [J]. 当代教育论坛，2018（4）：83-92.

一步了解家长校外培训参与的行为选择和特征，并通过高参与、高支出和低收益的对比，为校外培训治理必要性的分析奠定理论基础。

3. 校外培训的影响因素研究：教育公平成为共识

校外培训的影响因素研究主要分为两个方面，一是校外培训对学生成绩等影响的研究，主要研究内容在于分析校外培训对教育获得的影响，反映出校外培训对教育公平的影响；二是家庭资本对校外培训的影响，主要研究内容在于分析家庭资本对校外培训参与等的影响，反映出家庭资本对校外培训机会获得的影响。上述两部分主要研究成果梳理如下。

国内外关于校外培训对学生成绩的影响，还没有形成统一的认识。主要分为三个观点，一是校外培训对学生成绩提升有显著影响，二是校外培训对学生成绩提升没有显著影响，三是校外培训对学生成绩提升有显著负影响。

校外培训对学生成绩提升有显著影响的研究。Berberoǧlu 和 Tansel 对土耳其 9983 名学生的调查分析，得出参与校外培训对学生数学成绩和土耳其语成绩的提升有显著的积极影响。[1] Buchmann 对肯尼亚中小学生的调查分析，得出校外培训对学生学习成绩的提升有着强烈的正影响。[2] Dang 对越南中小学的调查分析[3]、Kim 对韩国学生的分析[4]等均得出校外培训对学生成绩的提升有显著的正影响。在国内，薛海平[5]、胡咏梅[6]、李佳丽[7]和刘姗姗[8]等均得出校外

① BERBEROǦLU G , TANSEL A. Does private tutoring increase students' academic perform-ance? Evidence from Turkey [J]. International Review of Education，2014 (5)：683–701.

② BUCHMANN C. Getting ahead in Kenya：Social capital, shadow education, and achievement [J]. Research in the Sociology of Education，2002 (2)：133–159.

③ DANG H A. The determinants and impact of private tutoring classes in Vietnam [J]. Eco-nomics of Education Review，2007 (6)：683–698.

④ KIM H. Can the academic achievement of Korean students be portrayed as a product of "shad-ow achievement" [J]. Asia Pacific Education Review，2015 (1)：119–135.

⑤ 薛海平，王东，巫锡炜. 课外补习对义务教育留守儿童学业成绩的影响研究 [J]. 北京大学教育评论，2014 (3)：50–62.

⑥ 胡咏梅，范文凤丁，维莉. 影子教育是否扩大教育结果的不均等：基于 PISA2012 上海数据的经验研究 [J]. 北京大学教育评论，2015 (3)：29–46.

⑦ 李佳丽. 不同类型影子教育对小学生学业成绩的影响：及其对教育不均等的启示 [J]. 教育科学，2017 (5)：16–25.

⑧ 刘姗姗，杨向东. 课外辅导对学生学业成绩影响效应的元分析 [J]. 教育发展研究，2015 (22)：55–64.

培训对学生学习成绩有积极影响，且合理发挥校外培训的作用，可以有效降低教育结果的不均衡和不均等的发生率。①

校外培训对学生成绩提升没有显著影响。Byun 对美国东海岸各州中小学生的调查分析，得出学生参与校外培训对学习成绩的提升没有显著影响。②Sung 对比分析了韩国、日本、泰国三个国家高中生参与校外培训的效果，得出三国高中生参与校外培训对学习成绩的提升没有显著影响。③ 李佳丽和潘冬冬（2020）研究发现，校外培训对学生的阅读、科学成绩没有显著影响。④Smyth、Karin Guill 和张羽等对埃及、爱尔兰、德国和中国等国家的中小学生的调查分析，均得出校外培训对学生成绩没有显著影响。⑤⑥⑦

校外培训对学生成绩有显著负影响。孙伦轩和唐晶晶基于 CEPS 2014 数据的分析，得出课外补习对学生成绩的提升并没有显著的相关性，且对初中学生的标准总成绩呈显著负相关。⑧ 李佳丽和潘冬冬研究发现，校外培训对学生科学、数学、阅读三科成绩有显著的负影响。⑨ 有研究总结了校外培训对学习成绩产生负影响的原因，主要分为以下几个方面：一是校外培训一定程度上增加

① 李佳丽，胡咏梅. 谁从影子教育中获益？：兼论影子教育对教育结果均等化的影响［J］. 教育与经济，2017（2）：51-61.
② BYUN S，PARK H. The academic success of East Asian American youth：The role of shadow education［J］. Sociology of Education，2012（1）：40-60.
③ SUNG K，KIM J. A comparative research on the relationship between private tutoring experiences and high school students' academic science achievement：Korea，Finland，and Japan［J］. Korean Journal of Sociology of Education，2010（1）：103-126
④ 李佳丽，潘冬冬. 中国香港学生参加校内外教育补习的影响因素与效应［J］. 教育与经济，2020（2）：49-59.
⑤ SMYTH E. The more，the better？Intensity of involvement in private tuition and examination performance［J］. Educational Research and Evaluation，2008（5）：465-476.
⑥ GUILL K，BOS W. Effectiveness of private tutoring in mathematics with regard to subjective and objective indicators of academic achievement［J］. Journal for Educational Research，2014（6）：34-67.
⑦ 张羽，陈东，刘娟娟. 小学课外补习对初中学业成绩的影响：基于北京市某初中九年追踪数据的实证研究［J］. 教育发展研究，2015（15）：18-25.
⑧ 孙伦轩，唐晶晶. 课外补习的有效性：基于中国教育追踪调查的估计［J］. 北京大学教育评论，2019（1）：123-141，191.
⑨ 李佳丽，潘冬冬. 中国香港学生参加校内外教育补习的影响因素与效应［J］. 教育与经济，2020（2）：49-59.

了学生的课外学业负担，同时对学生的心理健康产生一定的不良影响。二是"超前补习"是校外培训教学内容的一个重要特征。在此影响下学生可能会因此放松在学校的学习，产生学习倦怠的问题。三是校外培训机构的教学质量参差不齐，师资来源复杂，多数教师缺乏丰富的教学经验，导致教学效果不佳。①②③

本部分重点归纳家庭资本对校外培训机会获得影响的文献。根据已有研究，家庭资本主要分为家庭经济资本、家庭文化资本、家庭社会资本、家庭区位和学生个人能力。其中，家庭的经济资本主要衡量指标为家庭收入水平等，家庭文化资本主要为父母学历等，家庭社会资本主要为父母职业等，家庭区位主要为城市、城镇和农村，学生个人能力主要为学生学习成绩等。

家庭经济资本对校外培训参与的影响分析。薛海平使用CEPS2014的调查数据，得出家庭经济资本与校外培训参与率呈显著正相关。④ 钱国英和唐丽静对武汉和深圳两市6所中小学校学生的调查分析，得出校外培训参与与家庭经济收入水平呈显著正相关。⑤ 张颖和张清对西安城区6所中小学校学生的调查分析，得出学生参与校外培训的可能性与家庭经济水平呈显著正相关。⑥ 李佳丽胡咏梅对我国中部某省会城市283所小学的34657名学生的调查分析，得出家庭经济资本与校外培训参与呈显著正相关。⑦ 薛海平宋海生使用PISA2012的数据分析，得出家庭经济资本越好，学生参与数学补习的时间越长，校外培

---

① DOMINGUE B，BRIGGS D C. Using linear regression and propensity score matching to estimate the effect of coaching on the SAT [J]. Multiple Linear Regression View points，2009 (1)：12-29.

② KANG C. An international comparison of the effect of private education spending on student academic performance：Evidence from the Program me for International Student Assessment (PISA)，2006 [J]. Korean Journal of Labor Economics，2009 (3)：61-89.

③ KUAN P. Effects of cram schooling on mathematics performance：Evidence from junior high students in Taiwan [J]. Comparative Education Review，2011 (3)：342-368.

④ 薛海平. 课外补习、学习成绩与社会再生产 [J]. 教育与经济，2016 (2)：32-43.

⑤ 钱国英，唐丽静. 城市义务教育阶段学生参加课外补习机率的影响因素分析：基于武汉、深圳的调查 [J]. 教育财会研究，2009 (3)：9-12.

⑥ 张颖，张清. 基础教育阶段课外补习的实证研究：基于西安市城区的调查与分析 [J]. 吉林教育学院学报，2013 (12)：74-76.

⑦ 李佳丽，胡咏梅. 谁从影子教育中获益：兼论影子教育对教育结果均等化的影响 [J]. 教育与经济，2017 (2)：51-61.

训的参与程度越深。① 丁亚东和薛海平研究发现，家庭经济资本对校外培训参与发挥着主导作用，家庭资本越好学生校外培训参与率越高。② 综上所述，家庭经济资本对家庭校外培训的选择有着显著的影响，即家庭经济资本越高学生参与校外培训的概率就越高。

家庭文化资本对校外培训参与的影响分析。薛海平和丁小浩使用中国城镇居民教育与就业情况调查报告（2004 年）的数据，得出父母文化程度较高的家庭，子女校外培训的参与率也较高。③ 薛海平使用 CEPS2014 的调查数据，得出父母学历水平与子女校外培训参与率呈显著正相关关系。④ 张羽、陈东和刘娟娟对北京市 1634 名初中学生的调查分析，得出家庭文化资本越好，子女校外培训参与的可能性越大。⑤ 葛洋娟、徐玲和张淑娟对内蒙古赤峰 622 名中小学生的调查分析，得出父母学历水平对学生校外培训参与率有显著影响。⑥ 钱国英和唐丽静通过对 746 名学生的调查分析，得出学生校外培训的参与率与父亲的受教育程度呈正相关关系。⑦ 张颖和张清对西安城区 3 所小学和 3 所中学的调查分析，得出学生参与校外培训的概率随着父母受教育水平的提高而变大。⑧ 综上所述，家庭文化资本对校外培训的参与起着正影响，学生在校外培训的参与率上，随着父母文化水平的提高而增加。父母的文化水平很大程度上反映出家庭的教育偏好，可以推断父母的文化水平越高，家庭的教育偏好就越

① 薛海平，宋海生. 课外补习时间对中学生成绩影响的实证研究：基于 PISA2012 上海的数据 [J]. 教育科学研究，2018（4）：55-60.
② 丁亚东，薛海平. 哪个阶层参与影子教育的收益最大：博弈论的视角 [J]. 首都师范大学学报（社会科学版），2020（1）：50-155.
③ 薛海平，丁小浩. 中国城镇学生教育补习研究 [J]. 教育研究，2009（1）：39-46.
④ 薛海平. 课外补习、学习成绩与社会再生产 [J]. 教育与经济，2016（2）：32-43.
⑤ 张羽，陈东，刘娟娟. 小学课外补习对初中学业成绩的影响：基于北京市某初中九年追踪数据的实证研究 [J]. 教育发展研究，2015（Z2）：18-25.
⑥ 葛洋娟，徐玲，张淑娟. 中小学生家庭背景性资本对其参加课外补习的影响研究：以内蒙古赤峰市为例 [J]. 基础教育，2016（2）：58-66.
⑦ 钱国英，唐丽静. 城市义务教育阶段学生参加课外补习机率的影响因素分析：基于武汉、深圳的调查 [J]. 教育财会研究，2009（3）：9-12.
⑧ 张颖，张清. 基础教育阶段课外补习的实证研究：基于西安市城区的调查与分析 [J]. 吉林教育学院学报，2013（12）：74-76.

强，学生参与校外培训的可能性就越大。①②

家庭社会资本对校外培训参与的影响分析。薛海平使用 CEPS2014 的调查数据，得出家庭社会资本越好子女参与校外培训的可能性就相对越高。③ 李静和薛海平通过调查分析，得出家庭社会资本与校外培训获得有显著正相关关系，即家庭社会资本越好，校外培训的参与率越高。④ 薛海平使用中国家庭追踪调查 2012 年数据（CFPS 2012）的分析，得出父母职业水平越高，其子女参与校外培训的可能性越大。⑤

家庭所在地对校外培训机会获得的影响分析。薛海平和丁小浩使用中国城镇居民教育与就业情况调查（2004）数据，得出学生所处的城市级别越高，其参与校外培训的概率越大，其中省会城市和直辖市的学生参加校外培训的比例最高，为 58.5%。地级市、县的学生参加校外培训的比例分别为 56.3%、47.5%。⑥ 方晨晨和薛海平对北京、黑龙江、山东、山西、青海、四川六省份的 130 余所学校的调查分析，得出城市学生参加校外培训的比例显著高于乡村学生。西部地区学生参加校外培训的比例最低，为 69.4%，东部地区和中部地区相近，分别为 75.2% 和 76.7%。⑦ Southgate 使用 PISA 数据，得出城市家庭子女花在补习上的支出比农村多出 66%。⑧ 刘菁菁分析了格鲁吉亚校外培训的规模，得出格鲁吉亚首都有 35% 的学生参与校外培训，其中，首都城市校外培

① 薛海平. 课外补习、学习成绩与社会再生产 [J]. 教育与经济, 2016 (2)：32-43.
② 周东洋，吴愈晓. 教育竞争和参照群体：课外补习流行现象的一个社会学解释 [J]. 南京师大学报（社会科学版），2018 (5)：84-97.
③ 薛海平. 课外补习、学习成绩与社会再生产 [J]. 教育与经济, 2016 (2)：32-43.
④ 李静，薛海平. 家庭资本对初中生参加课外补习活动影响实证研究 [J]. 基础教育, 2016 (6)：43-52.
⑤ 薛海平. 从学校教育到影子教育：教育竞争与社会再生产 [J]. 北京大学教育评论, 2015 (3)：47-69.
⑥ 薛海平，丁小浩. 中国城镇学生教育补习研究 [J]. 教育研究, 2009 (1)：39-46.
⑦ 方晨晨，薛海平. 义务教育学生参加课外补习行为的影响因素研究 [J]. 中小学管理, 2015 (5)：51-53.
⑧ SOUTHGATE D E. Determinants of shadow education：A cross national analysis [D]. Columbus：The Ohio State University, 2009：48.

训参与率高于其他城市，农村地区校外培训参与率最低。① Park 使用韩国教育开发研究院的调查数据，得出韩国城镇地区校外培训的参与率要显著高于农村地区。② 综上所述，家庭在校外培训的参与上存在区域间、城市间和学校与学校之间的差异。这表明经济水平在校外培训中起到调节作用，凸显出区位因素和经济因素对校外培训参与影响的重要性。

学生个人能力对校外培训参与的影响分析。薛海平和丁小浩，使用中国城镇居民教育与就业情况的调查数据，得出成绩中上等以上和中下等的学生校外培训参与率相对较高。③ 钱国英和唐丽静，对武汉和深圳两市 6 所中小学学生的调查分析，得出成绩处在中上的学生，校外培训的参与率要高于成绩较差的学生。④ 综上所述，在我国学生的学习成绩处在中上的学生更可能参与校外培训，反映出我国校外培训的类型主要是以培优为主。

综上所述，目前，我国校外培训的参与类型以培优为主，同时家庭资本越好学生参与校外培训的可能性就越大，学生个人能力越强参与校外培训的可能性就越大，学生所处的城市行政级别越高参与校外培训的概率就越高，学生就读的学校、班级等越好参与校外培训的比重就越大。这导致不同家庭在校外培训机会获得上的不均衡，进一步扩大了教育不公平。因此，校外培训对教育公平的影响，成为政府治理校外培训的重要因素。

（二）校外培训治理的研究

本部分首先介绍国内外校外培训治理研究成果的基本现状。在治理的概念下，从内部治理、外部治理及校外培训治理展望三个维度，总结已有研究成果关于校外培训内部治理和校外培训外部治理的举措。校外培训内部治理主要是针对校外培训机构在招生、管理制度等存在问题的论述。校外培训外部治理主

---

① 刘菁菁. 东亚国家（地区）课外补习的政府监管之道：香港大学教育学院比较教育研究中心主任马克·贝磊教授专访 [J]. 外国中小学研究，2014（10）：1-6.

② PARK G C. In context：Multicultural education in Korea [J]. Multicultural Education，2011（3）：2-6.

③ 薛海平，丁小浩. 中国城镇学生教育补习研究 [J]. 教育研究，2009（1）：39-46.

④ 钱国英，唐丽静. 城市义务教育阶段学生参加课外补习机率的影响因素分析：基于武汉、深圳的调查 [J]. 教育财会研究，2009（3）：9-12.

要是针对政府治理校外培训采取的政策和措施的论述。校外培训治理的展望研究，主要在于校外培训与学校教育的发展关系的论述。本部分综述的具体内容如下。

1. 校外培训治理的成果现状：少且内容集中

校外培训现象由来已久，已发展成为一种普遍的教育和社会现象。无论是城市还是乡镇（含村）地区都有较高的参与率。校外培训已经成为整个社会发展中非常重要的一部分，它汇聚了大量的教育资源，在一定程度上满足了家长的教育需求。但校外培训同时也创造并扩大了教育不公平的局面，形成社会发展中新的不平等。校外培训机构的问题，主要集中在课外补习机构自身运营方面，即内部发展问题。校外培训办学资质模糊、办学缺乏诚信、缺乏内部竞争机制。校外培训在教学内容和方式"应试化"倾向较为明显，不利于学生的身心发展。同时也存在虚假广告宣传、收费标准不一，价格虚高等问题。综上所述，校外培训对教育发展存在不利的影响，且校外培训本身也存在诸多问题，奠定了其被治理的必要性基础。

校外培训机构的问题研究。丁亚东和杨涛、祁占勇和于茜兰根据对校外培训治理政策的分析，得出校外培训治理存在主体不明确、政府监管行为失范、校外培训定位不准确的问题。①② 崔国富从政策和法规的视角出发，认为政府校外培训治理存在政策和措施缺乏可操作性、缺乏监管体系和问责机制、辅助政策不完善等问题。③

校外培训治理的法律规范研究。李曼和刘熙（2018）鉴于校外培训法律地位模糊的问题，认为政府应加快推进校外培训治理的法制化建设，构建完善的法律法规体系，在制度规范的逻辑下实施校外培训的各项治理政策和措施。④

---

① 丁亚东，杨涛.我国校外培训机构治理政策的特征、问题与展望：基于21个省市政策文本的分析［J］.教育与经济，2019（6）：87-93.
② 祁占勇，于茜兰.校外培训机构治理政策的内容分析［J］.现代教育管理，2019（3）：44-50.
③ 崔国富.中小学生校外教育乱象的治理困境与突破［J］.当代教育科学，2015（3）：40-43.
④ 楼世洲."影子教育"治理的困境与教育政策的选择［J］.教育发展研究，2013（18）：76-79.

毛婧、祁占勇和答喆基于校外培训治理主体和政策措施的问题，认为校外培训法律法规的完善有利于校外培训治理目标的达成，政府应注重教育执法力度、执法意识和执法能力的提升，不断促进校外培训机构的规范化和合法化。① 陆伟从公共政策治理的视角出发，从"鼓励政策"和"规管政策"两个层面，对不同国家校外培训治理政策的态度选择进行了归纳和分析。② 杨博文和杨令平以校外培训治理政策不完善、治理主体单一和治理方式简单等校外培训治理困境为基础，从优化政策治理体系、强化问责机制、创新治理路径等方面提出政策建议。③ 林荣日认为，政府应重点从完善校外培训法律法规、创新校外培训监管方式、发挥校外培训行业协会作用等方面，加强对校外培训市场环境的整治，促进校外培训的规范化发展。④

综上所述，已有研究对校外培训在招生、日常管理、师资培养和招聘等问题进行了归纳和梳理，同时对政府校外培训治理的政策和措施展开了述评。通过校外培训存在的问题及校外培训治理法律规范研究的归纳，一是为下文校外培训治理的必要性奠定基础，二是为校外培训政府治理路径的问题分析提供依据。

2. 校外培训治理的措施研究：设置标准为主且创新性不足

校外培训的治理视角主要分为内部治理和外部治理。内部治理主要从校外培训机构本身的问题展开论述，外部治理主要从政府治理措施等展开论述。

校外培训内部治理研究。国内外已有的研究成果，对校外培训内部治理的研究主要集中在校外培训机构内部规章制度是否健全。如内部机构设置、招生和招聘制度、运营制度等。沈飞根据校外培训在教学质量、日常管理等方面的问题，在经济学和市场营销学的学科视角下，提出从"产品策略、行政管理策

---

① 毛婧，祁占勇，答喆. 教育培训机构的法律属性与法律规制［J］. 中国教育学刊，2020（8）：66-70.

② 陆伟. 公共政策选择与影子教育参与［J］. 比较教育研究，2019（8）：77-85.

③ 杨博文，杨令平. 校外辅导机构治理的现实困境与破解之策［J］. 教学与管理，2019（36）：22-25.

④ 林荣日. 教育培训机构乱象怎么治［J］. 人民论坛，2019（26）：61-63.

略、课程产品价格策略、品牌价格"四个层面促进校外培训机构的规范和良性发展。① 黄俊亮从节约运营成本的视角出发，提出建立校外培训"成本运营机制"，主张通过校外培训运营成本的管控，在加强"组织领导，监管考核"的辅助下，实现校外培训的规范发展。②

校外培训外部治理研究。校外培训外部治理研究的成果，主要强调降低校外培训对教育公平的影响，加强校外培训机构的准入和审批以及完善校外培训日常监管等方面。薛海平针对校外培训对教育公平、社会再生产等的不良影响，提出通过"提升学校教育服务质量"的方式，降低家长校外培训的参与率。③ 陈雅雯针对校外培训机会获得的差异化，认为政府应通过发放校外培训"补贴"的方式，逐渐缩小不同群体校外培训获得差距。④ 陈全功、程蹒和李忠斌根据对城乡校外培训参与规模的分析，提出面对校外培训产生的教育不公平，政府应重点"有计划地引导乡村发展补习教育"，并通过乡村校外培训的发展，提升乡村学校教育质量。⑤ 刘东芝针对校外培训存在的"合成谬误"现象，提出政府应积极和稳步推进"公共改进"的治理策略，逐步降低各主体校外培训的参与率，实现校外培训的"退热"。⑥ 祁占勇和于茜兰针对校外培训治理政策和措施的问题，从加强校外培训治理政策和措施的可操作性、创新性、针对性等方面提出解决之道。⑦ 孙伯龙针对校外培训市场监管混乱、政府部门治理权责不清晰等问题，认为校外培训的治理应从"市场准入管制模式向负面清单管制模式的过度和转变"，建立系统化的准入、权益保障、监督管理、

---

① 沈飞. 上海市中小学课外辅导机构发展策略 [D]. 上海：上海师范大学，2016：30-38.

② 黄俊亮. 教育培训机构成本管理研究：基于会计成本的视角 [J]. 财会通讯，2012 (24)：126-128.

③ 薛海平. 从学校教育到影子教育：教育竞争与社会再生产 [J]. 北京大学教育评论：2015 (3)：47-69，188-189.

④ 陈雅雯. 澳门英语私人补习：基于高三学生的视角 [J]. 全球教育展望，2020 (2)：108-128.

⑤ 陈全功，程蹒，李忠斌. 我国城乡补习教育发展及其经济成本的调查研究 [J]. 教育与经济，2011 (2)：32-36.

⑥ 刘东芝. 小学生课外补习弊大于利 [J]. 中国教育学刊，2014 (11)：19-23.

⑦ 祁占勇，于茜兰. 校外培训机构治理政策的内容分析 [J]. 现代教育管理，2019 (3)：44-50.

注销等法规体系，强化对市场主体法律责任的监督机制。① 胡天佑根据校外培训属性不明确、法律地位模糊等问题，认为政府应加快校外培训治理的立法进程，通过校外培训内部和外部治理能力的提升，明确校外培训的属性，制定出更加有效的治理政策和措施。② 邱昆树、王一涛和周朝成通过对校外培训存在的问题及政府校外培训治理政策和措施的不足，提出涵盖"专项检查、日常检查、年度检查、监督热线"等全方位、系统化的规管措施。③ 仰丙灿认为，校外培训在满足家长"异质性需求"上发挥着重要的作用，提出校外培训治理的重点应从完善学校教育教学的服务质量、丰富学校课程内容等方面入手。通过学校教育竞争力的提升，实现校外培训治理的目标。④ 范晓慧针对校外培训发展中存在的不规范现象，提出"规范与监督"并重的治理思路，不断优化校外培训发展的市场环境。⑤ 丁亚东针对中高阶层家庭校外培训参与的高比重问题，认为政府应积极引导家庭转变传统教育观念和思想，重点引导较高阶层家庭理性参与校外培训。⑥ 贺武华和娄莹莹针对家长校外培训参与的"非理性"现象，提出校外培训"精准治理"的思路，主张将准入、自律、引导等措施具体化和可操作化，逐步提升家长校外培训参与的理性水平。⑦

综上所述，学者多是从教育公平、校外培训自身管理和发展的问题、政府治理政策和措施的不足、参与主体单一等层面，提出校外培训治理的治理措施和策略。归纳起来主要包含以下内容：一是校外培训治理应是目前校外培训的研究重点；二是政府应是校外培训治理的主导主体，通过明确监管目标和治理

① 孙伯龙. 我国校外培训的市场准入管制转型：理论与路径 [J]. 教育学报，2018（4）：56-65.

② 胡天佑. 我国教育培训机构的规范与治理 [J]. 教育学术月刊，2013（7）：14-19.

③ 邱昆树，王一涛，周朝成. 论政府对民办教育培训机构监管的责任担当 [J]. 中国教育学刊，2018（6）：44-49.

④ 仰丙灿. 影子教育治理的国际经验与启示 [J]. 比较教育研究，2018（8）：5-13.

⑤ 范晓慧. "影子教育"的思考：多种视角 [J]. 清华大学教育研究，2008（6）：101-104.

⑥ 丁亚东. 我国中小学生家庭参与影子教育的博弈策略 [J]. 苏州大学学报（教育科学版），2020（2）：66-74.

⑦ 贺武华，娄莹莹. 中国式"影子教育"及其规范发展 [J]. 浙江社会科学，2020（7）：142-150，161.

方式等手段积极应对校外培训治理的各项问题①；三是权责不明晰、治理态度不积极、缺乏治理中主动服务的观念、政策落实缓慢等成为政府校外培训治理的主要问题，建立问责机制、引导各主体校外培训参与的理性水平、提升学校教育治理和服务水平、规范校外培训机构日常管理等成为主要的措施②③；四是政府各部门的联动治理、多主体协同参与校外培训治理、注重校外培训不同主体利益诉求的均衡、形成协调联动效应等校外培训治理举措④⑤，成为校外培训治理的主要期望。

3. 校外培训治理的展望研究：融合发展成为统一认知

校外培训治理的展望研究，主要在于校外培训与学校教育的发展关系及校外培训治理方式、路径和模式等的创新。学校与校外培训发展关系的研究，丁亚东、范勇和薛海平以政府和非政府组织的"4C模型"为分析框架，归纳出学校和校外培训的"对抗、互补、合作和吸纳"四种关系模式，提出学校与校外培训由"竞争到合作"的发展思路。⑥ 陈晓陆认为，学校与校外培训机构存在"互补"与"纠葛"的复杂关系，指出校外培训作为学校教育的补充，应通过"纠葛"的化解和"互补"的加强，逐渐融入学校主流系统，实现与学校教育的"共生"。⑦ 袁德润根据学校教育和校外培训的发展特征，提出在遵循和吸收校外培训优势的前提下，从教师培训、教学方式共享等方面实现"校外教育与校内教育的衔接"。⑧ 楼世洲认为，校外培训的治理应注重家长校外

① 郄芳. 义务教育阶段政府对校外教育机构的监管责任与边界 [J]. 教育发展研究，2013（12）：68-71.
② 赵凤. 中小学课外辅导机构监管问题研究 [D]. 泰安：山东农业大学，2017：28-30.
③ 汤尚. 基础教育课外辅导市场的政府规制研究 [D]. 长沙：湖南师范大学，2012：30-39.
④ 李清刚. 民办校外培训：定位与监管 [J]. 教育导刊，2016（3）：24-27.
⑤ 丁翠翠. 拉萨市基础教育课外辅导市场发展中的政府职能探究 [D]. 拉萨：西藏大学，2016：32-33.
⑥ 丁亚东，范勇，薛海平. 竞争到合作：学校与校外培训的关系模式分析 [J]. 现代教育管理，2018（9）：45-50.
⑦ 陈晓陆. 冲突与合作：辅导机构与学校的关系研究 [D]. 南京：南京师范大学，2014：40-47.
⑧ 袁德润. 校外教育与校内教育衔接：可能与可行 [J]. 教育发展研究，2016（20）：74-80.

培训选择行为的分析，根据家长校外培训行为选择的特征，制定校外培训治理的法规。①

综上所述，学者对校外培训与学校教育走向合作并融合发展，提出诸多设想和具体实施措施。这表明对校外培训的治理，取缔或简单的使其规范发展并不是校外培训治理的最终目的。如何通过路径的搭建，实现校外培训与学校教育的结合，形成校内和校外协同育人的教育生态，才是校外培训治理的目的。这也是本书构建校外培训协同治理路径的落脚点。

（三）校外培训治理的国际经验

本部分从国外校外培训治理的政策态度和治理措施两个方面，结合主要国家校外培训治理的典型举措，对国外校外培训治理的经验进行归纳和总结。为后续调查问卷的维度设计，以及政策建议的提出提供借鉴。

1. 校外培训治理的态度研究：禁止与鼓励并存

国外对课外补习机构的治理态度主要分为两种类型：一是全面禁止型（韩国、印度等），二是积极鼓励型（新加坡等）。

20 世纪 80 年代，面对校外培训对教育发展的不良影响，韩国政府从根除的目的出发，出台规管政策和措施，对校外培训开展治理工作。然而，治理成效不佳，没有达到预期的目的。2009 年，韩国政府为降低校外培训的参与率，减轻学生的课外学业负担，通过控制校外培训机构办学时长的方式，要求校外培训活动需在晚上 10 点之前结束，进一步规范校外培训发展。但这一做法也没有达到预定的目的，校外培训的热度仍旧没有降低。这表明校外培训在韩国的发展具有深厚的社会教育"土壤"，全面禁止的做法，不符合该国校外培训治理的特征。

印度对校外培训从注册、日常管理制度、招生、课程内容等均采取较为严格的管控。印度的各邦（省）政府，要求校外培训机构必须依据相关法律法规，完成注册程序。校外培训机构完成登记和注册之后，需向政府税务部门缴纳服务税费；同时，制定了针对校外培训的完整监管制度，如对校外培训机构

---

① 楼世洲. "影子教育"治理的困境与教育政策的选择［J］. 教育发展研究，2013
（18）：76-79.

的场地大小、配套设施、收费标准、班级规模、教学内容和教材的选取、课程设置、师资条件、补习时长等均做出严格的规定，从而尽可能规避校外培训带来的不利影响。

新加坡政府对校外培训多是展现出"支持"的态度，主要体现在建立补习基金和资助计划，保障贫困学生参与校外培训，同时允许学校开办补习班或提供补习服务。早在 1993 年新加坡政府就颁布了著名的教育捐赠法案"拯救教育"（Education Save）。该法案将收到的捐赠资金，补助给学校和学生，并允许学校将资金用于购买校外培训机构的课程；同时，允许学生使用补助的资金参与校外培训。[①] 新加坡政府特向一些教育组织提供了具体的帮助，如新加坡穆斯林发展委员会。新加坡政府一是提供资金保障，二是鼓励学校为补习组织提供设备和场地。为保障补习的效果，更好地提升马来裔学生的学业成绩，新加坡政府还对参与计划的志愿者进行教学能力培训。同时政府也提供低收费的补习教室，以更好地推动补习计划的开展。

针对校外培训治理的态度及治理措施有效性的分析。国内学者也开展了论述和相关研究。代蕊华和仰丙灿认为，校外培训作为社会经济和教育发展的时代产物，具有合理性的一面。各国对校外培训治理的态度虽有差异，但从治理的成效来看"完全禁止"的方式往往是"无效"的。[②] 于金申和贾利帅分析了日本校外培训治理的阶段和特征，归纳出"开始关注、加强监督、寻求合作、关系巩固"四个治理阶段。并在学校与校外培训协同发展的理念和治理目标下，总结出"市场调节、政府管理和行业自律的多元治理模式"的治理经验。[③] 高翔和薛海平通过对国内外校外培训研究成果的可视化分析，得出全球校外培训相关研究成果仍在不断增加，研究内容和主题更加聚焦中观和宏观问

---

① BRAY M. The shadow education system ［M］. UNESCO：International Institute for Educational Planning，2007：76.

② 代蕊华，仰丙灿. 国外校外培训机构治理：现状、经验、问题及启示 ［J］. 教师教育研究，2017（5）：101-108.

③ 于金申，贾利帅. 日本"影子教育"的治理与启示 ［J］. 当代教育科学，2020（4）：65-69.

题。校外培训治理的政策和措施、治理路径选择等成为研究的趋势和热点。①

综上所述，校外培训的治理态度在不同地区有所差异，但对校外培训治理的方向显现出一些共同的特征。一是校外培训治理成为校外培训和教育治理研究的热点问题，二是多部门联合、多元主体参与、政府治理转向社会治理、校外培训与学校教育协同发展的治理目标等成为校外培训治理的共识。同时，这些共识也是本研究的核心论点和校外培训协同治理路径实施的重要支撑。

2. 校外培训治理的经验研究：政府干预与学校参与并行

本部分对韩国、日本、美国校外培训治理的典型举措进行介绍和阐述。本部分通过总结各国校外培训治理的经验，为校外培训协同治理路径优化的政策建议的提出提供借鉴。

韩国："放学后学校"计划。为了减轻家长的经济负担、促进教育公平，韩国政府从 2006 年开始大力推行"放学后学校"计划。"放学后学校"的管理权属于学校，同时由校长负责具体教学事务。这种情况下，学校及校长具有较大的办学自主权。为确保"放学后学校"计划顺利开展，韩国政府建立服务该计划的教师资源库，并对参与该计划的教师提供教学培训。以提升该计划教师的专业素养，保障教学效果。同时，为更好地激励学校办好该项计划，韩国政府建立相应的考评体系。开展"放学后学校"的评估，同时对选出的示范学校、优秀学校等进行奖励和宣传。为给予"放学后学校"充足的师资，韩国政府积极整合高校资源，建立由高校教授组成的"放学后学校支援中心"，为参与"放学后学校"计划的教师提供教学技能培训、课程设置指导等帮助。但由于受到应试教育的深入影响，很多家长为追求分数仍选择加入校外培训机构。导致接受"放学后学校"辅导的学生数量较少，最后不得不停止办学。②

日本：多举措并行的治理模式。姚琳和马映雪介绍了日本政府主导制定了多部门协作、法律监管和行业自律"三管齐下"的校外培训治理体系。通过明确责任分工，建立多部门协同的交流机制；完善校外培训治理的法律法规，强

---

① 高翔，薛海平. 国际影子教育研究的现状、热点、趋势与启示：基于 mos 数据库的知识图谱分析 [J]. 教育理论与实践，2020 (16)：20-24.

② 万晓. "放学后学校"：韩国应对课后补习热的重要举措 [J]. 中小学管理，2010 (11)：51-52.

化监督问责机制；增强校外培训机构自治能力，提升服务水平和教学质量。因此，在协调联动、监督问责、内部治理等多举措下，日本学习塾的发展开始逐渐回归正轨。学习塾行业的规模出现稳定的发展趋势，且教育教学的理念转向关注学生能力的培养。随着学习塾的稳定和规范发展，开始扮演学校教育合作者的角色，并承担起教育发展的一些社会责任。日本学习塾多举措并行的治理模式，为学习塾的规范发展及学校教育的融合发展提供了新的思路和路径；同时，为学习塾自身发展寻找到了新的生长点，也为日本教育事业注入了新的活力。①

美国：创立校外培训学校。美国通过发展社区学校、教师和基金会合作的方式，创立校外培训机构。校外培训作为学校正规教育的重要补充，得到了联邦政府、州政府、地方学区、社区的认可与支持。各级政府通过立法、项目资助等方式，从政策和经费等方面予以支持，确保校外培训机构教学活动的顺利开展。典型举措为，联邦政府制订"21世纪社区学习中心"计划，通过完善社区的教育功能为学生提供校外培训。② 该计划同时要求州和学区应根据自身情况，对有提供教育服务能力的社区组织提供经费支持，以增加更多的校外培训机会。③ 除此之外，针对儿童食品营养问题，政府通过下拨专项资金的方式，向贫困地区的校外培训机构提供资金支持。④ 各州政府也积极推动课外教育的开展，从政策和资金方面为校外培训提供支持。⑤

（四）教育治理及协同治理的研究

本书依据校外培训政府治理路径的成效和满意度，提出校外培训协同治理

---

① 姚琳，马映雪. 日本校外培训机构学习塾治理探析 [J]. 比较教育研究，2020（1）：53-60.

② 黄芳，李太平. 美国中小学课外教育质量保障机制与启示 [J]. 比较教育研究，2013（4）：43-48.

③ CONGRESS U S. No Child Left Behind Act of 2001 Public. No. 107-110. SEC. 1003 [EB/OL]. (2012-09-25) [2020-11-18]. http：//www2. ed. gov/clb/landing. html.

④ Department of Agriculture. Child and Adult Care Food Program [EB/OL]. (2012-09-25) [2020-10-01]. http：//www. fns. usda. gov/end/care/CACFP/about cacfp. htm \ .

⑤ After school Alliance. New progress reports find every state has room for improvement in making after school programs available to all kids who need them [EB/OL]. (2012-09-18) [2020-10-01]. http：//www. After school alliance. org/press _ archives/Nation-al-Progress-Report-NR-10202011. pdf.

路径，实现校外培训与学校教育的协调发展。校外培训协同治理，是教育治理和教育协同治理的重要体现，也是教育治理现代化的重要组成部分。通过对教育治理、教育治理体系和路径的研究进行梳理，总结校外培训治理的特征与问题。可以更好地揭示校外培训协同治理路径的内涵、价值及作用，形成本研究的研究创新点和研究问题。本节内容主要分为三个部分，一是教育治理内涵的研究，二是教育治理体系的研究，三是协同治理及在教育治理中的应用研究。具体内容如下。

1. 教育治理内涵的研究：多元主体特征显著

教育治理是指政府、社会组织、利益群体和公民个体，通过制度的安排，以协作与互动的方式，共同参与教育公共事务管理的过程。① 教育治理强调多元主体参与，主张政府、社会、学校、家长等共同参与治理过程。教育治理的过程涉及较多利益相关者。教育治理注重政府部门、学校、家长、学会、学生、企业等主体的利益表达，在充分听取各方利益诉求的基础上，发挥不同主体在教育治理中的作用。教育治理有着较为显著的"多元主体参与"特征。在教育治理的理论分析框架内，治理对象相关主体的利益诉求可以得到充分的表达。较大程度降低来自治理对象相关利益主体的治理阻力，从而促进治理政策和治理措施更加科学、有效。综上所述，教育治理具有民主化、法制化、科学化、创新化、公平化的显著特征。在教育治理的理念下，政府、学校、家长、学生等教育相关者不是对抗、竞争和排斥的关系，而是互助、合作和融合的联动关系。②

2. 教育治理理论的构建已经渐趋完善和不断得到丰富

教育治理理论视角的扩展来源于多学科的融合发展，社会学、管理学、经济学、政治学、公共管理、哲学、历史学、组织行为学等领域的理论不断地被运用到教育治理中。多学科的融入，使教育治理体系不断完善，且更加具有创

---

① 褚宏启，贾继娥．教育治理中的多元主体及其作用互补［J］．教育发展研究，2014（19）：1-7.
② 褚宏启．教育治理：以共治求善治［J］．教育研究，2014（10）：4-11.

新性、具体化和可操作性，有力地推动了教育治理中理论与实践的结合。① 管理学中的"共生理论"认为多元主体参与治理是实现治理目标的重要前提。它可以将具有内在联系的事物或群体结合起来，形成"共同生存、协同进化"的和谐发展系统②，有利于减小教育治理的阻力。公共管理中的新公共服务理论认为，在社会治理中，政府扮演的角色和承担的责任应是服务而不是管控。③ 社会力量依据契约参与教育治理，可以减少政府职能，注重协同和合作，弥补政府社会职能的缺陷。教育治理中，多主体的加入，既能加强对政府举措的监督与制约，又能减少治理阻力，获得社会各界的支持。

综上所述，教育治理在多学科融合发展的推动下，强调政府主导，多主体"共生"的治理模式。本书提出的多元主体参与的校外培训协同治理路径，在内涵和模式上均符合教育治理的发展要求。这表明本书对校外培训协同治理路径的实施具有很好的理论基础和支撑。

3. 教育治理体系的研究：制度化和系统性特征显著

教育治理体系是教育治理理论的重要组成部分，教育治理体系的论述有利于更好地理解教育治理理论的内涵，明确教育治理理论的适切性。

4. 教育治理体系的内涵和构建研究

"治理体系"是治理理论内涵界定的重要维度，学者对"治理体系"的阐述，主要分为制度和系统两个视角，将其论述为制度体系和结构要素体系。④ 杨清将教育治理体系的构成划分为目标体系、主体体系、决策体系、执行体系和监督体系五个维度。⑤ 孙绵涛从教育现代的视角出发，对现代教育治理体系的内涵进行界定。他认为，现代教育体系是在政府统领下，按照特定的规范、

---

① 南旭光. 共生理论视阈下职业教育治理模式创新研究 [J]. 职业技术教育，2016 （28）：8-13.

② 钟世潋. 社会力量参与和监督职业教育治理：价值、困境与路径：基于新公共服务理论的视域 [J]. 职教论坛，2017 （22）：37-42.

③ 江晓曦. 探析登哈特的新公共服务理论 [D]. 长沙：湖南师范大学，2010：17-18.

④ 刘志丹. 国家治理体系和治理能力现代化：一个文献综述 [J]. 重庆社会科学，2014 （7）：33-40.

⑤ 杨清. 区域教育治理体系现代化：内涵、原则与路径 [J]. 河北师范大学学报（教育科学版），2015 （5）：131-136.

程序和制度体系对具有冲突或利益博弈的主体进行调节的一种结构体系。① 徐艳国在总结教育治理体系内涵的基础上，提出教育治理体系的"全面完整""重点突出""方向鲜明"和"开放创新"四大特征。② 赵岚在已有研究的基础上，提出公平的治理目标、和谐的治理原则、多元的治理主体、互补的治理机制、细化的治理保障、服务评估的治理效果等应是教育治理体系的重要体现。③ 另有学者对美国、新加坡、印度等国的教育治理体系的机构、特征、实施路径等进行介绍，并从完善教育治理体系构建、优化教育治理体系理念等方面，提出对我国教育治理体系建设的启示和经验借鉴。④⑤⑥

综上所述，教育治理体系作为教育治理实施的重要环节，其论证的核心主要在于从制度和体系视角展开分析，内涵主要包括多元主体共同参与的理念。通过机制、制度、保障和评估等细则的实施，实现更具民主和公平的治理目标。这给我们校外培训治理的启示为，在协同治理的实施中，要更加注重机制、制度的构建。加强路径实施的制度保障，更好地实现校外培训治理的目标。

5. 协同治理研究：多主体协同理念广泛用于教育治理

协同治理作为新兴的公共管理办法，被广泛地应用于经济发展、政府治理、社会发展、教育治理等领域。多元主体参与、协同共治、注重合作、民主决策、追求共识等是协同治理的核心手段。满足多方利益诉求、提升治理成效，实现更加公平的治理结果是协同治理的目标。协同治理的内涵，核心之处在于通过政府权力的流程再造，营造政府与社会力量间的良好互动关系，实现

① 孙绵涛．现代教育治理体系的概念、要素及结构探析［J］．教育研究与实验，2015（6）：52-56.
② 徐艳国．关于教育治理体系和治理能力现代化建设的分析［J］．中国高等教育，2014（17）：53-55.
③ 赵岚．有效教育治理体系构建的几个重要维度［J］．国家教育行政学院学报，2016（3）：65-69.
④ 左崇良，胡劲松．美国高等教育治理体系的结构与特征［J］．职业技术教育，2016（34）：69-74.
⑤ 刘训华，周洪宇．新加坡教育治理体系探析［J］．比较教育研究，2016（10）：20-26.
⑥ 王建梁，赵鹤．印度高等教育治理：权力演变、体系建构和逻辑审视［J］．大学教育科学，2018（4）：84-90.

治理愿景。① 协同治理是治理现代化的重要体现，强调治理主体多元，主要采用谈判、协商等民主互动的方式，解决社会发展中的问题。综上所述，协同治理具有主体多元化、管理协作化、方式民主化的特点。

6. 协同治理的理念在校外培训领域的应用

周翠萍提出确定校外培训的"真问题"是规范校外培训发展的重要前提，也是制定出更加有效的治理措施的基础。她认为，明确校外培训治理问题的前提是，建立政府、行业组织、市场、机构等多主体参与校外培训治理的综合治理体系。② 刘东芝在总结校外培训相关利益主体的基础上，提出各相关主体应依照自身利益诉求，共同参与校外培训治理，形成全社会治理的新格局。③ 杨颖秀认为，政府应进一步完善校外培训治理的政策法规，加强社会教育服务功能的完善，通过"公益性社区教育"的形式，满足家长校外培训需求。④ 王军认为，政府应厘清行政权界限、确立扶持与规范并举的原则、打造多主体参与治理的常态机制。⑤ 刘菁菁在协同治理的理念下，提出加强部门合作和联动治理机制，构建由政府、学校、教师、家长和社会媒体等共同参与校外培训治理的主体联盟，共同对校外培训进行监督和管理。⑥

协同治理在其他教育领域中的应用。盛欣和姜江依据协同治理的理念，提出以治理主体多元、治理过程平等、治理结果协调为基础，逐步实现我国高等教育治理现代化。⑦ 雷沙沙和宫新荷以社区教育发展的特征为基础，认为政府应在协同治理理论的框架内，加强与学校、企业、家长等的合作与交流。实现

---

① 朱伟文. 协同治理：完善社区教育治理的新方法 [J]. 成人教育，2014（9）：4-8.
② 周翠萍. 论校外培训机构的特点、问题及定位监管 [J]. 教育科学研究，2019（10）：32-35，52.
③ 刘东芝. 课外补习教育的规范化管理 [J]. 教育理论与实践，2011（2）：13-15.
④ 杨颖秀. 怎样治理"影子教育"乱象 [J]. 人民论坛，2018（14）：48-49.
⑤ 王军. 从行政监管到多元治理："社会教育培训机构的综合治理"研讨会综述 [J]. 教育发展研究，2017（10）：26-29.
⑥ 刘菁菁. 东亚国家（地区）课外补习的政府监管之道：香港大学教育学院比较教育研究中心主任马克·贝磊教授专访 [J]. 外国中小学教育，2014（10）：1-6.
⑦ 盛欣，姜江. 协同治理视域下高等教育治理现代化探究 [J]. 当代教育论坛，2018（5）：68-74.

社区教育与社区建设、居民素养提升、学生成长等的协调发展。① 姚松针对县域教育治理的困境，提出政府和教育管理者应运用协同治理的思路，通过教育资源的整合、治理制度和机制的顶层设计，转变县域教育治理的方式、理念和机制，从而优化县域教育治理的生态，实现县域教育治理方式和理念的有序转型。② 林枫从"教育不再是一个封闭独立的系统"的认知出发，提出从协同治理理论的视角，通过构建政府、学校和社会组织的协同合作，有效推进现代教育治理中的社会参与。③

综上所述，协同治理的理念和方式，已应用到教育治理的多个领域和环节，对教育治理现代化和教育治理能力的提升有着重要作用。协同治理的核心强调，以多元主体参与和民主、协商的方式，解决教育治理的问题。校外培训涉及政府、家长、学校、校外培训机构等多个主体，校外培训治理的特征符合协同治理的内涵。本书将协同治理的理念，应用到校外培训的治理过程。在协同治理理论的分析框架下，搭建校外培训协同治理路径研究的内容和思路。通过校外培训协同治理责任联盟的构建，规范校外培训的发展，优化校外培训和学校教育协同发展的教育生态。

（五）综述总结与启示

本部分将重点从研究内容、理论视角和研究展望等方面对已有研究进行归纳和总结，为本书的展开提供借鉴，同时凸显出本研究的研究价值和创新之处。

1. 校外培训治理成为研究热点

校外培训参与的特征和影响因素是校外培训研究的重要方面。已有研究从性别、年级、是否独生子女、是否留守儿童等变量出发，分析学生层面变量与校外培训获得间的关系；同时，从父母学历、父母职业、家庭经济条件等变

---

① 雷沙沙，宫新荷．利益相关者视角下我国社区教育治理研究［J］．成人教育，2017（1）：43-45.
② 姚松．县域教育治理现代化转型：价值、困境与创新路径［J］．宁波大学学报（教育科学版），2020（3）：88-94.
③ 林枫．教育治理中社会参与的相关问题探讨［J］．广西广播电视大学学报，2017（4）：59-62.

量，探讨校外培训获得的影响因素。已有研究得出家庭经济资本、家庭文化资本、家庭社会资本、学生成绩、学校性质等均与校外培训获得有显著相关性。

校外培训机构及校外培训治理均存在诸多问题。已有研究成果对校外培训治理的研究主要集中在校外培训在教学效果、师资管理、财务制度等方面的问题。治理的核心仅仅停留在表面，较少有研究成果依据校外培训机构发展现状和校外培训参与现状的综合分析，总结校外培训治理的必要性。本书在总结校外培训治理必要性的基础上，从协同治理的视角构建更加完善的治理路径，以实现学校教育与校外培训教育的协调发展。据此，本书将通过校外培训的参与现状、校外培训机构的发展现状等视角，通过数据统计、文本分析及经验总结的相结合，归纳校外培训治理的问题。

综上所述，已有校外培训的研究主要集中在校外培训的参与特征、影响因素等方面。随着校外培训的不断发展，校外培训治理研究开始受到关注。校外培训的高参与率和高支出、校外培训的问题及校外培训治理的现状，都表明校外培训的治理研究已成为校外培训研究的热点。已有研究中关于校外培训的成果在数量、研究内容、研究方法等方面都已经较为全面。校外培训的研究已经较为成熟，研究的趋势逐渐转向校外培训治理。国内外对校外培训治理的研究存在数量少、质量低、研究内容和方向单一等现状。在一定程度上体现出校外培训治理成为下一阶段研究热点的趋势。本书选择校外培训治理作为研究的核心，符合现阶段校外培训研究和教育治理研究热点的趋势。

2. 校外培训协同治理符合教育治理需求

由上文校外培训的内涵梳理可知，校外培训具有私人性、教育性（公益性）、经济性、社会性等特征；同时，校外培训已发展成为一种普遍的教育和社会现象，奠定了校外培训治理的复杂性、系统性和持续性的治理特征。这表明校外培训的治理需要树立可持续和阶段化的理念，采取更加具有灵活性的治理路径。显然，政府治理路径对校外培训的治理而言缺乏适切性。已有研究对校外培训协同治理有所论述，但多是提出多元主体参与校外培训治理的理念和想法。较少研究通过问卷调查和数据分析的方式，对校外培训多元主体协同治理路径进行评估及总结校外培训多元主体治理方式的困境。本书在此基础上，提出多元主体参与校外培训治理的路径，并从治理现状、治理心态、治理愿景、治理体系、治理责任和治理能力五个维度，编制《我国校外培训协同治理路径研究调查问卷》。本书通过问卷调查的方式，对校外培训协同治理路径的实施环节、校外培训协同治理路径实施的影响因素等进行统计分析。

根据教育治理、教育协同治理的内涵和外延论述可知，协同治理的教育治理模式强调通过民主和协商的方式，以多元主体为基础，共同参与政策实施为手段。协同治理有利于推动各项教育治理的政策和措施的实施，以更加公平的路径实现教育治理的目标。本书将协同治理理论引入校外培训治理，并在协同治理理论的分析框架内，提出校外培训协同治理路径实施的具体设想。本书将协同治理理论中的民主思想、多元主体思想等纳入校外培训治理的过程，形成校外培训治理的责任联盟和命运共同体，更好应对校外培训治理的复杂性和持续性。

3. 校外培训协同治理路径具有较好研究基础

校外培训治理的措施及治理展望研究，主要集中在完善治理措施、制定更加详细的治理细则、搭建校外培训与学校教育融合发展的路径、实施校外培训动态监管等方面。上述对校外培训治理的措施、展望或设想均符合校外培训发展和校外培训治理的要求，具有很好的借鉴意义。本书在此基础上，通过协同治理路径的构建，将上述展望和设想进行了融合。在完善治理主体的前提下，推动校外培训的各项治理措施，实现校外培训与学校教育的协调发展。

综上所述，校外培训对教育公平有着重要影响，且校外培训机构本身发展存在诸多问题，奠定了校外培训治理的必要性基础。校外培训的治理还具有复杂性、持续性的特征。校外培训政府治理模式下，存在治理满意度不高等问题。结合治理现代化的内涵，在协同治理理论的框架下，构建校外培训协同治理路径。校外培训协同治理通过民主和协商的方式，以多元主体参与为基础，搭建校外培训治理的责任联盟，更加符合校外培训治理的特征及各主体对校外培训治理的要求。

四、研究设计

（一）研究对象

基于研究问题和研究内容，在注重校外培训协同治理路径实施和优化的思路下，形成两大研究对象，一是选取校外培训参与率高、校外培训机构类型齐全、校外培训治理意愿强烈、经济基础相对较好、居民素养相对较高的人群，二是全面了解校外培训协同治理路径实施环境和影响因素。本书以校外培训为核心，以校外培训的利益相关者（政府、行业协会、社区、学校、家长等）为研究对象，进行访谈和问卷调查。另外，本书中"政府工作人员"界定为在教育机关工作的公务员。"政府"主体为教育机关。同时，下文中出现的"政府""政府工作人员"等归为校外培训治理主体的表述均为上述界定的含义。"行业协会"主要是指民办教育协会。"社区"主要是指从事社区工作的人员，包含社区支部书记、副书记、社区主任、副主任。"学校"主要为从事学校管理的人员，包含校长、副校长。"校外培训机构"主要为校外培训机构的管理人员，包含教学点负责人及以上级别人员。

本书在校外培训单一主体治理路径的基础上，提出涵盖校外培训利益相关者共同参与的校外培训协同治理路径。协同治理作为教育治理现代化理念的体现，需要政府、行业协会、社区、学校、家长等共同参与校外培训治理。为了更好实施校外培训协同治理路径，研究对象需要具备校外培训机构类型（兴趣类补习机构、文化课知识提升的学术类补习机构、思维开发类补习机构等）齐全，社会服务能力强，政府政策理念新，居民素养高等条件。研究表明，家庭经济水平越高，学生参与校外培训的可能性越大。[1] 发达地区校外培训大规模的参与，可以满足研究对参与者和机构类型的需求。

校外培训的主要利益相关者包括规治方（政府）、供给方（校外培训机构负责人、补习教师）、协同方（学校）、需求方（家长、学生）、过渡方（社区）。[2]

（二）研究路线

根据研究问题和研究内容，研究路线的设计紧紧围绕校外培训治理、校外培训协同治理路径、实施校外培训治理路径的评估等维度。新路径的提出需要对已有治理路径存在的问题进行阐述。本研究在完善基础工作的前提下，形成

---

[1] 薛海平，赵阳. 高中生参加课外补习有助于考大学吗？[J]. 华东师范大学学报（教育科学版），2020（5）：93-102.

[2] 丁亚东. 给补习"退热"：从"政府治理"到"社会治理"[J]. 中国教育学刊，2020（3）：74-80.

"确定问题、提出新路径、科学评估、主动优化"的路径设计思路，主要包含以下研究环节。

一是"基础工作"环节。该环节主要介绍研究开展的准备工作和基础性工作，即导论和研究设计部分。首先，结合教育治理现代化、校外培训治理的阶段与特征、课外学业负担、教育焦虑等介绍研究的背景，提出研究问题。其次，依据研究问题、研究对象和研究内容构建文献综述分析的维度、确定核心概念的界定及理论基础的选取，从而为研究奠定理论基础，形成研究的分析框架。最后，根据研究问题和研究内容，编制调查问卷。

二是"确定问题，提出新路径"环节。该环节内容主要从政策文本分析和调查统计分析的视角，使用政策分析、描述统计、回归分析、结构方程等方法，对相应内容进行分析。首先，从校外培训治理政策的分析入手，归纳校外培训治理政策存在的问题；其次，根据调查数据，对校外培训治理政策的认知度、治理的满意度及影响因素等进行分析，从实证的视角归纳校外培训治理存在的问题；再次，从需求方、供给方、规治方的不同视角，阐述校外培训治理存在问题的原因，更好地解释校外培训治理成效不佳的形成机制；最后，依据校外培训治理的问题及形成原因的分析，提出校外培训协同治理路径。同时对校外培训协同治理路径如何弥补现行治理路径的不足展开分析，从而体现校外培训协同治理路径的可行性与适切性。

三是"科学评估，主动优化"环节。新路径提出后，需要进行科学的评估，探寻实施中可能会出现的困境，并提前进行优化。只有在充分预估的前提下，才能更好地实现校外培训协同治理路径的实施。首先，使用描述统计、回归分析、结构方程的方法，对校外培训协同治理路径实施环境的得分及影响因素进行分析；其次，根据统计分析结果，找出短板，形成校外培训协同治理路径的实施困境分析；最后，根据校外培训协同治理路径的实施困境，提出优化策略。

四是"总结展望"环节。该环节即校外培训协同治理路径研究的政策建议与展望部分。本研究从提升校外培训协同治理路径的可行性、适切性及校外培训治理成效的目的出发，提出政策建议与展望。研究框架如图 1 所示。

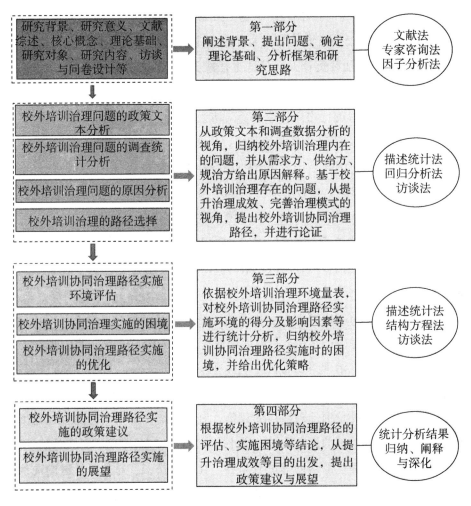

图 1 研究框架

（三）访谈设计

本书以校外培训治理的相关利益主体为核心，编制涵盖政府、行业协会、社区、学校、校外培训机构、家长、学生为对象的访谈提纲。构建校外培训治理中各主体对校外培训治理必要性、校外培训治理治理目标、校外培训治理期待、政府校外培训治理的满意度、校外培训协同治理的期待等完整访谈内容体系。从而形成各主体对校外培训现状的认知表达、现存问题的梳理总结、解决问题的展望思考、校外培训协同治理路径参与意愿等的了解，构建紧紧围绕研究问题和研究内容的访谈提纲体系。

考虑到访谈对象区域间的均衡问题，研究在保证访谈对象选取均衡的基础上展开访谈。根据校外培训的相关主体，制定针对政府教育机关、行业协会（民办教育协会）、社区负责人（社区主任或支部书记，含副主任和副书记）、学校管理者（校长和副校长）、家长和学生的访谈，并对受访的学校类型、学生年级、家长背景等进行均衡化控制。共访谈 87 人次（由于部分被访者可能同时具备家长、学校管理者等多个身份，出现同一被访者以不同身份接受访谈，因此，本书实际涉及被访人员 39 人）。其中，学生 18 人（四年级至九年级各 3 人）、家长 18 人、学校管理者 12 人、社区管理者 9 人、行业协会工作人员 6 人、政府工作人员 12 人、校外培训机构管理者 12 人。

本书以半结构式访谈为主要形式，主要以问题引入的方式，将被访者带入交流的情境，尽可能给被访者提供轻松的对话环境，让被访者尽可能地表达自己的想法和感受，并对被访者的叙述进行原始记录。不同访谈对象进行访谈的目的和想要获取的资料内容如下。政府的访谈：通过对政府工作人员的访谈，全面了解校外培训治理的举措、目前治理现状的看法、进一步治理的期望和意向、对校外培训协同治理路径的态度等问题进行问答。行业协会的访谈：通过对行业协会的访谈，了解校外培训机构的发展现状及问题、校外培训治理举措的设想、对当前校外培训治理路径的评价、对校外培训协同治理路径的态度、加入校外培训协同治理的意愿及加入校外培训协同治理的困境、对校外培训协同治理路径实施可提供的帮助等进行问答。社区的访谈：通过对社区的访谈，了解社区提供课外教育服务的想法和条件现状、加入校外培训机构协同治理的意愿、对校外培训治理可提供的服务支持、目前增强教育服务能力遇到的主要困境、对校外培训治理现状的看法及校外培训治理举措的评价等进行问答。学校的访谈：通过对学校管理者的访谈，了解学校对校外培训治理的态度、校外培训相较于学校有哪些优势及存在哪些不合理的地方、对学校与校外培训机构的关系走向持什么样的态度、是否愿意与校外培训机构协同发展及加入校外培训协同治理的责任联盟等进行问答。校外培训机构的访谈：通过对校外培训负责人的访谈，了解校外培训机构的发展现状、校外培训管理中的主要问题、进一步发展的期望、对目前政府治理措施和方向的应对、对校外培训协同治理路径的期待、是否愿意加入校外培训协同治理责任联盟等问题进行问答。家长的访谈：通过对家长的访谈，了解家长对校外培训作为教育服务机构的看法、校外培训提供教育服务的满意度、校外培训的问题及期待有哪些、对目前校外培训治理路径的看法及加入校外培训协同治理责任联盟等进行问答。学生的访谈：通过对学生的访谈，了解学生对校外培训现象的看法、参与校外培训的感受及收获、参与校外培训遇到的问题以及对校外培训的主要期待等进行问答。根据上述访谈思路，本次访谈根据部分被访者录音（一些被访者不同意录音）和手写记录的文本进行归纳和分析。

为更好地了解被访者的信息，本书对被访者设置了代码标识。其中，G 为政府主体被访者的代码。V 为行业协会主体被访者的代码。C 为社区主体被访者的代码。F 为学校主体被访者的代码。H 为校外培训机构主体的代码。P 为家长主体被访者的代码。S 为学生主体被访者的代码。

（四）调查问卷设计

本书主要使用文献梳理的方式，依据研究的问题和内容，开展问卷的设计。本书问卷设计的主要目的在于对提出的校外培训协同治理路径实施的环境进行评估，探寻其影响因素，归纳校外培训协同治理路径的实施困境。本书通过对校外培训协同治理路径的优化更好地发挥新路径的作用和价值。校外培训协同治理路径的目的在于多元主体参与校外培训治理责任联盟的构建，优化校外培训治理的路径。校外培训协同治理在实现校外培训与学校教育的协调发展及优化教育生态等方面发挥着重要作用。

治理环境作为经济学和管理学等学科的重要概念，通常包括政府治理、法治水平、信用体系和契约文化等方面。[①] 政府治理主要体现为治理的能力，以及因此产生的对其他主体参与治理的信心、公平感和安全感等问题。法治水平主要为治理中的民主化和公平化程度，以及治理体系的完整化程度。信用体系和契约文化主要为治理工作中各主体参与治理愿景的达成程度。一般而言，愿景越强，信用和契约精神就越强。治理环境主要用于对企业发展、收费改革等

---

① 夏立军，方轶强. 政府控制、治理环境与公司价值：来自中国证券市场的经验证据 [J]. 经济研究，2005（5）：40-51.

方面的研究。①② 教育治理环境的研究，主要是基于外部治理环境的视角，探讨职业教育的发展和改革，③ 缺乏对教育治理环境的界定。教育治理环境是教育治理机制发生作用的基础，没有良好的教育治理环境，即使是科学和完善的教育治理理念、路径等，也无法发挥应有的价值和作用。校外培训协同治理路径作为政府治理的升级版，其实施和作用的发挥需要以良好的教育治理环境为基础。依据治理环境的定义，结合教育治理和校外培训治理的特征，形成涵盖治理心态、治理愿景、治理体系、治理责任及治理能力五个维度的校外培训协同治理环境评估量表。上述五个维度的具体内涵与治理环境组成部分的吻合分析，本部分将在下文五个维度量表设计中进行具体的说明。

本部分问卷设计和指标来源分析，主要分为两大部分：一是问卷基本信息调查的指标设计，主要包括人口学量表、家庭资本量表；二是校外培训治理及校外培训协同治理环境评估的调查指标设计，主要包含治理现状、治理心态、治理愿景、治理体系、治理责任及持续治理能力六个维度的量表设计。

1. 基本信息调查指标设计

问卷基本信息调查指标主要涵盖三个部分：一是包含性别、年级、民族等人口学特征指标；二是家庭资本变量，主要包括家庭经济资本、家庭文化资本、家庭社会资本、家庭政治资本；三是校外培训治理现状及满意度调查指标，主要包括政府校外培训治理路径中治理政策的了解度、治理结果的满意度等。通过基本指标的调查可以满足校外培训规模、校外培训治理现状等对群体特征分析的需要，也是校外培训治理满意度影响因素分析及校外培训协同治理路径实施影响因素分析的重要变量。

（1）人口学特征指标

人口学特征指标对于描述研究对象的特征有着重要意义。根据本书的研究

---

① 许家云，毛其淋. 政府补贴、治理环境与中国企业生存［J］. 世界经济，2016（2）：75-99.
② 曾春华，胡国柳. 治理环境、终极股东控制与公司并购绩效［J］. 商业经济与管理，2013（9）：68-77.
③ 张俊青. 高职院校外部治理环境建设初探［J］. 教育与职业，2019（8）：36-41.

问题与内容，需要对校外培训参与的现状进行分析，使用人口学指标可以描绘出我国校外培训的现状，从而更好地了解校外培训的特征。人口学特征涵盖的指标较多，但在教育领域中使用最多的为性别、年龄、年级等。在校外培训的研究中，通过对已有研究在进行校外培训特征描述中使用的人口学变量的归纳。多数研究涉及性别、年级、民族、是否独生子女、年龄、学校性质、户籍所在地、学习成绩等变量。①②③④　根据已有研究分析校外培训时使用的人口学变量，结合本书的需要，选取如下人口学变量。具体如表1所示。

表1　校外培训协同治理路径研究调查问卷——人口学变量

指标维度	代码	调查问题	选项
人口学特征（demographic characteristics）	dc1	性别	1. 男　2. 女
	dc2	民族	1. 汉　2. 少数民族
	dc3	年级	1. 一年级　2. 二年级　3. 三年级　4. 四年级　5. 五年级　6. 六年级　7. 七年级　8. 八年级　9. 九年级
	dc4	学习成绩等级	1. 差　2. 中　3. 良　4. 优
	dc5	是否独生子女	0. 否　1. 是
	dc6	户籍	1. 农业户口　2. 城市户口
	dc7	学校性质	1. 公立学校　2. 私立学校
	dc8	学校所在地	1. 乡村　2. 郊区　3. 市区

----

① 薛海平. 家庭资本与教育获得：基于影子教育中介效应分析 [J]. 教育与经济，2018
（4）：69-78.

② 赵阳，薛海平. 参与课外补习对我国初中生睡眠时间的影响研究：基于北京市十六所初级中学的实证分析 [J]. 基础教育，2018（6）：62-74.

③ 李佳丽，薛海平. 父母参与、课外补习和中学生学业成绩 [J]. 教育发展研究，2019
（2）：15-22.

④ 胡咏梅，王亚男. 中小学生家庭对子女课外教育的投资及效果分析 [J]. 首都师范大学学报（社会科学版），2019（5）：167-188.

（2）家庭资本变量的指标设计

家庭资本的概念及划分主要受社会资本理论的影响。家庭资本为学生的教育活动提供各种有力支撑，产生教育资源的排斥现象，对教育机会的获得产生较大影响。① 美国学者科尔曼（Coleman）将家庭资本分为物质资本、人力资本和社会资本。根据科尔曼家庭资本的划分②，国内学者根据研究需要将家庭资本划分为经济资本、文化资本和社会资本③，也有将家庭资本进行本土化，进一步划分为家庭经济资本、家庭文化资本、家庭社会资本和家庭政治资本四个层面④⑤。结合已有研究对家庭资本的划分，依据本研究的研究问题及内容，将家庭资本部分的指标设计划分为家庭经济资本、家庭文化资本、家庭政治资本和家庭社会资本。家庭经济资本的指标设计，主要包含家庭经济情况。根据2019 年国民收入情况的统计，结合本研究的需要，研究将家庭年收入 50 万元定义为高收入水平，家庭年收入 15 万~50 万元为中等收入水平，家庭年收入15 万元以下为低收入水平⑥⑦；家庭文化资本的指标设计，主要包含父母学历、教育期望、家庭文化氛围等⑧⑨；家庭政治资本的指标设计，主要包含父

---

① 薛海平.家庭资本与教育获得：基于影子教育中介效应分析［J］.教育与经济，2018（4）：69-78.

② 边燕杰，吴晓刚，李路路.社会分层与流动：国外学者对中国研究的新进展：导言：述评与展望［M］.北京：中国人民大学出版社，2008：1-30.

③ 蒋国河，闫广芬.城乡家庭资本与子女的学业成就［J］.教育科学，2006（8）：26-34.

④ 李春玲.社会政治变迁与教育机会不平等：家庭背景及制度因素对于教育获得的影响（1940—2001）［J］.中国社会科学，2003（3）：86-99.

⑤ 刘志民，高耀.家庭资本、社会分层与高等教育获得：基于江苏省的经验研究［J］.高等教育研究，2011（12）：18-27.

⑥ 邢芸，胡咏梅.流动儿童学前教育选择：家庭社会经济背景及迁移状况的影响［J］.教育与经济，2015（3）：52-57.

⑦ 薛海平.家庭资本与教育获得：影子教育的视角［J］.教育科学研究，2017（2）：31-41，48.

⑧ 于冰洁，余锦汉.家庭文化资本、家长参与对学生学业成就的影响效应及作用路径分析［J］.教育学术月刊，2020（1）：18-24，30.

⑨ 周霖，孙晓雪.谁更易于获得核心素养：家庭文化资本对核心素养获得的影响［J］.教育理论与实践，2017（7）：25-29.

母的政治面貌、行政级别等①②③；家庭社会资本的指标设计，主要包含父母职业④⑤。本研究结合校外培训治理的具体问题和研究需要，根据已有研究中家庭经济资本、家庭文化资本、家庭政治资本和家庭社会资本的划分，设计本研究家庭资本层面的调查问卷。具体问题和指标如表2所示。

表2 校外培训协同治理路径研究调查问卷——家庭资本量

指标维度		代码	调查问题	选项
家庭资本（Family Capital，FC）	经济资本	fc1	家庭收入水平	1. 高收入（家庭年收入50万元以上）2. 中等收入（家庭年收入15~50万元）3. 低收入（家庭年收入15万以下）
	文化资本	fc2	学历水平	1. 高中及以下 2. 专科 3. 本科 4. 硕士 5. 博士
		fc3	教育期望	1. 高中及以下 2. 专科 3. 本科 4. 硕士 5. 博士
		fc4	文化氛围（藏书量）	1. 非常少 2. 比较少 3. 一般 4. 比较多 5. 很多
	政治资本	fc5	政治面貌	1. 群众 2. 团员 3. 党员
		fc6	是否为官员	0. 否 1. 是
	社会资本	fc7	职业	1. 低收入职业 2. 中收入职业 3. 高收入职业

（3）治理现状层面变量的指标设计

本书通过对治理现状的分析，能够了解校外培训的发展现状及校外培训政

---

① 谭远发. 父母政治资本如何影响子女工资溢价："拼爹"还是"拼搏"？[J]. 管理世界，2015（3）：22-33.

② 李宏彬，孟岭生，施新政，吴斌珍. 父母的政治资本如何影响大学生在劳动力市场中的表现：基于中国高校应届毕业生就业调查的经验研究 [J]. 经济学（季刊），2012（3）：1011-1026.

③ 胡咏梅，李佳丽. 父母的政治资本对大学毕业生收入有影响吗 [J]. 教育与经济，2014（1）：22-30，52.

④ 赵延东，洪岩璧. 社会资本与教育获得：网络资源与社会闭合的视角 [J]. 社会学研究，2012（5）：47-69，243-244.

⑤ 陈宏军，李传荣，陈洪安. 社会资本与大学毕业生就业绩效关系研究 [J]. 教育研究，2011（10）：21-31.

府治理路径的满意度。本部分设计的主要目的在于通过对校外培训政策制定、执行及评价中各方满意度的分析，归纳政府治理路径的实施现状（包含取得的成效、治理特征等问题）。进而全面了解校外培训政府治理路径的问题与优化方向。本部分问卷主要从四个方面进行框架的设计，依据政策评价的标准，从政策制定、过程、结果评价及期待四个层面进行调查问题的具体编制。① 教育政策研究中对政策制定的评价，主要以政策制定过程的科学性和严谨性进行分析，政策制定主体的完善性和权威性是政策制定的重要特征。调查各主体对校外培训治理政策是否有所了解、对政策制定主体是否知晓等是主要的调查问题。② 政策过程评价中对政策执行情况的评价，主要目的在于了解政策执行时各主体对执行工作的认可情况、是否按照既定的要求执行等。③④ 结果评价是对政策实施后的影响力、成效等进行评估，主要包含政策效益评价、政策效率评价以及政策影响力评价等。⑤ 期待的评价主要是被调查者对进一步治理或完善治理对象的展望，它为治理者完善治理措施提供了较好的支撑。

本部分重点为校外培训治理现状的分析提供调查数据。该部分问卷涉及的主要问题为各主体对校外培训治理的成效是否符合自己对校外培训规范发展的预期、校外培训治理措施的有效性、校外培训治理的满意度等。通过一系列调查问题的分析，可以清晰而全面地了解校外培训治理政策的认知度、治理结果的满意度及治理期待，从而为总结校外培训治理存在的问题、奠定校外培训协同治理路径实施的基础等提供数据支撑。本部分问卷的具体问题和指标如表3所示。

① 许淑萍. 公共政策伦理评价的意蕴、标准及其维度 [J]. 学习与探索, 2017 (4): 57-63.

② 麻宝斌, 于丽春, 杜平. 中国民众教育政策公平认知状况的影响因素分析 [J]. 公共管理与政策评论, 2017 (3): 67-75.

③ 张家军, 靳玉乐. 论课程政策评价模式 [J]. 教育理论与实践, 2004 (7): 49-52.

④ 邓旭, 赵刚. 我国教育政策评价的实践模式及改进路径 [J]. 国家教育行政学院学报, 2013 (8): 66-70.

⑤ 李魏, 王华东, 姜文来. 政策评价研究 [J]. 上海环境科学, 1996 (11): 5-7.

表3 校外培训协同治理路径研究调查问卷——治理现状量

指标维度		代码	调查问题	选项
治理现状（Governance Actuality，GA）	政策制定	ga1	我比较了解校外培训的治理政策	1. 非常不符合　2. 比较不符合　3. 不确定　4. 比较符合　5. 非常符合
		ga2	我对校外培训政策的制定主体很了解	1. 非常不符合　2. 比较不符合　3. 不确定　4. 比较符合　5. 非常符合
	执行过程	ga3	我对校外培训治理政策的宣传工作很满意	1. 非常不符合　2. 比较不符合　3. 不确定　4. 比较符合　5. 非常符合
		ga4	我对校外培训治理措施的执行情况很满意	1. 非常不符合　2. 比较不符合　3. 不确定　4. 比较符合　5. 非常符合
	结果评价	ga5	我对政府校外培训治理的结果很满意	1. 非常不符合　2. 比较不符合　3. 不确定　4. 比较符合　5. 非常符合
		ga6	我认为政府校外培训治理的措施很有效	1. 非常不符合　2. 比较不符合　3. 不确定　4. 比较符合　5. 非常符合
		ga7	我支持对校外培训实施协同治理路径	1. 非常不符合　2. 比较不符合　3. 不确定　4. 比较符合　5. 非常符合
	治理期待	ga8	我对校外培训治理措施的期待	1. 细化治理措施　2. 加强政策宣传　3. 构建多主体参与的治理联盟　4. 成立多部门联动机制　5. 制定监督问责制度
		ga9	我对校外培训治理结果的期待	1. 规范治理下，鼓励发展　2. 全面取缔　3. 实现与学校教育融合发展　4. 制定标准，提升服务质量　5. 制定校外培训法律法规

2. 校外培训协同治理环境评估的调查指标设计

本部分调查问卷是研究设计的核心，校外培训协同治理路径是在现行单一主体治理路径的基础上，提出的以政府为主导，行业协会、社区、学校、校外培训机构及家长共同参与治理的多元主体模式。该路径主要用于解决治理中治理主体单一化、治理阻力大、治理满意度不高等问题。① 校外培训协同治理路

---

① 丁亚东，杨涛. 我国校外培训机构治理政策的特征、问题与展望：基于21个省市政策文本的分析 [J]. 教育与经济，2019（6）：87-93.

径是一种涵盖校外培训利益相关主体的治理路径。协同治理路径注重教育治理中不同主体利益诉求的满足，可以最大限度地形成教育治理的命运共同体。协同治理也有利于构建教育治理责任联盟，而责任联盟的成立有助于打消各主体将校外培训治理视为与自身无关的想法，树立参与治理是自身责任的意识。因此，校外培训协同治理可以更好、更有力地消除校外培训治理的阻碍，从而有利于治理目标的实现。①

协同治理路径的实施需要对路径实施的环境、各主体参与治理的心态与愿景、各主体参与协同治理的能力与信心等进行全面的评估。校外培训协同治理路径实施的环境评估有利于协同治理路径的实施及方向优化，为更好地推进协同治理路径提供数据和理论支持。根据治理和协同治理的概念内涵及评价标准，协同治理路径的治理环境涵盖治理心态、治理愿景、治理体系、治理责任心及持续治理能力五个方面。本书以这五个维度为核心，结合对已有研究的梳理和分析，编制调查问卷的具体题目。

（1）校外培训协同治理环境评估中治理心态调查指标设计

心态是指影响个人、群体、社会的舆论、习俗、传统、信仰和价值观念的感受，② 它是一定时代的社会、文化心理及其反映的总称，构成了特定社会的价值—信仰—行动体系。③ 心态作为个体对事物和现象的一种主观感受，是对事物和现象的一种内在评价或感知。近年来，随着社会的快速发展，对于心态的研究主要集中在社会学和心理学领域，重点研究了心态的构成、影响因素等，来缓解社会矛盾、增强居民幸福感。目前，对心态研究较多的是社会心态。社会心态是指某一时期内影响社会发展的心境状态。它是整个社会群体的情绪基调、社会共识和社会价值观的总和。④⑤ 借鉴心态和社会心态的内涵，

① 丁亚东. 给补习"退热"：从"政府治理"到"社会治理"[J]. 中国教育学刊，2020（3）：74-80.
② 中国社会科学院文献情报中心，汝信. 社会科学新辞典 [M]. 重庆：重庆出版社，1988：1002-1003.
③ 李鑫生，蒋宝德. 人类学辞典 [M]. 北京：华艺出版社，1990：187.
④ 杨宜音. 个体与宏观社会的心理关系：社会心态概念的界定 [J]. 社会学研究，2006（4）：117-131，244.
⑤ 胡洁. 当代中国青年社会心态的变迁、现状与分析 [J]. 中国青年研究，2017（12）：85-89，115.

教育治理心态是指在一段时间内某种教育管理活动中，群体或个体产生的主观感受和心理反应。其概念内涵与社会心态相似。社会心态的测量主要分为社会情绪、社会认知、社会价值观和社会行为意向四个维度。[①] 有研究将社会心态的测量划分为社会需要、社会认知、社会情绪、社会价值观和社会行为倾向五个方面核心维度[②]，有研究从生活满意感、社会压力感、政府信任感、社会公平感、社会安全感和社会问题感六个方面对社会心态进行测量[③]。

根据本研究的内容和教育治理心态的概念，结合《中国人社会心态量表》和已有社会心态测量研究成果的核心维度，从教育治理满意度、教育治理信心、教育治理负担感、教育治理公平感、教育治理安全感、教育治理问题感六个维度展开，进行治理心态具体调查问题的编制。其中，教育治理满意度为教育治理过程、场域和结果的满意，主要包含政府校外培训治理结果满意度等；治理信心是一种对治理工作的信任和期望的测量，涵盖对政府、校外培训机构两个主体的表现感知，主要包含的问题为各主体对政府教育改革的信心、对校外培训治理能力的信心、对校外培训治理规范发展的信心等；教育治理负担感为对治理中主体的压力测量，主要包含参与治理的压力感、各主体协同治理的压力感、治理预期效果的不确定等问题；治理公平感为地位公平、权利公平和机会公平，主要包含的问题为各主体协同治理享有的地位和权利的公平程度、不同主体校外培训接受治理的权利如何保障、不同主体参与协同治理的机会等；治理安全感分为社会安全感和个人安全感，主要包含的问题为各主体参与协同治理对所处环境是否会产生不良影响、个体参与校外培训协同治理受到报复的可能性等；治理问题感为对政策执行中出现应对紧急治理事项、腐败等问题的心理反应，主要包含的问题为各主体对校外培训协同治理"磨洋工"问题的担心、治理工作中出现腐败问题的担心等。[④] 具体调查问题的指标如表4所示。

---

① 马广海. 论社会心态：概念辨析及其操作化 [J]. 社会科学, 2008 (10)：66-73, 189.

② 王俊秀. 社会心态的结构和指标体系 [J]. 社会科学战线, 2013 (2)：167-173.

③ 王益富, 潘孝富. 中国人社会心态的经验结构及量表编制 [J]. 心理学探新, 2013 (1)：79-83.

④ 王益富, 潘孝富. 中国人社会心态的经验结构及量表编制 [J]. 心理学探新, 2013 (1)：79-83.

表 4 校外培训协同治理路径研究调查问卷——治理心态量

指标维度		代码	调查问题	选项
治理心态（Governance Mentality, GM）	治理满意度	gm1	我对政府校外培训治理工作很满意	1. 非常不符合　2. 比较不符合　3. 不确定　4. 比较符合　5. 非常符合
		gm2	我对校外培训治理环境很满意	1. 非常不符合　2. 比较不符合　3. 不确定　4. 比较符合　5. 非常符合
	治理信心	gm3	我对政府教育改革很有信心	1. 非常不符合　2. 比较不符合　3. 不确定　4. 比较符合　5. 非常符合
		gm4	我认为政府有能力对校外培训进行治理	1. 非常不符合　2. 比较不符合　3. 不确定　4. 比较符合　5. 非常符合
		gm5	我对校外培训规范发展有信心	1. 非常不符合　2. 比较不符合　3. 不确定　4. 比较符合　5. 非常符合
	治理压力感	gm6	参与校外培训治理，我会产生压力感（自身）	1. 非常不符合　2. 比较不符合　3. 不确定　4. 比较符合　5. 非常符合
		gm7	参与协同治理，与其他主体交流，我会有压力感（群体协同工作）	1. 非常不符合　2. 比较不符合　3. 不确定　4. 比较符合　5. 非常符合
		gm8	对治理预期的判断，会让我产生压力感（效果不确定）	1. 非常不符合　2. 比较不符合　3. 不确定　4. 比较符合　5. 非常符合
	治理公平感	gm9	我认为自己在协同治理中会获得公平的地位	1. 非常不符合　2. 比较不符合　3. 不确定　4. 比较符合　5. 非常符合
		gm10	在治理中，我会公平对待不同的校外培训机构	1. 非常不符合　2. 比较不符合　3. 不确定　4. 比较符合　5. 非常符合
		gm11	我认为各主体参与协同治理的机会是公平的	1. 非常不符合　2. 比较不符合　3. 不确定　4. 比较符合　5. 非常符合

续表

指标维度		代码	调查问题	选项
治理心态（Governance Mentality, GM）	治理安全感	gm12	我认为参与协同会给自己所处的环境带来不良影响	1. 非常不符合　2. 比较不符合　3. 不确定　4. 比较符合　5. 非常符合
		gm13	我认为参与协同治理会受到报复	1. 非常不符合　2. 比较不符合　3. 不确定　4. 比较符合　5. 非常符合
	治理问题感	gm14	我会担心，多主体参与治理，会出现"磨洋工"问题	1. 非常不符合　2. 比较不符合　3. 不确定　4. 比较符合　5. 非常符合
		gm15	我担心在治理工作中出现腐败问题	1. 非常不符合　2. 比较不符合　3. 不确定　4. 比较符合　5. 非常符合

（2）校外培训协同治理环境评估中治理愿景调查指标设计

愿景即对事物发展方向的美好期望，它是一个形象性的表达。[①] 美国管理学家彼得·圣吉（Peter M. Senge）在学习型组织的论述中提出了五项修炼。共同愿景（Shared Vision）是五项修炼的组成部门。共同愿景是指社会组织中人民所共同持有的意象或景象。共同愿景帮助组织中的群体树立统一的目标，增强组织的号召力。它回答"我们想要创造什么"的问题。[②] 目标、价值观和使命是共同愿景的三大要素。[③] 在校外培训治理的问题上，各主体协同治理的目的在于规范校外培训发展，优化教育环境，共同促进学生的发展。可以说为学生营造优良的学习和成长环境，是各主体参与校外培训治理的共同愿景。这也是校外培训协同治理路径可以实施的重要前提和基础。共同愿景是校外培训协同治理实施的关键，如何评价各主体协同治理中共同愿景的体现是路径有效实施的重中之重。依据共同愿景的三大构成要素，本书制定校外培训协同治理中各主体共同愿景的评价指标。目标是指组织在一定时期内要达到的里程碑，是愿景的重要组成部分，[④] 它是各主体参与治理的基本态度。一是调查问题可以为各主体对校外培训

---

① 陆雄文. 管理学大辞典 [M]. 上海：上海辞书出版社，2013：77.

② 圣吉. 第五项修炼：学习型组织的艺术与实务 [M]. 北京：中信出版社，2009：9-10.

③ 张声雄，沈作松. 学习型组织知识问答 400 题 [M]. 上海：上海三联书店，2005：43-100.

④ 牛继舜. 论共同愿景的构成要素与作用 [J]. 现代管理科学，2005（6）：55-56.

应被治理所持的态度，即在治理对象目标上的一致性；二是对参与治理最终达到为学生营造良好教育环境，促进学生成长所持的态度，即在治理结果目标上的一致性。价值观是组织为实现蓝图达到目的所遵循的一些基本原则,[1] 是共同愿景最根本的要素。明确的价值体系可以为治理者提供统一的前进方向，增加凝聚力。校外培训协同治理，需要各方积极参与治理措施的实施和政策的讨论、执行，这需要各主体具有较高的治理积极性。本部分的具体调查问题为各方参与协同治理的积极性、对治理政策和措施保持一致看法的可能等。使命是指团体和个人在行动中依据任务和目标而应尽的责任[2]，它是一种对内在的承诺，即"我期望什么"[3]。校外培训协同治理中各主体需要保持对校外培训持续治理的一致承诺，以确保治理政策和措施的不断改进和完善，形成治理的源源不断的动力。根据上述共同愿景的三大指标，结合本书的研究问题和目标，编制校外培训协同治理中治理愿景部分的调查问题。具体调查问题的构成如表5所示。

表5　校外培训协同治理路径研究调查问卷——治理愿景量

指标维度		代码	调查问题	选项
治理愿景（Governance Vision，GV）	目标	gv1	我支持政府对校外培训进行治理	1. 非常不符合　2. 比较不符合　3. 不确定　4. 比较符合　5. 非常符合
		gv2	我认为各主体参与校外培训治理的目标是一致的（为学生营造优良教育环境）	1. 非常不符合　2. 比较不符合　3. 不确定　4. 比较符合　5. 非常符合
	价值观	gv3	我参与校外培训协同治理的积极性很高	1. 非常不符合　2. 比较不符合　3. 不确定　4. 比较符合　5. 非常符合
		gv4	我认为各主体在治理政策和措施制定上可以形成一致性的看法	1. 非常不符合　2. 比较不符合　3. 不确定　4. 比较符合　5. 非常符合
	使命	gv5	我参与校外培训持续性治理的决心很大	1. 非常不符合　2. 比较不符合　3. 不确定　4. 比较符合　5. 非常符合

---

① 牛继舜. 论共同愿景的构成要素与作用［J］. 现代管理科学，2005（6）：55-56.
② 罗国杰. 中国伦理学百科全书：伦理学原理卷［M］. 长春：吉林人民出版社，1993：414.
③ 牛继舜. 论共同愿景的构成要素与作用［J］. 现代管理科学，2005（6）：55-56.

（3）校外培训协同治理环境评估中治理体系调查指标设计

体系是指若干有关物质相互联系、相互制约而构成的一个整体，联系和制约是体系的基本要素。① 国家治理体系的本质是通过主体间权力和权利的制约，实现国家公共权力的规范使用。② 教育治理体系作为国家治理体系的重要组成部分，探讨教育发展中各主体协同参与管理教育的一系列规范和制度。它是促进教育改革、提升教育治理能力、实现教育治理现代化的重要抓手。教育治理体系的衡量标准主要包含制度化、民主化、法制化和效率化等四个层面。③ 校外培训治理涉及政府、社区、学校、家长等多个利益相关主体，各主体间以学生为纽带，形成一个责任联盟。校外培训治理的问题上，各主体的主要利益诉求也存在差异，为治理体系中权力和权利的相互制约提供了基础。

结合国家治理体系和教育治理体系的标准，根据本书的研究问题和内容，以教育治理体系衡量的四个标准为基础，编制校外培训治理环境中治理体系的调查指标。①制度化。制度化是指社会控制和运行机制的模式化、程序化和规范化。④ 制度的设立在于规范群体和个体的行为，统一事物发展和行进的方向。同时，构建制度化的治理体系可以约束行为、减少错误。校外培训协同治理体系，由于多主体的参与，需要更多制度化的措施，去规范和约束治理主体的行为，更好地实现治理目标。据此，本书调查各主体对政府校外培训治理实施细则的看法，本维度包含的主要调查问题如"我认为建立协同治理定期交流和汇报制度很有必要""我认为建立协同治理定期考核制度很有必要""我认为建立协同治理淘汰和轮岗制度很有必要"等。②民主化。民主化在校外培训协同治理中的体现，在于政府作为校外培训协同治理的主导，能否比较好地采纳其他主体的建议，给予其他主体充分发表观点、表达意见的权利，这对减少

---

① 中国百科大辞典编委会，袁世全，冯涛．中国百科大辞典［M］．北京：华夏出版社，1990：879.

② 袁红．国家治理体系现代化的价值目标及其衡量标准［J］．理论与改革，2016（3）：40-44.

③ 张建．教育治理体系的现代化：标准、困境及路径［J］．教育发展研究，2014（9）：27-33.

④ 杨育民．略论"制度化"［J］．社会科学辑刊，2001（6）：56-58.

协同治理的内部矛盾意义重大。在问题设计中，依据教育治理中民主化的含义和本研究的研究问题及思路，具体的问题包含"我认可自己被选为治理主体的可能性很大""我认为协同治理中意见表达会很顺畅"等。③法治化。法治化是社会治理能力提升和优化的重要环节，也是国家治理现代化的必由之路。① 教育治理的法治化是教育治理能力现代化的基础，教育治理法治化的价值意义在于保障教育治理处在正义公正的场域，促进教育治理理性制度的生成。② 在教育治理能力的评估中，需要考虑对法治化现状的预判。法治化在校外培训协同治理中的体现，主要包含两个方面，一是校外培训协同治理的各项举措都要符合教育法规的规范和要求。治理政策和措施的执行需要进行法治化的运作。二是由于协同治理主体的多元，很多主体没有进行过专门的治理培训，容易产生腐败、执行不力等问题。这需要进行有效的法治管理。在具体问题的设计上，如"我认为协同治理更加符合教育治理规范""我认为协同治理会产生腐败的问题""我会主动监督和反馈其他主体的工作表现""在治理中出现过错，我会自愿接受处罚"等。④效率化。效率化是指在既定时间内，尽可能取得更高的教育治理绩效。教育管理的效率化是工商业发展和社会巨变导致主流意识转型的结果，它对教学品质的提升有着重要的作用。③④ 在校外培训协同治理中效率地体现为提供更加细致、优质的教育服务和治理服务，更加有效地实现治理的目标。在进行具体问题设计时，主要包含"认为自己能全身心投入协同治理""提供优质治理服务的可能性""您对协同治理团队给予的任务能够优质高效完成"等问题。具体调查问题的构成如表6所示。

---

① 张文显. 法治化是国家治理现代化的必由之路 [J]. 法制与社会发展，2014 (5)：8-10.

② 陈亮，李惠. 论教育治理法治化 [J]. 高校教育管理，2016 (4)：51-56，65.

③ 马焕灵，樊丹丹. 教育管理效率化批判 [J]. 复旦教育论坛，2006 (5)：34-38.

④ 王倩，刘俊哲，刘彦. 中国制造背景下服务设计教育效率化研究 [J]. 南京艺术学院学报（美术与设计），2016 (6)：165-168.

表6　校外培训协同治理路径研究调查问卷——治理体系量

指标维度		代码	调查问题	选项
治理体系（Governance System，GS）	制度化	gs1	我认为建立协同治理定期交流和汇报制度是必要的	1. 非常不符合　2. 比较不符合　3. 不确定　4. 比较符合　5. 非常符合
		gs2	我认为建立协同治理定期考核制度是必要的	1. 非常不符合　2. 比较不符合　3. 不确定　4. 比较符合　5. 非常符合
		gs3	我认为建立协同治理淘汰和轮岗制度是必要的	1. 非常不符合　2. 比较不符合　3. 不确定　4. 比较符合　5. 非常符合
	民主化	gs4	我认可自己被选为治理主体的可能性很大	1. 非常不符合　2. 比较不符合　3. 不确定　4. 比较符合　5. 非常符合
		gs5	我认为协同治理中意见表达会很顺畅	1. 非常不符合　2. 比较不符合　3. 不确定　4. 比较符合　5. 非常符合
	法治化	gs6	我认为协同治理更加符合教育治理规范	1. 非常不符合　2. 比较不符合　3. 不确定　4. 比较符合　5. 非常符合
		gs7	我认为协同治理产生腐败的可能性较大	1. 非常不符合　2. 比较不符合　3. 不确定　4. 比较符合　5. 非常符合
		gs8	我会主动监督和反馈其他主体的工作表现	1. 非常不符合　2. 比较不符合　3. 不确定　4. 比较符合　5. 非常符合
		gs9	在治理中出现过错，我会自愿接受处罚	1. 非常不符合　2. 比较不符合　3. 不确定　4. 比较符合　5. 非常符合

指标维度		代码	调查问题	选项
治理体系（Governance System，GS）	效率化	gs10	我能够全身心投入协同治理的工作中	1. 非常不符合　2. 比较不符合　3. 不确定　4. 比较符合　5. 非常符合
		gs11	我能够积极参与并提供优质的治理服务	1. 非常不符合　2. 比较不符合　3. 不确定　4. 比较符合　5. 非常符合
		gs12	我能够高质量完成各项治理任务	1. 非常不符合　2. 比较不符合　3. 不确定　4. 比较符合　5. 非常符合

（4）校外培训协同治理环境评估中治理责任调查指标设计

责任一词在不同学科中所表示的含义有所不同，在学术和日常的表达中大体形成了经济责任、法律责任、政治责任和道德责任等类型。[①] 其中使用最多的为从伦理学的视角对责任的解释，即责任是指人们对自己行为的善或恶所应承担的责任，表现为对他人或社会应尽的道德义务[②]，其含义主要为对分内应做事情的自觉履行。[③] 治理责任强调的是治理过程中主体的履职情况和对治理对象的认知。校外培训协同治理中，各主体作为治理政策的制定、实施和评估的践行者，代表社会群众进行教育治理，承载着教育改革和人民对教育发展的寄托。各主体应树立良好的责任心态，将校外培训治理当作自己分内的事情，而不是作为一个简单的参与者、旁观者。只有将参与治理，优化校外培训发展内化为一种责任，才能构建起一个有效的校外培训协同治理责任联盟。治理责任的问题设计主要以责任的内涵为依据，结合校外培训协同治理中各主体的参与特征，将校外培训协同治理责任划分为总体责任、团体责任和个人责任三个层面。总体责任为个体对各参与校外培训治理自觉承担责任的总体感知和预

---

① 罗国杰. 中国伦理学百科全书：伦理学原理卷 [M]. 长春：吉林人民出版社，1993：342.

② 徐少锦，温克勤. 伦理百科辞典 [M]. 北京：中国广播电视出版社，1998：656.

③ 汝信. 中国工人阶级大百科 [M]. 北京：中国国际广播出版社，1992：933.

判，具体涵盖的问题如"我认为各主体都能很好地履行职责""我认为各主体履行职责对治理目标的实现很重要"等；团体责任是指各主体协同工作时对治理工作中各项事务的感知和预判，具体涵盖的问题如"我认为构建校外培训治理责任联盟的可能性很大""我认为构建校外培训治理责任联盟的重要性很大"等；个体责任是指各主体在校外培训协同治理中对治理事项的感知和预判，具体包含"我能够将校外培训治理作为自己分内的责任"等问题。本部分设计的治理责任的具体调查问题如表7所示。

表7　校外培训协同治理路径研究调查问卷——治理责任量

指标维度		代码	调查问题	选项
治理责任（Governance Responsibility，GR）	总体责任	gr1	我认为各主体都能很好地履行职责	1. 非常不符合　2. 比较不符合　3. 不确定　4. 比较符合　5. 非常符合
		gr2	我认为各主体履行职责对治理目标的实现很重要	1. 非常不符合　2. 比较不符合　3. 不确定　4. 比较符合　5. 非常符合
	团体责任	gr3	我认为构建校外培训治理责任联盟的可能性很大	1. 非常不符合　2. 比较不符合　3. 不确定　4. 比较符合　5. 非常符合
		gr4	我认为构建校外培训治理责任联盟的重要性很大	1. 非常不符合　2. 比较不符合　3. 不确定　4. 比较符合　5. 非常符合
	个体责任	gr5	我能够将校外培训治理作为自己分内的责任	1. 非常不符合　2. 比较不符合　3. 不确定　4. 比较符合　5. 非常符合

（5）校外培训协同治理环境评估中治理能力调查指标设计

校外培训的产生和发展经历了一个较为漫长的过程，是社会发展和教育变革综合作用的结果。① 这意味校外培训的治理具有持续性和复杂性的特征，需要经历一个漫长的治理过程。这要求各参与主体具有一定的治理能力，以应对

---

① 丁亚东，杨涛. 我国校外培训机构治理政策的特征、问题与展望：基于21个省市政策文本的分析 [J]. 教育与经济，2019（6）：87-93.

校外培训治理的持续性和复杂性，更好地实现治理的目标。① 教育政策的评价包括价值存在、价值规范和价值必然性三个层面②，大体分为制定时对背景及各方能力的预判、实施过程中对政策措施的理解和有效执行及政策反思三个阶段。政策制定背景及治理能力的良好预判，需要较好的沟通理解能力。政策过程的评价主要在于对政策执行力的考察，政策反思在于治理主体是否拥有总结问题和改正问题的能力。校外培训协同治理主要是基于政策治理的一种思路。在治理能力的评估上，依据教育政策评价的阶段和本研究的研究问题及逻辑，形成沟通理解能力、执行能力和反思能力三个维度。沟通理解能力是各主体参与协同治理的基础，只有良好的沟通才能减少治理障碍，实现治理目标。沟通理解能力的评估包含两个层面，一是个体自我能力的预判，二是团体沟通能力预判。具体包含"我具有足够参与协同治理的能力""我认为各主体的能力可以有效结合"等问题。执行能力主要是对治理过程中治理主体所需能力的评估，主要包含"我具有理解治理政策和措施的能力""我具有与治理对象进行沟通的能力"等问题。反思能力主要是协同治理中各治理主体所需具备的发现问题的能力、自我改正的能力和展望的能力，具体包含"我能够觉察到政策和措施的问题""我能够及时改正协同治理中的问题""我对协同治理的长远发展有自己的设想"等问题。综上所述，本部分的具体调查问题如表8所示。

（五）正式问卷的施测与数据采集

根据确定的正式问卷，本书编制了《我国校外培训协同治理路径研究调查问卷》，分为治理心态、治理愿景、治理体系、治理责任和治理能力五个分量表（量表采用李克特五点量表，从1~5依次分为"完全不符合""比较不符合""不确定""比较符合""完全符合"），对校外培训治理现状及校外培训协同治理路径进行统计分析和评估。

---

① 丁亚东. 我国中小学生家庭参与影子教育的博弈策略［J］. 苏州大学学报（教育科学版），2020（2）：66-74.

② 祁型雨. 论教育政策的价值及其评价标准［J］. 教育科学，2003（2）：7-10.

表8　校外培训协同治理路径研究调查问卷——治理能力量

指标维度		代码	调查问题	选项
治理责任（Governance Capacity，GC）	沟通理解能力	gc1	我具有足够参与协同治理的能力	1. 非常不符合　2. 比较不符合 3. 不确定　4. 比较符合　5. 非常符合
		gc2	各主体的能力可以有效结合	1. 非常不符合　2. 比较不符合 3. 不确定　4. 比较符合　5. 非常符合
	执行能力	gc3	我具有理解治理政策和措施的能力	1. 非常不符合　2. 比较不符合 3. 不确定　4. 比较符合　5. 非常符合
		gc4	我具有与治理对象进行沟通的能力	1. 非常不符合　2. 比较不符合 3. 不确定　4. 比较符合　5. 非常符合
	反思能力	gc5	我能够觉察到政策和措施的问题	1. 非常不符合　2. 比较不符合 3. 不确定　4. 比较符合　5. 非常符合
		gc6	我能够及时改正协同治理中的问题	1. 非常不符合　2. 比较不符合 3. 不确定　4. 比较符合　5. 非常符合
		gc7	我对协同治理的长远发展有自己的设想	1. 非常不符合　2. 比较不符合 3. 不确定　4. 比较符合　5. 非常符合

本书关注的是基础教育阶段学生校外培训的参与情况，考虑到低年级学生对调查题目理解的能力。本书主要通过对政府工作人员、学校管理者、家长、社区工作人员、行业协会工作人员的调查，开展数据的收集。数据收集的时间为2019年12月至2020年7月。由于疫情的影响，问卷发放主要采用线上的形式选取被调查学校，将全校学生纳入被调查的范围，对学生的父母进行问卷调查；同时，向政府工作人员、社区工作人员、学校管理者、校外培训管理者、校外培训行业协会工作人员定向发放问卷。共发放问卷38219份，其中有效问卷37944份，占比99.28%；家长36587份、政府工作人员628份、社区工作人员322份、学校管理者195份、校外培训管理者183份、校外培训行业协会工作人员29人。由于社区工作人员、学校管理者、校外培训机构管理者、校外

培训行业协会工作人员本身人数就较少，问卷调查的样本量出现了较大差别。为了更好地弥补社区工作人员、学校管理者、校外培训管理者、校外培训行业协会工作人员样本量少的缺陷。本研究更多采用访谈的形式进行信息的采集和研究阐述。在收集到的 37944 份有效问卷中，参与校外培训的样本量为 17258份，占比为 45.5%；未参与校外培训的样本量为 20686 份，占比为 54.5%。①本书聚焦的核心在于校外培训治理，重点是对校外培训参与者的实证分析。因此，本书实证分析的核心样本主要是以 17258 名参与者为基础，对研究问题和研究内容展开论述。

---

① 本书在设计调查问卷时，对校外培训参与的题项表述为"您孩子近半年来是否参与过校外培训"。由于疫情影响，疫情期间政府对校外培训机构进行了关停，校外培训参与受到影响，出现比重"不高"的问题。但本书核心内容在于对校外培训协同治理路径的提出与评估，因此校外培训参与的比重问题并不影响本研究的开展。

第二章　校外培训治理的问题及路径选择

　　本章主要研究内容是从政策文本和数据分析视角总结校外培训治理存在的问题。通过对校外培训治理政策、调查数据及文献资料的系统分析，从校外培训治理举措、校外培训治理满意度、校外培训机构发展、校外培训参与规模等维度，归纳校外培训治理存在的问题及治理成效不佳的原因。根据各主体对实施校外培训协同治理路径的支持度及校外培训治理期待的分析，探讨校外培训治理的路径选择，为校外培训协同治理路径的提出奠定理论和实证基础。

　　本章内容主要分为四个部分。一是通过对校外培训治理政策的文本分析，归纳校外培训在治理态度、治理举措等方面存在的问题。该部分内容主要是对2018年以来我国部分经济强市校外培训治理的相关政策文本进行收集、整理和分析，总结校外培训治理政策的问题。二是通过对调查数据的统计分析，归纳校外培训治理在治理政策认知度、治理满意度等方面存在的问题。该部分内容主要根据问卷调查数据，使用描述统计、回归分析和结构方程相结合的方法，分析各主体对校外培训治理政策的认知度、治理结果的满意度及影响因素。三是校外培训治理问题的原因分析。从校外培训参与规模、校外培训机构发展、政府校外培训治理信心等多个层面，归纳校外培训治理成效不佳的影响要素。四是校外培训治理的路径选择分析。根据校外培训治理中存在的问题及各主体对校外培训协同治理路径的支持和校外培训治理期待的分析，提出校外培训协同治理路径。通过对校外培训协同治理路径的适切性及多元主体参与治理的优势等方面进行分析，从而形成校外培训协同治理路径并对其进行可行性、科学性和有效性的论述，也为下文校外培训协同治理路径的评估分析奠定基础。

　　基于本章的研究内容和思路，本部分以应然理论为依据构建分析思路。

Epistemology（认识论）来自希腊文 γυδβτσ 和 λστοδ 的结合，其含义为关于知识的学说。认识论的理论内涵起源于哲学研究中对"知识是什么"的思考。马克思主义哲学认为，任何关于认识的哲学学说，都应是统一和固定的。① 随着自然科学的快速发展，认识论作为哲学基本问题的理论，推动了理性主义和经验主义的发展，并逐渐成为一个划时代的理论标志。哲学家对理性主义理论与经验主义理论探讨的重点在于两者理论是对"应然"与"实然"，即事实和价值间的关系而展开的，从而形成了"应然理论"与"实然理论"。② "应然"与"实然"探讨的是人在对事物进行评价时体现出的不同状态。理性主义和经验主义作为哲学中认识论的重要观点，其核心体现的是对事物"应然"与"实然"的认识，从而逐渐演变为"应然性"与"实然性"的论述。"应然性"是指在全面展示事物本质、规律、性质、范畴等基础上，应具有的状态或情景。事物应然性的思考，更加体现出对事物本质及真实价值的考量，具有明显的理想性价值取向。"实然性"强调的是事物在所处环境中与周围世界关联的真实状态或实际情景。实然性更加强调事物的实际发展，注重对事物真实性的追求，具有显著的真实性和实用性的价值取向。③ 因此，通过对事物本身"应然性"与"实然性"对比的分析，可以有效地了解事物发展的状态、存在的问题和需要进一步完善的方向。应然理论用于校外培训治理问题的分析框架如图 2 所示。

校外培训作为一种普遍的"社会热门现象"，其产生、发展和壮大是教育、文化和社会经济发展综合作用的结果。④ 各主体对校外培训的"狂热"和"依赖"，给校外培训的"蓬勃发展"奠定了基础⑤，在一定程度上体现出校外培训作为教育系统一分子的价值。在制定校外培训治理政策和措施时，应注重考

---

① 卢之超. 马克思主义大辞典. 北京：中国和平出版社. 1993：667-668.
② 周晓亮. 西方近代认识论论纲：理性主义与经验主义 [J]. 哲学研究，2003（10）：48-53，97.
③ 刘志军，徐彬. 教育评价：应然性与实然性的博弈及超越 [J]. 教育研究，2019（5）：10-17.
④ 闫闯. 集体行为理论视角下学生参加补习教育行为的诱发因素 [J]. 当代青年研究，2018（4）：41-47.
⑤ 王有升. 补习教育：一类不可忽视的教育现象 [J]. 上海教育科研，1997（6）：18-19，24.

虑校外培训的教育价值，了解校外培训的"应然"状态，有利于校外培训教育价值的体现及进一步规范和发展方向的明确。校外培训的快速发展使其本身的问题不断显现，如自身教学管理、学生管理、师资培训等。为提升校外培训教育价值的体现和促进培训市场的良性发展，对校外培训"实然"状态的调查，能够比较准确地反映出目前校外培训发展的真实状态。通过政策文本和调查分析，归纳校外培训治理政策、治理成效、治理举措、治理满意度等方面存在的问题。因此，校外培训及校外培训治理"应然"与"实然"的比较分析，能够较好地探寻校外培训治理存在的问题，进而明确校外培训机构及校外培训治理的"问题集"。

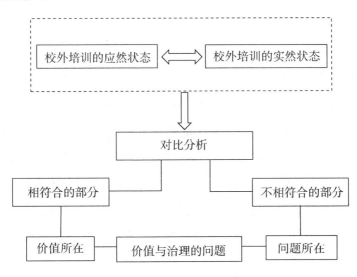

图 2 应然理论下校外培训治理问题的分析框架

一、校外培训治理问题的政策文本分析

本节对 2018 年以来部分经济发展较好城市校外培训治理的政策文本进行分析，总结校外培训治理的问题。学生负担过重是校外培训治理政策集中发布的一个重要原因。学生减负一直是教育治理的焦点问题。近年来，随着校外培训的兴起，学生减负的方向由校内转向校外。为减轻学生校外学业负担，规范校外培训机构发展，2018 年 8 月，国务院办公厅印发《关于规范校外培训机构发展的意见》（国办发〔2018〕80 号），指出校外培训机构的规范发展需坚持

"依法规范、分类管理、综合施策、协同治理"四个基本要求。校外培训治理的四个基本要求指出了校外培训治理的方向、方式和方法。中国教育三十人论坛学术委员会发布的《2018年中小学生减负调查报告》,提出中小学校外培训的治理应坚持引导和规范的治理思路,坚持学校教育与校外培训教育形成良性互动的治理目标。

为促进校外培训机构的规范发展,中央政府和地方政府出台了一系列治理举措。中央政府层面政策,作为全局性、指导性和战略性文本,为地方政府治理政策和举措的制定提供指引。政策措施是政府教育治理的主要抓手,因此校外培训治理政策文本的分析对揭示校外培训治理的特征、归纳校外培训治理的问题具有重要的借鉴意义。

(一) 校外培训治理政策分析的思路、方法与谱系

本书基于北京、上海、杭州、南京、苏州、天津、广州、深圳等 26 个经济发达市或区域经济强市,发布校外培训治理的政策文本。在中央政府层面治理政策的参照下,对校外培训治理政策进行文本分析。本节主要内容有两点。一是校外培训治理政策的基本情况分析。该部分内容主要从校外培训治理政策的发布时间、发布单位等主题展开分析,归纳校外培训治理政策的积极性与协同性。二是校外培训治理政策的内容分析。该部分内容主要通过对校外培训治理政策的任务、目标、主要措施等方面分析,总结校外培训治理措施存在的问题。

政策工具对提高政策制定的科学性、改善政策执行过程与效果等有着重要的意义。① 政策工具主要是指主体为实现目标、解决某一问题而实用的具体方式、手段和举措。② 政策分析理论作为政策工具理论的组成部分,核心内涵在于探讨政策措施产生、计划、实施和评估的各个环节。根据政策分析理论,对政策的制定、实施和评估等进行全面的考核与反思。教育政策的目的在于解决教育领域中的问题,优化教育环境。在政策分析理论的视角下,结合问题解决

① 杨代福. 政策工具选择研究:基于理性与政策网络的视角 [M]. 北京:中国社会科学出版社,2016:3-4.
② 陈振明. 公共政策分析 [M]. 北京:中国人民大学出版社,2003:147.

理论，本书制定出符合校外培训政策分析的理论框架，从而形成新政策分析理论。新政策分析理论大致形成四个重要步骤：问题表征（Representation）、计划（Planning）、执行（Execution）、评价（Evaluation）。四个重要步骤的具体内涵为：一是根据社会发展中的具体现象发现问题，从而为政策治理的目标提供依据和方向；二是根据政策治理的问题，编制政策制定和措施实施的计划。计划的科学性、完善性和有效性是计划实施的重要前提，它将直接影响各主体对问题解决结果的满意程度；三是根据治理政策和措施的执行特征，制定监督和问责机制，对政策执行的主体、政策执行的过程等进行监管，并对政策执行不力的主体进行问责，保障治理政策实施的有效性；四是针对政策的现状，进行政策评估。根据政策评估的结果对治理政策和措施进行反馈和反思，及时发现政策和措施的不足。从而为治理政策和措施地完善和修正提供更加精确的方向。① 根据对政策评估中新问题的发现，会形成新一轮"问题—计划—执行—评价"的循环，从而可以更加有效地实现问题的最终解决。新政策分析理论具体框架如图 3 所示。

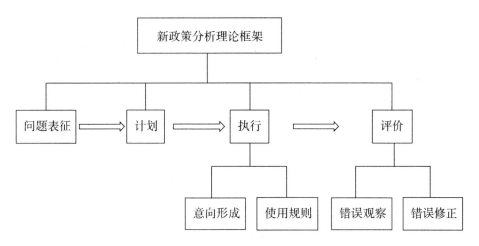

图 3 新政策分析理论分析框架

校外培训的治理不是一蹴而就的，需要一个长期往复的治理过程。校外培训治理过程中参与治理者共同愿景的构建，对政策措施存在问题的优化至关重

---

① 王乃弋，李红，高山. 评执行功能的问题解决理论［J］. 心理科学进展，2004（5）：706-713.

要。这与政策分析理论的内涵相一致。校外培训涉及的利益主体较多、培训的内容广泛、分布不集中等，确定校外培训治理存在的问题是实现校外培训治理的关键环节。本书通过校外培训治理政策的分析，确定校外培训政府治理路径的问题。目前，对校外培训的治理路径主要由政府主导，以行政命令和政策规范为主要手段。缺乏其他利益主体的参与，且治理政策和措施缺乏对"问题"的针对性，属于"全面治理，缺乏特色"。本书主张在各方利益主体参与的情况下，制订完善且有针对性的治理计划。依据校外培训治理的长期性，可以分阶段制订计划，以时间或任务为周期。通过计划的实施，逐步推动治理工作有效落实。在计划执行阶段，现有治理缺乏对执行过程的监督，尤其是对执行人员共同愿景的培养。校外培训的治理需要各方形成一个责任联盟，在这个联盟中，各利益主体不仅仅要将校外培训的治理当作一项任务，还要当作自身的一个责任，从而可以有效地降低治理措施执行过程中的阻力。校外培训治理的阶段性效果要及时进行评价和反馈，并对发现的问题进行修正和新一轮"问题—计划—执行—评价"的解决程序，从而可以保证治理的效果和形成良性的治理循环。因此，该理论有助于解决校外培训治理中计划的制订，治理主体共同愿景和责任联盟的形成以及治理效果和经验总结的问题，重点对校外培训治理存在问题的归纳提供理论分析框架。本书依据上述政策分析理论的框架，构建了校外培训治理问题的分析框架，如图4所示。

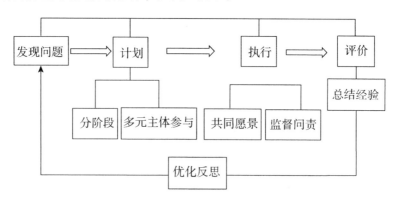

图4　校外培训治理问题的分析框架

本书在政策分析理论的框架内，使用内容分析方法对校外培训的治理政策进行分析。政策分析是指研究者针对某一社会问题或现象，对相关政策进行收集、分析、归纳的一种手段和方法。① 它主要包括规治、经济、信息、强制和激励五种类型②,其中内容分析是政策工具分析使用的常用方法。内容分析方法作为一种"黑箱技术"(Black Box Technique)主要被应用于政策演变的分析。该方法的优势在于运用定量和定性的结合,更加具体和科学的归纳政策的特征、价值取向以及发展趋势。③ 在政策工具的框架内采用内容分析方法。本部分政策分析的结构主要分为以下几个部分。一是校外培训治理政策的态度分析,即以各省市校外培训治理政策发布时间的分析为基础。二是在纵向和横向分析相结合的视角下,对国家层面和各省市层面校外培训治理政策的分析。该部分主要内容在于对校外培训治理政策的目标、任务和措施展开具体分析。三是通过上述分析,总结校外培训治理政策存在的不足与问题。通过该部分内容的分析为校外培训协同治理路径的提出奠定基础。本节校外培训治理政策分析的框架和谱系如图5所示。

(二) 校外培训治理缺乏积极性与协同性

本部分主要对2018年前后校外培训治理政策的颁布情况进行介绍,并以《关于规范校外培训机构发展的意见》(国办发〔2018〕80号)发布的时间作为节点,对部分省市和县市校外培训治理政策的发布时间、部门等进行分析,归纳政府校外培训治理的积极性与协同性。2018年前后,部分经济校外培训主要治理政策的分布如表9所示,其中,包含上海、杭州、南京、苏州等26个经济发展水平较高城市的治理政策。

---

① 陈振明. 公共政策分析 [M]. 北京:中国人民大学出版社,2001:147.

② 杨代福. 政策工具选择研究:基于理性与政策网络的视角 [M]. 北京:中国社会科学出版社,2016:23-40.

③ 孙蕊,孙萍,张景奇,等. 内容分析方法在公共政策研究中的应用:以耕地占补平衡政策为例 [J]. 广东农业科学,2014(4):196-200.

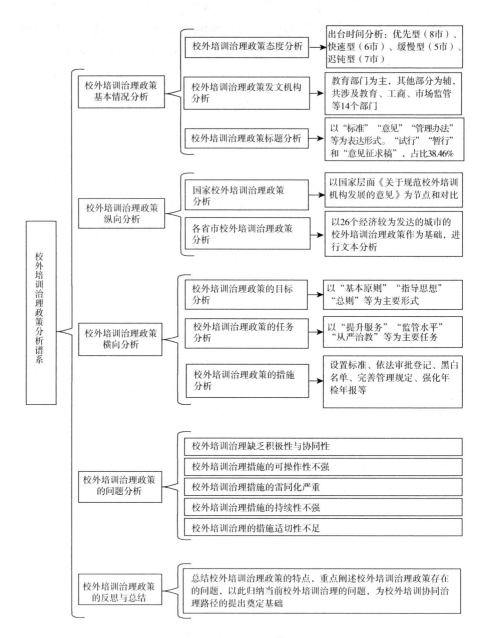

图5 校外培训治理政策分析谱系

表 9　部分经济校外培训治理政策汇总

序号	类型	地区	颁布时间	颁布机构	文件名称
1	优先型	成都	2017 年 12 月	教育局、公安局、民政局、文化广电新闻出版局、工商行政管理局、体育局	《成都市民办教育培训机构设置指导标准》
2		上海	2017 年 12 月	教育委员会、工商行政管理局、人力资源和社会保障局、民政局	《民办培训机构设置标准》《营利性民办培训机构管理办法》《非营利性民办培训机构管理办法》
3		武汉	2018 年 1 月	市政府	《民办培训机构管理暂行办法》
4		南通	2018 年 4 月	教育局、民政局、人力资源和社会保障局、工商行政管理局	《关于切实减轻中小学生课外负担开展校外培训机构专项治理行动的通知》
5		广州	2018 年 5 月	教育局	《校外培训机构申请办理操作指引（试行）》
6		杭州	2018 年 5 月	教育局、市场监管局	《营利性文化课程培训机构设置标准》
7		郑州	2018 年 6 月	教育局、民政局、人力资源和社会保障局、工商行政管理局	《校外培训机构专项治理行动实施方案》
8		西安	2018 年 8 月	政府办公厅	《西安市民办非学历文化教育培训机构管理暂行办法》
节点		国家	2018 年 8 月	国务院办公厅	《国务院办公厅关于规范校外培训机构发展的意见》
9	快速型	宁波	2018 年 9 月	教育局	《宁波市民办非学历教育培训机构审批与管理暂行办法》
10		扬州	2018 年 10 月	教育局	《校外培训机构设置标准》
11		无锡	2018 年 10 月	教育局	《校外培训机构设置标准》
12		南昌	2018 年 10 月	教育局	《民办培训教育机构设置标准（试行）》
13		南京	2018 年 10 月	教育局	《校外培训机构设置标准》
14		常州	2018 年 10 月	教育局	《校外培训机构设置指导标准（试行）》

续表

序号	类型	地区	颁布时间	颁布机构	文件名称
15	缓慢型	北京	2018年11月	教育委员会、人力资源和社会保障局	《民办教育培训机构办学标准（暂行）》
16		石家庄	2018年11月	教育局、发改委、人力资源和社会保障局、工商行政管理局、民政局、行政审批局、食药监局、公安局、消防支队、抗震救灾办	《校外培训机构设置与管理办法（征求意见稿）》
17		天津	2018年11月	教育委员会	《民办教育培训机构设置标准》
18		青岛	2018年12月	教育局、民政局、工商局、消防局	《校外培训机构发展的实施意见》
19		苏州	2018年12月	教育局	《校外培训机构设置标准》
20	迟钝型	厦门	2019年1月	教育局、民政局、人力资源和社会保障局、市场监督管理局	《校外培训机构设置标准（试行）》
21		泉州	2019年2月	教育局、人力资源和社会保障局、民政局、市场监管局	《校外培训机构设置标准（试行）》
22		深圳	2019年5月	教育局	《关于规范校外培训机构发展的工作方案》
23		重庆	2019年7月	政府办公厅	《进一步规范校外培训机构发展的实施意见》
24		长沙	2019年12月	教育局、民政局、市场监督管理局	《校外培训机构设置标准》
25		大连	2020年1月	教育局	《校外培训机构设置标准（试行）》
26		东莞	2020年3月	教育局	《中小学生校外培训机构申请办理〈民办学校办学许可证〉操作指引》

1. 政府校外培训治理的"积极性"不高

本部分对各市发布的校外培训治理政策时间进行统计分析，为更好地区分不同地区对校外培训治理的反应速度，更好地对比不同地区校外治理的"积极性"。本书选取国家层面《关于规范校外培训机构发展的意见》（国办发〔2018〕80 号）的政策作为时间节点，区分不同地区校外培训治理的"反应速度"和"积极性"。本书以中央政府校外培训治理政策作为时间节点，将各地方政府治理校外培训机构的态度划分为优先型、快速型、缓慢型和迟钝型四类。① 优先型城市主要分布在经济相对发达的地区或教育发展水平较高的城市。这些城市校外培训治理政策发布时间早，政策措施相对比较系统和完善。因而可以为其他城市校外培训治理政策的制定和实施提供借鉴。优先型城市主要为上海、成都等市；快速型城市主要为在国家层面校外培训治理政策发布不久后，便对本地区校外培训治理做出回应和部署，主要城市为宁波、扬州、无锡、南京等市；缓慢型城市主要为对国家层面校外培训治理提出具体要求后，本地区没能很快给出回应，对校外培训治理态度相对不够积极，主要城市为石家庄、天津、青岛、苏州等；厦门、泉州、深圳、东莞、大连等则为迟钝型城市。由上文各市校外培训治理政策发布时间的统计可知，42.31% 的城市发布校外培训治理态度为缓慢型和迟钝型。这反映出各市对校外培训治理的积极性整体不高的特征。虽然各市校外培训治理政策发布时间的快慢与校外培训治理取得的成效并不是正相关关系，这一点从 2018 年 12 月 10 日教育部官网发布"通报表扬北京、贵阳等地校外培训机构治理工作"的新闻报道中得到佐证②，但各市校外培训治理政策发布时间的快慢可以一定程度上反映出各市校外培训治理的积极性。

2. 校外培训治理部门间的协同性不强

教育治理中针对某一问题或社会现象，政策发布机构的分析对明确部门职

---

① 丁亚东，杨涛．我国校外培训机构治理政策的特征、问题与展望：基于 21 个市政策文本的分析［J］．教育与经济，2019（6）：87-93．

② 中华人民共和国教育部．教育部通报表扬北京贵阳等地的校外培训机构治理工作［EB/OL］．（2018-8-10）［2020-10-16］．http://www.moe.gov.cn/jyb_xwfb/gzdt_gzdt/s5987/201812/t20181210_362899.html．

责、优化多部门联动治理、提升治理成效等均具有重要的意义。根据对各市校外培训治理政策发布机构的统计分析，归纳出校外培训治理政策的如下特征。一是校外培训治理政策发布机构中教育部门出现最多，形成了以教育行政部门为主，市场监管、工商等部门为辅的治理主体新格局；二是校外培训治理形成了多部门联动的治理机制，但协同性不强。根据对各市校外培训治理政策涉及的颁布机构的统计，共分类出 14 个不同部门，具体为教育局、市政府、市委办公厅、工商局、人力资源与社会保障局、民政局、住房和城乡建设局、公安局、市场监督管理局、市委机构编制委、消防局、食药局、抗震救灾办、文化广电新闻出版局等。不同市校外培训治理政策发布部门数量具有较大的差异化。其中，校外培训治理政策发布部门涉及最多的为 10 个，为石家庄。部门涉及最少的仅有 1 个，主要为武汉、广州、西安、宁波、深圳等城市。但单一部门发文的城市为 15 个，占比 57.69%。这表明部门间的协同治理观念仍有待改进。

政策文本涉及发文部门的数量，可以在一定程度上反映出当地校外培训协同治理理念的强弱。一般而言，涉及发文机构越多，表明参与或关注该项治理工作的部门越多。校外培训作为一个复杂的社会和教育问题，不仅仅是教育部门的职责，也是工商、市场监管等部门的职责。① 上述分析可知，校外培训发文部门中多部门协同的城市有待进一步提升。这在一定程度表明，校外培训治理中部门间的协作仍需加强。"现在很多事务都压给我们教育部门，我们本身没有执法权，很多问题都是需要联合其他部门一起完成才可以起到一定的作用。但是其他部门跟我们又没有隶属关系，又不能调动，只能强调继续深化合作吧。"（受访政府工作人员 G9）因此，多部门联合发文，协同治理的理念值得学习和推广。

3. 校外培训治理措施的可操作性不强

政策措施作为治理政策作用发挥的重要抓手，直接影响政策的成效。本部分对各市校外培训治理政策的措施展开分析，得出国家层面校外培训治理政策的指导下，多数市校外培训治理政策的措施与国家层面保持一致，少数市在国家层面的基础上有所差异。各市校外培训治理政策措施的变动，对完善校外培

---

① 王素斌，朱益明. 论校外培训机构的综合治理［J］. 基础教育，2018（2）：49-54.

训治理政策的措施、创新校外培训治理模式、提升校外培训治理满意度等都具有较大的意义。本书通过分析各地方政府的校外培训机构治理政策，归纳出如下治理措施：提高设置标准、优化审批登记流程、实施黑白名单制度、细化管理制度、加强考核评估、注重教学质量监管、落实监督问责机制、重视宣传引导等。各市校外培训治理的措施已形成准入治理、办学过程监管、终止注销等系统和完整的措施体系。其中，设置标准又可细分为适用范围、管理权限、基本条件、举办者、联合办学者、组织机构、机构章程、管理队伍、法定代表人、校长（行政负责人）、教学管理人员、财务管理人员、师资队伍、办学场所和设施设备、安全与卫生管理、办学投入、培训项目、课程及教材、分支机构或培训点、班级备案等内容。综上所述，各市校外培训治理措施与国家层面具有较高的相似性。这在一定程度上反映出各市校外培训治理措施创新性不够、适切性不足、雷同化较高等问题。"根据我们的梳理和归纳，目前很多地方的治理政策一般都是直接借鉴上级政府的规管措施，在创新性上面确实有所不足，具体问题具体分析的思维还是有些欠缺。"（受访行业协会工作人员H10）

　　校外培训治理的措施已经形成了涵盖严格把控登记程序、提升准入标准和门槛、规范日常监管、注重评估注销等完善的措施体系。这对规范校外培训市场，优化校外培训的治理环境，提升校外培训服务质量，均具有很大的现实意义。校外培训治理政策作为规范校外培训发展的手段，对优化校外培训市场环境、提升校外培训质量等有着重要作用。① 然而也要看到各市校外培训治理措施具有较高雷同度，校外培训治理措施的实施细则不够具体，缺乏可操作性。如应进一步完善"校外培训注销流程""校外培训教学内容的变更程序""校外培训师资招聘管理办法"等。这些与校外培训治理目标实现密切相关的主题，均缺乏具体化的指导细则。校外培训治理措施的可操作性不强，将进一步影响到政府治理部门与校外培训机构、政府治理部门与校外培训需求方、政府各部门之间的沟通交流，从而在很大程度上影响校外培训治理工作的推进和治

---

① 陈肇新. 提升教育公平感的法律程序治理：以中小学校外培训机构的法律规制为视角 [J]. 全球教育展望，2018（9）：87-100.

理目标的实现。

4. 校外培训治理措施的同质化严重

各市为更好地完成校外培训治理的任务，在国家层面校外培训治理政策的指导下，结合本地区社会、教育和校外培训发展的实际情况，规划本地区校外培训治理的任务。由于国家层面校外培训治理政策治理任务的明确性较强，各市校外培训治理政策的任务要求，基本与国家层面政策保持一致。如"建立健全校外培训机构的监管机制""严禁校外培训机构组织等级考试及竞赛""培育校外培训教育的良好生态""坚持依法从严治教""将校外培训机构开展的各类培训教育纳入国家教育统一管理范畴""对存在重大问题的校外培训机构停办整改""使正规的校外培训教育成为中小学教育的有益补充""提升服务与监管水平""纠正校外培训机构开展学科类培训"等具体治理任务。各市校外培训治理政策提出的任务要求具有较高的相似性且与国家层面校外培训治理政策的任务要求相一致。整体而言，校外培训治理政策的任务要求相似度较高，创新性不足。

各市校外培训治理的流程、任务和目标、具体举措等均与国家层面保持较高的一致性。归纳起来，"设置准入门槛"成为各市校外培训治理的主要方式和策略，除此之外还包括设置标准、设立审批、规范办学、管理与监督、变更与终止等环节。本书聚焦的各市除了极少数市没有设置校外培训的准入标准、管理办法等外（如成都等），绝大多数市均对校外培训机构的准入标准和基本条件进行了规定（如宁波、青岛等）。各市校外培训治理方式和策略除了设置准入门槛外，采取较多的还包括"不准聘用未取得教师资格证者，不得聘用在职教师""对办学场所条件进行了明确的规定，具体到了面积大小、安全及卫生标准"等。

5. 校外培训治理措施的持续性不强

上文对各市校外培训治理政策发布的时间进行了统计和分析，得出各市校外培训治理政策的发布时间主要集中在 2018 年 8 月至 12 月这一时间段，此后各地关于校外培训治理的细化文件或辅助性文件出台较少。校外培训治理政策内容的分析可知，各市校外培训治理政策虽然均对治理任务、治理目标以及治理措施做出了明确的说明。但对校外培训治理的进度以及治理时间要求等更加细化的举措基本没有涉及，多是以设置标准、加强审批和监督、注重日常监管等方式为核心。我国校外培训治理的发展历程具有显著的阶段化、形式化和运动化的特征，缺乏比较完善的持续化、系统化和常态化的治理措施体系。国家层面治理政策提出"分类管理、综合施策"的基本原则。但多市并没有对该基本原则进行细化，制定更加具体的实施细则，而是对不符合校外培训治理政策要求的机构采取注销、限期整改、暂时关停等措施。例如，多市实施的"黑白名单"管理制度，由于缺乏细化的执行细则，诸多中小校外培训机构遭到"拉黑"待遇，被迫关停或整改。上述校外培训治理的方式，具有明显的"一刀切"特征，不利于校外培训机构的规范发展。因此，各市间应加强沟通和交流，相互之间借鉴比较典型的治理经验和做法，防止校外培训不规范现象的"反弹"。

6. 校外培训治理措施的适切性不足

由于各市经济、社会和教育发展的差异，对校外培训治理的理念有所不同。一是校外培训治理态度和积极性理念的差异。上文对各市校外培训治理的态度进行了分类，其中，优先型城市较好地认识到校外培训治理的重要性和必要性，提前对校外培训治理的各项措施和方案进行了规划。其他城市均是在国家层面政策的框架内，制定校外培训治理的方案和标准，缺乏因地制宜的特征，出现创新性不足的问题。二是校外培训是多种社会因素综合作用的结果，因此具有一定的复杂性。校外培训的复杂性赋予校外培训丰富的内涵，导致不同地区对其内涵、价值、问题等的理解差异较大。校外培训的差异化理解不利于当地制定出符合本地实际的治理措施，也往往带来治理措施可操作化不强的问题。[①] 三是由上文分析可知，设置准入门槛、建立校外培训办学标准等成为各市校外培训治理的主要手段，较少市出现"取缔""消灭"等理念。上述反映出校外培训合法性被多数市所认可，如何规范校外培训发展而不是消灭，成为各市校外培训治理的共识。但共识的达成，会出现新通过的校外培训的大规模兴起，政府将如何优化治理政策和措施进行有效监管，如何实现大规模校外

---

① 邱昆树，王一涛，周朝成. 论政府对民办教育培训机构监管的责任担当［J］. 中国教育学刊，2018（6）：44-49.

培训机构发展的现实下，使之更加符合教育发展的要求？这些问题目前都无法预知和回答。上述体现出各市对国家层面校外培训治理政策的逻辑和背景思考不够系统、全面，出现一些不符合本地区教育发展和校外培训治理特征的政策措施，反映出各市校外培训治理措施适切性的不足，在一定程度上增加了校外培训治理的阻力。

以上论述反映出不同地区校外培训治理政策和措施的差异化与趋同化的"矛盾性"特征。差异化体现在治理政策的理解、治理目的和方式，趋同化表现在治理措施等的雷同度较高。校外培训国家层面和地方层面政策，分别从宏观视角和具体情况视角看待校外培训问题。各地具体情况分析视角应在国家宏观视角的统领下，适当有所创新和突破，以增强治理政策和措施的适切性。各地校外治理政策和措施的趋同化，反映出当前校外培训治理措施的创新性不足、操作性不强、细致性不具体等诸多问题。这要求各市要紧紧根据本地区的实际情况，进一步优化和细化校外培训治理的政策措施。实事求是地制定出既符合本地校外培训治理特征，又具有可操作性、创新性和适切性的校外培训治理措施。

二、校外培训治理问题的调查统计分析

本部分通过对调查数据的统计分析，从实证的视角给出校外培训治理存在问题的客观回答。具体研究内容从各主体校外培训治理政策的认知度、治理结果的满意度及影响因素等方面展开。

（一）校外培训治理政策认知度低

校外培训治理政策认知度主要为各主体对校外培训治理政策的了解情况，反映校外培训治理政策制定和执行的现状。一般来说，各主体对校外培训治理政策的了解度越高，越能够反映出治理政策实施的有效性。[①]

本部分主要内容分为两个层面，一是校外培训治理政策的认知度分析。该部分内容主要通过数据分析在全样本和不同城市样本的划分下，分析各主体对

---

① 丁亚东，李欢欢. 家长教育政策了解度与子女教育获得：基于课外补习的中介效应分析 [J]. 当代教育论坛，2021（1）：38-48.

校外培训治理政策的认知度。二是不同主体校外培训治理政策的认知度分析。该部分内容主要分析不同主体校外培训治理政策的认知度。

为更好地比较校外培训治理的满意度，本书以"非常了解"和"比较了解"合称为"了解"，以"非常不了解"和"比较不了解"合称为"不了解"。

1. 校外培训治理政策的整体认知度

校外培训"政府—校外培训"治理路径下，各主体治理政策认知度处在"一般"水平。各主体对校外培训治理政策，感到"非常了解"的比重为6.1%，感到"比较了解"的占比为35.6%，感到"不确定"的占比为45.7%，感到"比较不了解"的占比为8.7%，感到"非常不了解"的占比为4.0%。综上所述，校外培训治理路径的政策的认知度为41.7%。其中近一半被访者对校外培训治理政策的了解还是模棱两可。上述统计分析结果表明各主体对校外培训治理政策的了解度处在"一般"的水平，也反映出政府校外培训治理政策的宣传工作有待进一步的提升。具体结果如图6所示。

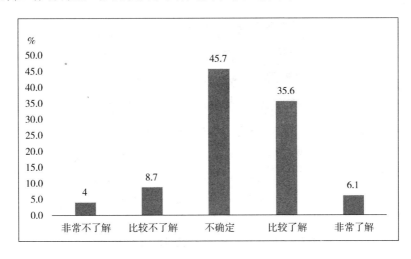

图6　校外培训治理政策的认知度

2. 不同主体校外培训治理政策的认知度

在校外培训治理政策整体认知度不高的情况下，本书将进一步描述不同主体校外培训治理政策的认知度，以更加全面地揭示校外培训治理政策认知度的特征。

　　政府主体校外培训治理政策的认知度最高，其次为社区主体和行业协会主体，家长主体校外培训治理政策的了解度最低。学校主体和校外培训机构主体校外培训治理政策的认知度较为相近。各主体校外培训治理政策认知度具体为：政府工作人员治理政策的认知度为48.2%，其中，"比较了解"和"非常了解"的比重依次为39.3%和8.9%。校外培训行业协会主体校外培训治理政策的认知度为47.3%，其中，"比较了解"和"非常了解"的比重依次为36.1%和11.2%。社区管理者主体校外培训治理政策的认知度为47.7%，其中，"比较了解"和"非常了解"的比重依次为37.6%和10.1%。学校管理者主体校外培训治理政策的认知度为42.4%，其中，"比较了解"和"非常了解"的比重依次为32.9%和9.5%。校外培训机构工作人员主体校外培训治理政策的认知度为42.8%，其中，"比较了解"和"非常了解"的比重依次为34.5%和8.3%。家长主体校外培训治理政策的认知度为40.3%，其中，"比较了解"和"非常了解"的比重依次为34.4%和5.9%。具体如图7所示。

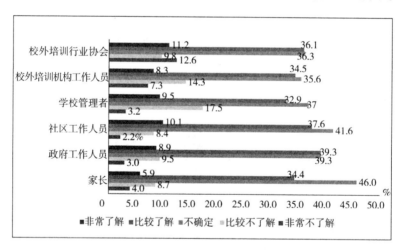

图7　不同主体校外培训治理政策的认知度

　　家长作为校外培训的需求方，社区作为校外培训治理的协调方，两者较低的校外培训治理政策认知度，容易形成信息的不对称。不利于家长和社区获取校外培训的治理信息。"信息壁垒"使家长校外培训选择的"非理性"状态无法改变，同时也使社区无法提供更加具有针对性的教育服务，在一定程度上增加了校外培训治理的阻力。

（二）校外培训治理的满意度不高

校外培训治理存在问题的梳理，除了对校外培训治理政策的认知度，还需要对校外培训治理的满意度进行分析，从而形成更加系统的校外培训治理问题的分析体系。

校外培训治理满意度的分析主要包括两个部分。一是校外培训治理过程的满意度。该部分内容主要包含对校外培训治理政策宣传的满意度分析。二是校外培训治理结果的满意度。本节内容主要通过过程与结果的结合，构建校外培训治理满意度的分析框架。

1. 校外培训治理政策宣传工作满意度

教育政策的宣传是社会各界获取教育政策和改革信息的重要途径。政府校外培训治理政策宣传工作的满意度，对建立政府与校外培训机构及相关主体沟通的桥梁有着重要意义。

校外培训行业协会治理政策宣传工作满意度处在"一般"水平上。各主体校外培训治理政策宣传工作感到满意的，认为"非常符合"的比重为7.0%，"比较符合"的比重为37.0%，合计为44.0%。认为"一般"的比重为41.8%，"比较不符合"的比重为10.2%，"非常不符合"的比重为4.0%，合计为14.2%。因此，校外培训治理中对政策宣传工作的满意度整体不高。具体如图8所示。

社区工作人员和政府工作人员对校外培训治理政策宣传工作满意度最高，其次为校外行业协会和学校主体，校外培训机构工作人员和家长对校外培训治理政策宣传工作的满意度最低。政府工作人员对校外培训政策"比较符合"和"非常符合"的比重分别为36.9%和6.9%，合计为43.8%。校外培训机构工作人员对校外培训政策"比较符合"和"非常符合"的比重分别为31.9%和7.6%，合计为39.5%。学校管理者对校外培训政策"比较符合"和"非常符合"的比重分别为31.3%和8.4%，合计为39.7%。家长对校外培训政策"比较符合"和"非常符合"的比重分别为30.9%和7.9%，合计为38.8%。社区工作人员对校外培训政策"比较符合"和"非常符合"的比重分别为36.0%和13.5%，合计为49.5%。校外行业协会对校外培训政策"比较符合"和

"非常符合"的比重分别为32.5%和7.5%，合计为40.0%。具体如图8所示。

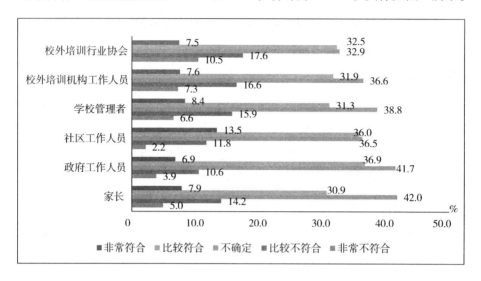

图8 不同主体校外培训治理政策宣传工作的满意度

校外培训政府治理路径下，除政府、社区、行业协会、学校等带有"行政色彩"的主体对校外培训治理政策宣传满意度较高外，其他主体对治理政策宣传工作的满意度均较低。这表明政府校外培训治理政策的宣传工作是不到位的，没有获得普遍认可。政府应通过对不同主体获取政策的方式和途径进行了解的前提下，细化政策宣传方式。制定出更加具有针对性的政策宣传渠道，提升各主体对校外培训治理政策宣传的满意度。

综上所述，各主体对校外培训治理政策宣传工作的整体满意度不高，处在一个较低的水平上。因此，加大校外培训治理政策的宣传力度，优化宣传路径应是校外培训治理政策实施的一项重要前提工作。"针对政策选择部分，我们也在积极探寻更多的宣传方式，尽可能让咱们老百姓了解这些政策和措施。"（受访政府工作人员G12）

2. 校外培训治理结果的满意度

根据校外培训治理结果满意度的统计分析，得出各主体对政府校外培训治理结果的满意度处在"一般"水平。其中，对校外培训治理结果感到"非常符合"和"比较符合"的比重分别为7.7%和37.6%，合计为45.3%。各主体对校外培训治理结果的满意度，持"符合"态度的比重不到一半。这表明我国校外培训治理结果的满意度有待进一步提升。

通过对不同主体校外培训治理结果满意度的分析，得出政府和社区对校外培训治理效果的满意度较高，其次为校外培训机构和学校，家长和校外培训行业协会对校外培训治理效果的满意度相对较低。政府工作人员对校外培训治理结果满意度"比较符合"和"非常符合"的比重分别为36.4%和8.4%，合计为44.8%。校外培训行业协会对校外培训治理结果满意度"比较符合"和"非常符合"的比重分别为32.5%和7.6%，合计为40.1%。社区工作人员对校外培训治理结果满意度"比较符合"和"非常符合"的比重分别为30.9%和12.6%，合计为43.5%。学校管理者对校外培训治理结果满意度"比较符合"和"非常符合"的比重分别为34.4%和7.9%，合计为42.3%。校外培训机构工作人员对校外培训治理结果满意度"比较符合"和"非常符合"的比重分别为33.5%和9.3%，合计为42.8%。家长对校外培训治理结果满意度"比较符合"和"非常符合"的比重分别为33.7%和7.6%，合计为41.3%。具体如图9所示。

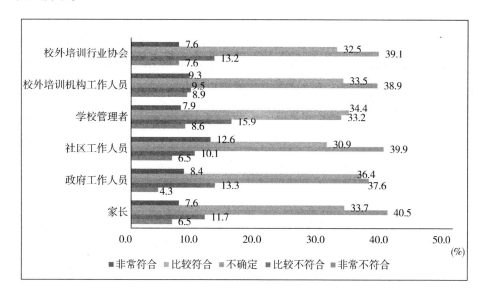

图9 不同主体校外培训治理结果的满意度

校外培训政府治理路径，除政府对校外培训治理效果满意度较高外，其他主体对治理效果的满意度均较低。这表明政府单一主体主导下的校外培训治理路径并没有获得大多数校外培训相关主体的支持,也不符合教育治理现代化的要求。《中国教育现代化 2035》对我国教育改革和教育治理的理念和方式提出了更高的要求。政府应重点梳理教育治理现代化的理念,注重治理主体的多元化及治理措施的细致化;同时,要加强对治理结果的预判,提升教育问题的应对能力。校外培训作为一种普遍的教育和社会现象,逐渐发展成为一种独立的教育系统。校外培训产生和发展是多种因素综合作用的结果。因此,校外培训的治理需要在政府主导下,形成各相关主体协同参与的治理路径。

综上所述,各主体对校外培训治理的满意总体而言处在较低的水平上。政府、社区、学校等校外培训治理结果的满意度相对较高,家长、校外培训机构等校外培训治理结果的满意度相对较低。如何进一步提升校外培训治理满意度,获得家长、校外培训机构等主体的认可,是完善校外培训治理工作所需要着重思考和重点关注的问题。

(三)校外培训治理满意度受多重因素影响

由上文分析可知,各主体对校外培训治理的满意度处在"一般"水平。了解影响校外培训治理满意度的因素,对制定出更加具有针对性的政策措施,实现校外培训治理目的有着重要意义。结合上文分析的结论,不同背景家庭对校外培训政府治理的满意度差异较大,政府作为校外培训治理主体,治理工作直接对校外培训治理的成效产生影响。综上所述,影响校外培训治理满意度的因素,主要在于需求方和规治方,即从校外培训参与者和政府的视角构建影响校外培训治理满意度的分析模型。本部分以"我对政府校外培训治理的结果很满意(ga5)"为因变量。

满意度是指用数值来表征人心理满意状态和体验的指数概念。① 市场营销领域的顾客满意度是目前满意度研究中较为成熟的领域。奥利弗(Oliver)提

---

① 张春华,吴亚婕. 社区教育满意度评价模型构建及实践研究 [J]. 中国远程教育,2020 (7): 69-75, 77.

出"期望—失验"模型①，被认为是满意度评价的基础方法。② 满意度作为一种心理的体验和感知，受到个人期望、成就感、收入、社会地位、政治制度等因素的影响。③ 家长对教育治理结果的满意度，主要在于治理结果是否符合自己的预期，而预期的达成受到个人条件和经历的影响。校外培训的治理主要在于更好地满足参与者对校外教育的需求。因此，校外培训参与者的教育经历、校外培训参与的程度、获取校外培训欲望的不同等均会对校外培训治理结果的满意度产生影响。考虑到校外培训治理的复杂性，本书使用参与者的家庭背景，包括学历、职业、经济收入、教育期望等变量；同时，结合政府的规管制度，构建校外培训政府治理满意度的影响因素模型。

研究表明，父母学历越高、家庭经济条件越好、父母职业等级越高、父母教育期望越高等，校外培训的参与率越大。④⑤ 同时，城市户籍校外培训的参与率显著高于农村户籍，即城市校外培训的参与率相对较高。⑥ 参与者校外培训的参与率越高，表明在校外培训的投入越大，也越能反映出对校外培训的高期待。然而，目前校外培训治理结果的满意度不高以及校外培训本身存在服务质量等方面的问题。这与校外培训参与者的高期待不相匹配，便会影响到治理结果的满意度。职业、学历、经济收入等均是家庭资本的体现⑦⑧，结合上述提出如下假设：

---

① OLIVER R L. A cognitive model of the antecedents of satisfaction decisions [J]. Journal of Marketing Research，1980（3）：46-49

② 傅利平，涂俊. 城市居民社会治理满意度与参与度评价 [J]. 城市问题，2014（5）：85-91.

③ 吴宏超，冯梅. 城市义务教育家长满意度影响因素研究：基于 Ordered Logistic 回归模型的分析 [J]. 教育发展研究，2015（10）：26-31.

④ 薛海平，赵阳. 高中生参加课外补习有助于考大学吗？[J]. 华东师范大学学报（教育科学版），2020（5）：93-102.

⑤ 吴翌琳. 初中生课外补习的影响因素研究：基于 CEPS 的调查数据分析 [J]. 教育科学，2016（5）：63-73.

⑥ 李佳丽，薛海平. 父母参与、课外补习和中学生学业成绩 [J]. 教育发展研究，2019（2）：15-22.

⑦ 刘中起，瞿栋. 社会阶层、家庭背景与公共服务满意度：基于 CGSS2015 数据的实证分析 [J]. 北京行政学院学报，2020（4）：93-100.

⑧ 童星. 家庭背景会影响大学生的学业表现吗：基于国内外 41 项定量研究的元分析 [J]. 南京师大学报（社会科学版），2020（5）：49-59.

假设1：家庭资本越好，校外培训治理的满意度越低。

校外培训治理作为教育治理的一部分，主要是在政府主导下展开。政府教育服务能力、信息公开透明度等是影响满意度的重要方面[1][2]，校外培训治理中政府的治理政策越透明、信息公开的越及时，参与者越容易获得校外培训治理的信息，就越能更好地获得参与者的支持。参与者对校外培训治理的支持度越高，就越容易产生满足感。综上所述，提出如下假设：

假设2：校外培训参与者对治理政策了解度越高，校外培训治理的满意度越高。

由于本部分校外培训治理满意度是以有序分类数据为主的离散性数据。在研究离散选择模型问题时运用概率模型是具有较好适切性的估计方法。一般而言，概率模型分为二元选择模型及多元选择模型。[3] 本书对校外培训治理满意度的影响因素划分为家庭层面和政府层面两类，数据类型较为适应二元选择模型。因此，本部分使用 Ordinal 回归分析的方法对校外培训治理满意度的影响因素进行分析。本部分 Ordinal 回归分析模型如下：

$$SDS_{im} = \alpha Family_{im} + \beta Government_{im} + \varepsilon$$

其中，SDS 表示校外培训治理满意度，为因变量；SDS_{im} 表示 m 市第 i 个校外培训参与者校外培训治理的满意度；$Family$ 表示家庭层面变量；$Government$ 表示政府层面变量；α、β 为系数向量；ε 表示该回归模型的随机扰动项。本部分 Ordinal 回归分析均使用该统计模型。

为更好地分析校外培训政府治理满意度的影响因素，结合因变量的特征，本部分主要使用家庭变量中的职业、收入、政治面貌、学生成绩、户籍等变量，政府层面主要使用政策了解度、治理过程和主体了解度等变量，构建模型一和模型二。该模型中各变量的容忍度值均大于0.1，且方差膨胀因子（VIF）均小于10，表明模型中各变量不存在严重的共线性问题。回归分析具体结果如表10所示。

① 吴宏超，冯梅. 城市义务教育家长满意度影响因素研究：基于 Ordered Logistic 回归模型的分析 [J]. 教育发展研究，2015（10）：26-31.

② 李立煊，曾润喜. 网络舆情治理的主体参与满意度评估体系研究 [J]. 情报科学，2017（1）：106-109，120.

③ 斯拉木，玉散. 基于有序 logistic 模型的居民对援疆政策满意度的影响因素分析：以南疆三地州数据为例 [J]. 现代城市研究，2018（4）：107-114.

表 10 校外培训治理满意度影响因素的 Ordinal 回归模型结果

变量		全样本	
		模型一	模型二
家庭变量	dc_4 （以差为基准）	0.067** (0.009)	0.016** (0.007)
	dc_5 （以非独生子基准）	0.007 (0.015)	0.031** (0.021)
	dc_6 （以农村为基准）	−0.091** (0.016)	−0.068** (0.012)
	fc_1 （以低收入为基准）	−0.13* (0.017)	−0.003 (0.015)
	fc_2 （以高中及以下为基准）	−0.114*** (0.010)	−0.057** (0.012)
	fc_3 （以高中及以下为基准）	−0.006 (0.013)	0.008 (0.007)
	fc_4 （以家庭藏书量为基准）	0.095** (0.017)	0.019** (0.005)
	fc_5 （以群众为基准）	−0.007 (0.012)	−0.004 (0.001)
	fc_6 （以非公务员为基准）	−0.33 (0.041)	0.029 (0.029)
	fc_7 （以低收入职业为基准）	−0.081** (0.016)	−0.012 (0.011)
政府层面变量	gs_1		0.191*** (0.015)
	gs_2		0.162*** (0.018)
调整后 R^2		0.142	0.217
卡方检验值		0.000	0.000

注：$*p<0.05$，$**p<0.01$，$***p<0.001$；括号内为标准误差值。

模型一，学生成绩（dc_4）与校外培训治理满意度呈显著正相关，即学生成绩（dc_4）越好对校外培训治理的满意度越高。上文分析可知，我国校外培训的类型主要为培优型，且学生成绩越好参与校外培训的可能越大。所以，成绩好的更容易获取更多的校外培训机会，提升教育竞争力。是否独生子女（dc_5）与校外培训治理的满意度没有显著关系。户籍（dc_6）与校外培训治理的满意度呈负相关，即城市户籍的家长更容易产生不满的情绪。主要原因在于，城市户籍家庭校外培训的参与率和参与程度均较高，对校外培训的期望高。在当前校外培训存在各种问题的现实下，易于产生不满情绪。"参与校外培训想着可以很好提升孩子的成绩，但是目前来看效果不太明显，多少是有些失望的。但是又不想退出，大概想法就是这样。"（受访家长 P13）家庭经济水平（fc_1）与校外培训治理满意度呈显著负相关关系，即家庭收入越少校外培训治理的满意度越高。原因可能在于低收入家庭在校外培训的参与程度和竞争的激烈程度较低，所以对校外培训治理的满意度会相对较高。父母学历（fc_2）越高，对校外培训治理的满意度越低，学历高的家庭对校外培训的了解越深入，所以在校外培训竞争依旧激烈的环境下，更容易产生不满意的情绪。父母教育期望（fc_3）、父母政治身份（fc_5）、是否为公务员（fc_6）与校外培训治理满意度没有显著影响。

模型二，加入校外培训政策了解度（gs_1）和政策制定主体的了解度（gs_2）。各主体校外培训政策了解度越高，校外培训治理满意度就越高。这表明加大校外培训政策宣传力度，是有效提升校外培训治理政策的重要手段，"如果我对治理政策了解比较多的话，可能更容易理解国家为什么对校外培训进行治理。这个能想得明白的话，肯定是要支持国家的政策"（受访家长 P4）。校外培训治理政策主体和过程了解越清晰，对校外培训政府治理的满意度越高。这表明，在进行校外培训治理政策时，增加政策制定的透明度，可以有效地提升治理满意度。在加入政府层面变量后，家庭层面中的父母职业、家庭收入对校外培训参与的影响不再显著。原因可能在于随着家庭对政策了解度和政策透明度的增加，对校外培训治理的了解更加清晰。因此，会提升各主体校外培训治理的信心；同时，也会弱化因信息不对称和信心不足等因素对校外培训治理满意度的影响。

（四）结论与讨论

根据本节对校外培训治理政策的认知度、校外培训治理满意度、校外培训治理满意度的影响因素分析，做出如下总结与讨论。

一是校外培训治理政策认知度不高，亟待提升。"我还不是很清楚校外培训方面的治理政策，我觉得对此有了解挺重要的，因为自己的孩子报了班了。"（受访家长 P9）"我认为应该对政策有所了解，只有了解清楚了，才能决定是否支持校外培训治理。"（受访社区工作人员 C3）当前校外培训治理路径，由于治理主体的单一化，校外培训相关主体的参与不足，校外培训治理政策的认知度处在一个较低的水平。改变校外培训治理主体的单一化，实现多元主体参与治理，提升校外培训治理政策的认知度是治理工作的重点。"我觉得可以考虑纳入其他主体参与到治理工作中来，毕竟这是大家共同的事情，对吧"（受访行业协会工作人员 V5），"我个人觉得加入其他主体到治理中，是可以起到减少治理阻力的作用。"（受访社区工作人员 C8）

二是校外培训治理结果的满意度处在"一般"水平，多主体和多部门联合的治理方式是"众望所归"。"我认为加强部门间的沟通交流，形成联合工作小组，对解决校外培训的问题，还是很有帮助的。但目前各单位间的沟通交流也不是很多，有点单打独斗的意思。"（受访政府工作人员 G1）政策成效的满意度是衡量治理措施、治理理念、治理方式和治理路径的重要标准。这反映出政府治理路径下，由于政策宣传不到位，缺乏纳入校外培训相关主体等。没有以校外培训为核心形成一个责任联盟，导致治理满意度不高。同时，暴露出当前校外培训治理路径的不足。因此，一种基于多元主体参与，致力于形成校外培训治理命运共同体的协同治理路径显得十分必要。

三是不同主体对校外培训治理效果满意度期待有所差异，但整体而言具有较好的共融性。各主体选择的差异性，表明自我站位和从自身思考问题的能力凸显，这也是协同治理路径实施中纳入多元主体的重要原因。

四是校外培训治理满意度，受到家庭层面、学生层面、学校层面等多维度因素的影响。因此，校外培训治理成效的提升应树立系统和全面的思维，从需求方、供给方、规治方等多方探寻治理成效不佳的原因。

三、校外培训治理问题的原因分析

上文从治理政策和调查统计分析的视角，对校外培训治理存在的问题进行了系统分析。本部分内容从校外培训获得、校外培训机构发展现状及政府治理信心等维度，阐释校外培训治理成效不佳的原因。通过对调查数据的分析，从校外培训需求方、供给方、规治方三个层面阐释校外培训治理存在问题的原因，从而为全面和系统化减少校外培训治理出现的问题提供借鉴。

校外培训需求方、供给方和规治方，从理论层面上具有微观、中观和宏观的内涵取向。这表明，本书从微观、中观和宏观的视角对校外培训治理存在问题的原因进行分析，是一个比较系统和全面的分析逻辑和视角。

（一）需求方校外培训的高依赖阻碍治理措施的实施

所谓需求方是指获得校外培训机会的主体，主要以家长和学生为主要代表。为了更好地反映校外培训治理存在问题的原因，本书以校外培训获得作为需求方校外培训依赖性的衡量维度。一般而言，需求方校外培训获得越多，表明其对校外培训的依赖性越高。校外培训获得主要包含校外培训参与和校外培训支出，本部分以需求方校外培训的参与率与校外培训的支出为维度，揭示校外培训获得现状，以此描述需求方校外培训的依赖性。本部分的主要内容结合基本信息变量（如性别、年级、职业等）分为两个部分：一是不同特征的群体校外培训的获得，以此描述不同特征群体校外培训的依赖性；二是通过校外培训支出分析，描述需求方校外培训的依赖性。校外培训获得的高低，可以体现需求方参与校外培训的程度。需求方对校外培训的依赖性，将直接影响到对校外培训治理举措的支持度。需求方校外培训依赖性越高，对校外培训的"认同"可能性越大。同时，需求方校外培训的依赖性，不利于需求方摆脱校外培训，从而会忽视校外培训治理的举措，"义无反顾"的继续获取校外培训。因此，需求方校外培训的依赖性，将会阻碍校外培训治理措施的实施，产生校外培训治理的阻力。

1. 不同群体校外培训的依赖性

校外培训获得的多少是判断校外培训依赖性高低的重要标准之一。校外培训获得的分析，主要包含校外培训的整体参与率及结合背景因素对校外培训的参与特征进行分析。本书在背景因素中，选取了性别、学历、学习成绩、职业、学校性质、年级、户籍、家庭收入、学校所在地以及家庭子女数量等。通过这些背景变量全面和系统化地反映校外培训获得的特征。

校外培训的参与率为 45.5%，处在"一般"的水平上。将参与率以每 20% 作为一个维度进行划分（0~20%）为非常低，20%~40% 为比较低，40%~60% 为一般，60%~80% 为比较高，80%~100% 为非常高），校外培训的参与率处在"一般"的水平。

男女学生校外培训的依赖性，均处在较高水平，且女生校外培训依赖性显著高于男生。不同性别校外培训参与率的分布，可以更好地了解男学生和女学生在校外培训上的行为选择差异。参与校外培训的学生中，男生占比 44.8%，女生为 45.7%。女生参与校外培训的比重高出男生约 2 个百分点，并通过显著性检验（卡方检验，$\chi^2 = 52.902$，$p = 0.000$）。

独生子女校外培训的依赖性高于非独生子女。独生子女参与校外培训的比重为 50.3%，非独生子女参与校外培训的比重为 39.1%，低于独生子女约 10 个百分点，具有显著的差异性（卡方检验，$\chi^2 = 77.409$，$p = 0.000$）。这表明，独生子女校外培训的参与情况要显著高于非独生子女。独生子女由于享受的教育资源相较于非独生子女多，校外培训的参与率要高于非独生子女。这启示我们在进行校外培训的治理和家长校外培训选择引导时，一是要重点对非独生学生进行关注；二是加强对独生子女校外培训选择的引导，缩小独生子女和非独生子女校外培训教育机会获得的差距。

毕业年级校外培训的依赖性相对较高，表现出明显的"应试导向"。一年级学生校外培训的参与率为 51.2%，二年级学生校外培训的参与率为 47.9%，三年级学生校外培训的参与率为 46.2%，四年级学生校外培训的参与率为 42.4%，五年级学生校外培训的参与率为 38.4%，六年级学生校外培训的参与率为 61.7%，七年级学生校外培训的参与率为 40.2%，八年级学生校外培训的参与率为 41.7%，九年级学生校外培训的参与率为 70.3%，高一学生校外培训的参与率为 65.5%，高二学生校外培训的参与率为 61.7%，高三学生校外培训的参与率为 65.9%。其中，九年级校外培训获得的比重最高，其次为高三和六年级，且各年级校外培训的参与率具有显著的差异（卡方检验，$\chi^2 = 65.845$，$p = 0.000$）。根据各年级校外培训获得的比重，可以清晰地发现具有明显的"应试导向"，即在重要的节点上的年级，参与校外培训的比重较高。如六年级和九年级的同学面临小升初和中考，这两个年级学生校外培训获得的比重明显高于其他年级。二年级、三年级、四年级和刚进行完小升初进入七年级学生等，校外培训的参与率较低。"我们这的学生，六年级和九年级的偏多，可能是因为他们要面临升学的原因吧。"（受访校外培训管理者 H1）因而，校外培训"应试导向"的凸显，逐渐发展成为应试教育的"帮凶"。① 校外培训治理中政府和学校应严格加以把控，避免校外培训加强应试教育的特征。通过对校外培训应试特征的调控，可以减小校外培训影响教育规律和教育发展的不利影响。

城镇户籍需求方校外培训的依赖性高于农村户籍学生。城镇户籍学生校外培训参与率为 54.8%，农村户籍学生校外培训参与率为 34.4%。城镇户籍校外培训参与率高出农村户籍约 20 个百分点，且具有差异性检验（卡方检验，$\chi^2 = 109.913$，$p = 0.000$）。这表明，城镇户籍家庭校外培训获得显著高于农村户籍家庭。因而，城镇户籍学生校外培训依赖性显著高于农村学生。这表明，不同地区校外培训的依赖性有所差异。校外培训治理政策或措施的制定，应充分考虑城乡校外培训依赖性的差异，更好地满足不同地区需求方的校外培训治理期望。

学生成绩越好的需求方校外培训的依赖性越高。学习成绩为"优"的学生，校外培训获得的比重为 54.2%。学习成绩为"良"的学生，校外培训获得的比重为 45.7%。学习成绩为"中"的学生，校外培训获得的比重为 39.2%。学习成绩为"差"的学生，校外培训获得的比重为 34.5%。不同成绩学生校外培训获得具有显著的差异性（卡方检验，$\chi^2 = 186.533$，$p = 0.000$）。学习成绩为"优"的学生校外培训的参与率最高。这部分学生参与校外培训的目的主要是以一种"预防"的心态。通过校外培训获取更多教育机会或教育资源，以保持自己的教育竞争力。"我不能让其他同学超过我，我想保持在班里的好成

---

① 闫闯. 从补习教育的盛行看应试教育的生成和治理［J］. 湖南师范大学教育科学学报，2014（6）：15−19.

绩。"（受访学生 S10）因而，学生成绩越好校外培训的依赖性越高，这表明校外培训的参与类型属于培优型。培优型校外培训扩大了教育差距，同时可能带来学生尤其是成绩优秀学生的过度教育。这启示我们校外培训治理政策或措施研制时，应重点引导学习成绩好的学生合理参与校外培训。

家庭经济条件"非常好"的需求方校外培训的依赖性最高，家庭经济条件"非常差"的校外培训参与率为 28.4%，家庭经济条件"比较差"的校外培训参与率为 27.2%，家庭经济条件"一般"的校外培训参与率为 45.1%，家庭经济条件"比较好"的校外培训参与率为 60.8%，家庭经济条件"非常好"的校外培训参与率为 61.2%。不同家庭经济收入水平，校外培训的参与率具有显著性的差异（卡方检验，$\chi^2 = 70.957$，$p = 0.000$）。这表明，家庭经济收入条件越好，子女参与校外培训的可能性就越大。因而，家庭经济条件越好的需求方校外培训的依赖性越高。这在一定程度上扩大不同经济条件家庭的教育获得，不利于教育公平的实现。正因为经济条件对校外培训依赖性的影响，所以需求方支持校外培训治理的差异化，使治理举措的适切性有所降低，从而影响校外培训治理的成效。

硕士学历的需求方校外培训的依赖性越高。父母学历为"高中及以下"，学生参与校外培训比重最低，为 30.2%。父母学历为硕士的子女校外培训获得的比重最高，为 73.3%。不同学历校外培训获得具有显著的差异性（卡方检验，$\chi^2 = 66.816$，$p = 0.000$）。父母学历为本科和博士的学生校外培训参与率相对处在中间水平。大专及以下学历的家长，由于学历不高从事的行业或职业的收入整体不高，家庭在校外培训的投入能力不足，该学历层次的家长在校外培训的参与率和参与程度上均处在较低的水平。硕士学历家长之所以参与率最高，主要原因有两个。一是博士学历的父母一般处在较高产阶层，这部分家长有能力为子女提供校外培训机会。但随着竞争的加剧，该部分家庭会选择国家学校、参加国外高考等，以规避激烈的教育竞争。[1] "如果我感觉孩子所处的教育竞争比较激烈的话，我会考虑让其参与其他国家的高考，这也是一种规避

---

[1] 丁亚东. 我国中小学生家庭参与影子教育的博弈策略 [J]. 苏州大学学报（教育科学版），2020（2）：66-74.

风险的表现吧。"(受访家长 P4)二是硕士学历的父母多为中产阶层,是教育焦虑的主要阶层。① 这部分家长多是通过教育改变的命运,对教育的重要性认同度比较高,参与教育竞争的意愿比较强烈,所以整体的参与率比较高。"我觉得孩子以后的出路,还是要紧紧依靠教育,我对孩子读书的意愿还是挺强烈的,不管如何都要尽力给孩子提供好的教育机会和更多的教育资源。"(受访家长 P15)因而,学历为本科及以上的群体是校外培训获得的主体。这启示我们在进行校外培训治理,应重点应对和引导本科和硕士家长,提高该学历层次家长参与校外培训的理性水平。"如果其他家长不再选择参与校外培训,我可能也会考虑不给孩子再报班了,其实我最初给孩子报班也是因为一个亲戚家的孩子参与了,受他们的影响。"(受访家长 P12)

高收入职业的需求方校外培训的依赖性最高。"高收入职业"家庭子女校外培训的参与率为 61.1%,"中等收入职业"家庭子女校外培训的参与率为52.4%,"低收入职业"家庭子女校外培训的参与率为 33.1%。不同职业家庭学生校外培训获得具有显著的差异性(卡方检验,$\chi^2 = 55.119$,$p = 0.000$)。"高收入职业"家庭子女参与校外培训的比重高于"中等收入职业"和"低收入职业"。这表明,家庭所处的职业越好,家庭参与校外培训的可能性越大。因而,职业与校外培训获得的比重分布与学历的参与比重较为相似,反映出职业对教育获得和教育公平的影响。这启示我们在进行教育治理和校外培训治理时,要重视职业对治理的影响,细化治理措施,提升治理政策的针对性。

私立学校需求方校外培训的依赖性高于公立学校。公办学校学生校外培训培训参与率为 45.2%,私立学校学生校外培训参与率为 53.6%,两者具有显著的差异性(卡方检验,$\chi^2 = 97.525$,$p = 0.000$)。这表明,就读私立学校的学生参与校外培训的可能性要显著高于就读公立学校的学生。尽管民办学校学生校外培训的参与率平均高出公办学校学生校外培训参与率约 8 个百分点,但两者均处在比较高的参与水平。这表明,校外培训不管在民办学校还是公办学校,都是一种较为普遍的现象。

---

① 丁亚东,薛海平. 哪个阶层参与影子教育的收益最大:博弈论的视角 [J]. 首都师范大学学报(社会科学版),2020(1):150-155.

　　市区的需求方校外培训的依赖性最高。学校所在为市区的学生参与校外培训的比重为56.7%，学校所在为郊区的学生参与校外培训的比重为50.8%，学校所在为乡镇（含村）的学生参与校外培训的比重为31.1%。学校所在地的区位越靠近市区，学生校外培训的参与率就相对越高，且具有显著的差异性（卡方检验，$\chi^2 = 51.301$，$p = 0.000$）。因而，学校区位因素越好，学生校外培训获得的比重越高。启示我们在校外培训治理，要仔细分析其参与培训学生的背景，开展更有针对性的治理。

　　家庭年度平均支出为18.4万元，家庭年度平均教育支出为6.6万元，家庭校外培训年度平均支出为4.2万元。其中，家庭教育年度平均支出占家庭年度平均支出的比重为35.8%，校外培训年度平均支出占家庭年度平均支出的比重为22.83%。家庭校外培训年度平均支出占家庭教育年度平均支出的比重为63.64%。根据北京大学"中国教育财政家庭调查"数据的分析结果，全国基础教育阶段生均家庭教育支出8143元，其中，城镇1.01万元，农村3936元，校外教育占教育支出的比重平均为32.5%。[①] 校外培训的高支出表明需求方对校外培训的依赖性较高。因而，家庭校外培训支出占家庭教育支出的比重较高。校外培训支出已经成为家庭教育支出的主要款项，并有不断扩大的趋势。这表明，需求方校外培训的支出规模较大及参与程度较深，对校外培训的依赖性较大。

（二）供给方的不规范性发展增加校外培训治理复杂性

　　供给方是指提供资源或服务的主体。校外培训的供给方是指提供校外培训服务的校外培训机构。

　　1. 校外培训机构的应试特征彰显，迎合了需求方的教育需求

　　国内对校外培训机构类型的划分，主要分为三种类型：一是学术型校外培训，即主要以语文、数学、外语、物理、化学、生物等学科为主的校外培训辅导活动；二是兴趣型校外培训，即针对音乐、舞蹈、美术、棋艺等兴趣爱好为主的校外培训辅导活动；三是综合型校外培训，即同时提供文化课和兴趣辅导

---

① 中国青年报. 中国家庭教育年总支出超1.9万亿［EB/OL］.（2017-12-29）［2020-10-26］. https：//www.chinanews.com/gn/2017/12-29/8412078.shtml.

等课程内容的校外培训机构。本部分将对这三种类型的校外培训机构的发展现状进行介绍。

根据对调研地校外培训机构的数量统计，在册的正规校外培训机构数量约为 3000 家。① 其中，兴趣类校外培训机构约为 465 家，占比 15.5%；学术型校外培训机构约为 1562 家，占比 52.1%；综合型校外培训机构约为 973 家，占比 32.4%。根据校外培训机构的类型与数量可知，校外培训机构的类型以学术型机构为主，综合型和兴趣型校外培训为辅的发展特征。并且，综合型校外培训机构的比重已经超越兴趣型校外培训机构。校外培训虽仍以学术型为主，但综合型校外培训的发展已经成为一种新的趋势。反映出校外培训机构的办学理念和方向，开始由单一化办学内容向综合性、多样化的方向发展。"这两年我们这一行都在不停地扩展培训内容，朝着更加多元的方向发展，这也是一个趋势吧，不然你就可能被淘汰掉。"（受访校外培训机构管理者 H11）

校外培训机构的发展现状，从机构数量和机构类型分布，表现出如下四个方面的主要特征。

一是校外培训机构的发展仍以学术型辅导为核心，带有鲜明的"应试色彩"。由上文分析可知，我国从事学术型校外培训的机构占总数的 52.1%。表明超过一半的机构是专门为学生提供文化课辅导，反映出在招生考试的主导下，提升学生成绩仍是校外培训机构和家长关注的重点和核心；同时，体现出校外培训"应试化"的特征，校外培训的应试化特征，迎合了家长的教育需求，获得家长的支持，因此增加了校外培训治理的难度。"我们家孩子成绩不好，我比较担心，就想着给孩子报个班，争取把学习成绩给提升上去。"（受访家长 P2）"孩子成绩不错，但感觉还是不够好，就想着再给她提升下，争取再上一个台阶，学无止境。"（受访家长 P8）"对我们机构而言，就是想通过教学手段的改善，教学方式的灵活使用等，更有针对性的提升学生成绩，这样才会

---

① 由于各地对校外培训机构清查进度的统一性存在差异，且校外培训机构"白名单"的公布是按照分批次的公布，即集中对申报的校外培训机构进行考核和审查，合格的机构将被纳入校外培训机构"白名单"。所以，本书提到的约 3000 家校外培训机构的表述，不是固定化的，随着三地校外培训机构审核进度的推进，机构数量仍会出现上升的变动。

吸引更多的生源。"（受访校外培训机构管理人员 H3）

二是混合型校外培训机构不断发展。当前校外培训机构集中治理的环境下，综合性发展成为校外培训机构转型的主要方向和发展趋势，反映出教育需求的多元化和校外培训机构较强的市场适应能力。校外培训机构走向综合化的趋势，会带来校外培训教育资源的重构，可以在一定程度上更好地满足家长对多元化教育资源的需求。校外培训机构的多元化发展取向，在一定程度上迎合了当前教育改革和发展的方向，彰显出更多教育价值。这对政府制定校外培训治理举措带来更大的挑战，增加治理的复杂性。"我们机构现在正在申请思维开发和音乐等方面培训课程的许可，争取为学生提供更多的课程选择。"（受访校外培训机构管理者 H8）"一直以来就想让孩子学习象棋，开发他的思维，但学校没有这方面的选择，感觉校外培训在蛮多地方还是满足了我们家长的教育需求。"（受访家长 P14）

三是单一化的兴趣类机构总体比重较少。转变发展理念，增加学术型培训的内容，走向综合型校外培训机构成为兴趣型校外培训机构转型发展的重要路径。"现在行业内竞争特别激烈，每个机构都在想着创新和丰富课程内容，用来吸引学生。我们机构也是之前主要聚焦语数外等，现在在逐渐加强对科学、思维开发、艺术等课程的开发，增加机构的综合性。"（受访校外培训机构管理者 H11）

综上所述，校外培训机构类型以学术型为主，这在一定程度上助长了应试教育的发展，成为应试教育的"帮凶"。校外培训应试化的特征及综合性发展的取向，一方面迎合了需求方对"分数"的追求，获得需求方的支持；另一方面综合发展取向符合素质教育发展的要求及教育深化改革的方向，影响规治方治理的决心。"我们也很想比较系统的弄清楚校外培训的发展趋势，这对我们治理者而言，可以采取更好的措施，让群众更加满意。"（受访政府工作人员 G4）"校外培训的发展日新月异，你不搞清楚它的趋势和规律，就很难制定出好的措施和政策，无法得到良好的治理结果。"（受访校外培训行业协会工作人员 V2）

2. 校外培训机构注册部门不统一，降低规治方治理措施的适切性

我国校外治理遵循"谁注册，归谁管"的原则。由于不同部门对校外培训的理解不同，出现教育部门、市场监管部门等不同的治理举措。治理举措的差

异化，必然降低治理成效，导致校外培训治理举措的适切性不足。

我国校外培训机构的注册途径和部门，主要分为两种方式。一是工商部门注册。该种注册方式具有注册门槛低、手续简单、审批流程简易、日常营运接受的监督和管理较少等优势，成为校外培训机构注册的主要方式，"我们肯定会首选工商注册，这个程序的要求相对较低，但目前要求提升了很多，标准都很高了。"（受访校外培训机构管理者 H7）二是教育部门进行登记和注册。这种注册方式具有注册门槛高、注册材料要求多、注册和审批程序复杂，且注册完成后日常的教学管理等也需要接受相应的监管和指导。因此，采取此种注册方式的校外培训机构较少。由于之前对校外培训机构的管理和规范没有受到足够的重视，长期以来我国对校外培训机构注册的部门没有强制性的要求。同时，在规范和治理上也缺乏部门间的沟通，导致治理政策和措施统一性不强。工商部门注册的校外培训机构由于缺乏专业的准入审核，日常教学缺乏监管和评估等，该种注册方式下出现了师资质量不高、招生宣传不规范、教学场地不符合教学要求等诸多问题。校外培训机构注册的研究，对进一步明确校外培训机构治理的主体具有重要的意义。同时，治理主体的明确，也会增强治理举措的针对性和适切性，从而提升治理成效。

根据我国校外培训机构发展阶段的划分，校外培训机构注册的发展也大体经历了三个阶段。一是"无注册阶段"。该阶段主要发生在 20 世纪 90 年代至 21 世纪初期。"无注册阶段"是正式校外培训机构产生和发展的初期阶段。该阶段校外培训机构的发展，主要以"小规模，私人化"为主要特征。多数校外培训机构主要由教师、学校等开设，加上监管的松散，注册的校外培训机构较少，处在"无照运营时代"。二是"工商部门注册阶段"。进入 21 世纪，随着全国性、连锁化校外培训机构的产生，国家法治化建设的推进和教育治理能力的提升，校外培训机构开始由"小规模，私人化"走向"大规模，正规化"。这时期校外培训机构快速发展。大规模校外培训机构的出现，诞生了较多的校外培训集团。校外培训机构具有鲜明的企业性质，至此校外培训的发展进入"企业化时代"。三是"教育部门注册时期"。进入 2015 年后，社会各界对校外培训治理的呼声不断增大。校外培训治理权责的讨论，成为校外培训治理工作的重要前提。注册部门的归属问题，成为确定治理主体讨论的核心。校外培训机构大规模治理初期，秉承"谁注册，谁治理"的原则对校外培训机构进行规管。随着校外培训机构治理程度和范围的加大，校外培训机构的注册和登记权逐渐转移到教育部门。教育部门注册需根据教育部门对教学场地、师资、教学管理等方面的规范要求。因此，可以及时对小规模和不规范的校外培训机构进行淘汰和关停，从而起到优化校外培训市场的作用。

目前，我国校外培训机构注册和登记的审批主体，形成以教育部门为主，工商和市场监管部门为辅的新形式和新特征。该阶段我国校外培训机构的注册呈现出登记准入门槛高、难度大，教学场地要求严格，师资来源和师资培训要求明确、日常教学监管规范化等特征。"我们目前对校外培训的登记要求很是严格，当然也是想要通过注册门槛的提高，让举办者望而却步，从而实现校外培训机构新增数量的控制。"（受访政府工作人员G2）校外培训机构注册权的转变，一定程度上净化了校外培训机构的发展环境，对校外培训机构的治理起到了促进作用。"现在我们根据注册的标准对校外培训机构进行登记，已经对一些不合格的机构拉入了黑名单，也有一些我们让进行整改，同时我们教育部门也根据注册机构的情况进行教学监管，总体上还是净化了校外培训市场。"（受访政府工作人员G7）"现在我们注册分校机构，特别难，如果你不够资格，肯定是没办法完成注册，这其实还是很好地优化了机构的发展，尤其是小的机构。"（受访校外培训机构管理者H2）但校外培训注册部门的"混乱"不利于校外培训治理措施的集中和部门间的协同，导致校外培训机构质量参差不齐。因而，降低了治理举措的适切性和有效性。

3. 校外培训生源和师资"充裕"，为供给方的持续发展提供动力

（1）校外培训机构的生源分析

生源是校外培训发展最为重要的动力，只要具备源源不断的生源，校外培训就可以获得持续性的发展。师资是校外培训开展的基本条件，稳定师资输送，可以保障校外培训的顺利开展。目前，校外培训机构通过广告、学校内荐、家长推荐等诸多方式，获得源源不断的生源。同时，通过专、兼职教师的途径，获得师资。"有生有师"是校外培训治而不倒的重要原因。这也极大地增加了校外培训治理的难度。

校外培训机构的生源分析，对明晰校外培训机构的服务对象，进一步挖掘

校外培训机构的特征等问题具有重要意义。校外培训的生源分析，目前主要是以学生的背景分析为核心，如参与校外培训学生中的性别比例、不同学习成绩学生的参与情况、不同家庭背景学生的参与情况、不同学校性质学生的参与情况等。本书将该部分分析放在了下文校外培训的参与现状的章节中，原因在于这部分分析的问题在本研究的问卷中均有所涉及，可以通过对问卷的数据分析进行阐述。具体如下文所述。

校外培训机构生源来源分析主要包含四种方式。一是自主和自愿参与校外培训。一方面，家长意识到子女成绩不好需要参加校外培训，以增加教育机会获得，提升学习成绩。"我妈妈觉得我成绩不好，在家不爱学习，就给我报了这个班。"（受访学生S4）"想让孩子多接触一些课堂外的知识，就过来给她报名了。"（受访家长P5）另一方面，家长认为子女的学习成绩"比较好"，需要通过参与校外培训保持子女的教育竞争力，以确保可以在激烈的教育竞争中获胜。"我成绩挺好的，每次都是优秀，但有些担心被超越，想把优势保持住。"（受访学生S1）"想让孩子的学习一直保持在好的位置，感觉其他学生学习都挺认真，有点担心自己的孩子被超过。"（受访家长P6）二是他人推荐或影响下参与校外培训。家长参与校外培训的主要影响来自其他家长的行为选择，即受学生"同辈"因素的影响较大①，也就是说，家长选择校外培训很大程度是受到其他家庭的行为选择，或比较容易接受他人的推荐。该方式是当前家长参与校外培训的主要方式。"我朋友和邻居家都在这里报名了，我感觉应该不错，就交钱了。"（受访家长P1）三是通过校外培训机构的招生广告参与校外培训。这种方式主要在于家长通过电视广告、手机媒介等了解到校外培训的内容、教学方式等，进而选择参与校外培训。"刷手机的时候看到的，说是有课程优惠，还有名师教学。"（受访家长P2）四是通过教师推荐而选择校外培训。该方式主要是学校教师通过与校外培训的"合作"，将学生介绍到校外培训机构，并从中获取中介费用。"老师们说这个班不错，能够提升成绩，孩子中考可以考个好成绩。"（受访家长P7）这种现象在校外培训治理的前期比较普遍。随着

---

① 周东洋，吴愈晓. 教育竞争和参照群体：课外补习流行现象的一个社会学解释［J］. 南京师大学报（社会科学版），2018（5）：84-97.

国家对在职教师有偿补习、校外培训招生宣传规范等的规管，该现象得到了好转。但通过对学校管理者、校外培训机构管理者、家长和学生的访谈获知，依然存在学校、教师等为校外培训机构推荐生源的现象。"我们有跟一些学校，主要是教师合作，帮我提供生源，我们给些报酬。"（受访者校外培训机构管理者H6）"这种现象在我们学校还是存在的，但这是极个别的现象，我们对此是比较重视的。"（受访学校管理者F12）"我们老师给我们推荐过一些补习机构，班里的同学也有去参加过老师推荐的补习班。"（受访学生S17）上述四种方式是校外培训机构生源的主要途径，四者以不同的场域和条件共同存在。形成以参与者相互影响为核心，以自愿参与和招生宣传为辅的生源方式。随着我国对校外培训治理的持续推进和深入，不规范招生现象有所减少，但仍是校外培训生源的重要途径。

综上所述，反映出校外培训机构在招生过程中存在一定的违规行为，然而针对上述行为规治方进行监管的力度不够，使校外培训机构的生源得到"补充"。从而为校外培训机构的发展提供源源不断的"动力"。这一现象既增加了校外培训应对治理的能力，又可以通过"团结"家长、学生，影响治理措施的制定。从而增加了治理复杂性和难度。"家长现在面对校外培训，是不够理性的，只有好好地研究家长的行为选择，才可能更好地引导。现在而言政府也很难办，不能去强迫放弃参与吧。"（受访行业协会工作人员V3）

（2）校外培训机构的师资分析

该部分内容主要包括两个方面：一是校外培训机构的师资来源分析。二是校外培训机构的师资质量分析。校外培训机构的师资来源分析上，主要包括专职教师和兼职教师。本部分将从师资来源和师资质量两个层面展开具体的分析，更加详细和具体地揭示校外培训机构的师资情况，归纳校外培训机构的师资特征。同时，通过该部分的分析可以较好地总结校外培训机构在师资方面的问题。

校外培训机构的师资来源分析，主要包括专职教师和兼职教师。所谓专职教师是指校外培训机构通过社会公开招聘获得的师资。这部分师资在校外培训机构有稳定的工资收入、固定的教学内容和办公场所等，是完全属于校外培训机构的一分子。兼职教师是校外培训机构在学校、企业等招揽的教学人员。这部分师资没有固定的教学时间、工作场所，其工资收入也主要在于参与教学的时长。兼职教师的现象在校外培训中是一种存在已久的教育或社会现象，也是校外培训机构比较喜欢的一种师资来源方式。"我们机构现在的教师中，很大一部分是兼职的，这样我们的支出相对较少。这样既能保证教学质量又能减少开支。"（受访者校外培训管理者 H1）兼职教师的存在，一是满足了校外培训机构师资不足的问题，二是满足校外培训机构对名师的需求。三是减少企业的运营成本。兼职教师不需要企业为其缴纳"五险一金"等费用，也不需要提供办公场所和设备。因此，可以在很大程度上减少企业的运营成本。兼职教师主要来自学校。在职教师有偿补习出现"课上不讲，课下讲"等不良教育行为。对学校的正常教学产生不良影响①，在一定程度上损害了学生的受教育权利，降低了教学质量，为政府所明令禁止。"确实有存在，极少数的教师，在外面兼职，有些内容拿到校外讲的情况。"（受访学校管理者 F3）"我们对这种现象和行为是绝对不允许的，只要接到举报，核实后，肯定要做处理的。"（受访政府工作人员 G7）中小校外培训机构通过社会招聘，吸收优质师资的难度较大。出现在没有兼职教师作为师资来源的情况下，教学质量下滑的可能。辅之校外培训收费的水涨船高，加重了家庭经济和教育负担，增加家长的教育焦虑。"现在每个月在报班上花费挺大，花了感觉压力很大，不花又担心孩子落后，挺让人纠结。"（受访家长 P3）

校外培训机构的师资质量分析，主要在于校外培训机构的师资学历构成、教学经验和师资培训体系。根据对校外培训机构负责人的访谈，在大型校外培训机构的访谈中了解到，大型校外培训机构在大城市中开设的分支机构的师资学历基本只招收硕士学历，且在上海、杭州、南京等大城市的分支机构也招聘了一定数量的博士生。大型校外培训机构在中小城市分支机构的师资学历基本保证本科学历及以上，且多数为来自"双一流"高校的毕业生。中小校外培训机构的师资质量相对比较低，其在大城市的教学机构师资学历一般为本科。且来自"双一流"大学的师资总体不多。中小城市分支机构的师资以普通本科和

---

① 岳建军. 论在职教师从事"有偿家教"的合理性及约束性［J］. 教育科学，2012（2）：37-40.

专科学生为主。"我们机构在全国都有分校,教师基本上自己找,招聘条件挺高的,上年还引进了一些博士。"(受访校外培训机构管理者 H5)不同校外培训机构的师资差异较大,也带来了校外培训机构教学质量的参差不齐。校外培训机构的"鱼龙混杂"也成为政府净化校外培训市场的重要原因。教学经验是教学质量保障的重要因素①,对于校外培训机构而言,教师丰富的教学经验可以提升培训质量,增加生源的吸引力。不同类型校外培训机构的教师教学经验有所差异。大型校外培训机构除了通过社会招聘进行师资的补充外,也直接从学校挖取教学骨干。从学校系统中全职进入"教学名师"到校外培训机构开展教学。这种情况需要校外培训机构给出足够的工资待遇,吸引骨干教师放弃"铁饭碗"加入校外培训。"上年学校的一个特级教师,辞职去了补习机构。"(受访学校管理者 F2)"我们对公立学校的一些优秀教师,积极引进"(受访校外培训机构管理者 H8)更有甚者,对于一些大型校外培训机构,每年可以新增一些学校校长入职,极大地增强了大型校外培训机构的师资力量。中小校外培训机构师资以招聘为主,且面临培养出的有教学经验的骨干被大型校外培训机构"挖墙脚"的可能。所以,中小校外培训机构面临着师资方面的困境。"我们机构属于本地小型机构,招聘的老师,整体学历不高。"(受访校外培训机构管理者 H7)完整的教师培训体系可以增加教师的教学经验和技能,使教师可以更好地授课,从而提升教学质量。对于访谈中的大型校外培训机构而言,多数建立了职前、职中和教学后效果的全面评价与培训体系,全方位提升教师的素养。对于中小校外培训机构而言,对新教师的培训主要采取"试用"的方式,即在试用期内对新招聘教师进行岗位介绍和教学指导。一旦新任教师完成试用期,就进入正式的工作中,基本没有教师的轮岗培训、教学技能培训等制度。"公司规模不大,部门不是很全,我们讲求效率,所以新聘教师一般要求,入职就上课。"(受访校外培训机构管理者 H7)中小培训机构的师资在持续培训上缺乏完整的体系,需要进一步完善或建立教师素养的培训、培养体系。

校外培训机构的师资来源和质量,在不同类型校外培训机构中具有很大

---

① 陈健.总结教学经验提高教学质量[J].天津职业大学学报,2000(2):22-23.

的差异性。大型校外培训机构在师资来源上高学历的应聘者较多，师资质量整体有保障，与学校师资的质量整体相当。中小校外培训机构在师资质量上整体不高，与学校教师的师资相比有一定的差距。通过对校外培训机构师资的分析，在进行校外培训机构治理中，应加强对师资管理和培训的关注，督促中小校外培训机构建立完善的教师培训和进修制度。这样既能提升校外培训机构的教学质量，又能使校外培训机构教师的教学素养和能力得到提升。从而有利于校外培训教学质量的提升。同时，上述也体现出校外培训机构在师资培养、教师招聘等的问题。"关于师资问题，我们也接到过家长的一些投诉，所以在新的治理措施中，我们对补习机构的师资来源做了比较明确的规定，如教师资格证。同时我们也在规划，在补习机构中建立师资培训的制度。"（受访政府工作人员 G9）

综上所述，校外培训机构通过简化招聘程序、减少培训体系等方式，迅速获得可以上岗的教师。在需求方信息不对称的前提下，为学生提供教学服务。由于缺乏对兼职教师和专职教师的培训要求制定，教师质量参差不齐。这也说明校外培训获取教师的门槛较低，为其源源不断获得师资提供了便利。从而增加了校外培训治理的难度。

4. 校外培训机构的内部管理制度缺乏标准，增强供给方的"生命力"

校外培训治理主要以设置准入门槛、规范师资管理等为核心，对校外培训机构内部管理制度的规范较少。这对校外培训机构而言，可以尽可能减少部门设置，削减管理开支，增强持续发展的"生命力"。

校外培训机构的日常管理主要包括基本教学事务管理、课程和教学的开发、财务管理、人事管理、法务部门事务等。根据对选取的校外培训机构的访谈，在大型校外培训机构中均设有完整的教学事务部、课程开发中心、人事部、法务部、投诉受理中心、财务部等机构日常运行的基础部门；且一些大型校外培训机构还设立了教育研究院、教育信息技术开发中心、教学评估中心、党建办公室等辅助部门，形成比较完善的部门设置体系。完善的部门设置体系，一是为教师教学提供更多的教学资源支持，从而有利于教学质量的提升；二是可以给学生更加优良的学习体验，增加学生的学习兴趣和效果；三是，完整的辅助部门可以保障家长、教师等的相关权益，使整个机构更加人性化。对于中小校外培训机构而言，通过对中小校外培训机构访谈的分析可知，办公室、财务室、教学事务办公室和招生咨询办公室是最常见的机构设置。中小校外培训机构部门的设置缺乏人事、师资培训、课程开发等独立部门。在日常管理中出现人事工作一般放在办公室中，缺乏独立性。存在人事招聘的不规范之处，极容易出现人事纠纷，最终损害了应聘者的合法权益；师资培训体系和课程研发中心的缺乏，使整个教学工作全部落到教师的身上。教师要凭借自身的感觉和教学经验，缓慢地积累教学技能。同时，课程开发团队的缺失，教师讲授的课程主要依据自身的喜好和经验进行开设。这对教师的教学能力和教学经验要求很高，极容易因教师教学经验不足，出现教学效果不理想的现象。"我们在监督和管理中也发现了，一些中小机构在部门设置上存有问题，导致教师权益和学生利益受到影响，这些也是我们进一步工作的重点。"（受访政府工作人员 G3）

综上所述，校外培训机构通过减少部门设置，降低运营成本，为持续发展提供"生命力"，增加校外培训治理的难度。校外培训机构部门设置的不完善，既影响教学质量，又不利于治理举措的推进。因此，校外培训机构的进一步规范和治理，应重点对校外培训机构所设部门进行明确要求或规定。将校外培训机构所含部门划分为基本部门和辅助部门，并对基本部门做强制性要求。可以考虑将办公室（日常事务管理）、财务、人事、教学事务管理、课程开发、招生等作为基本部门，将教师培训中心、法务等作为辅助部门。只有这样才能进一步完善校外培训机构的规范化发展，更好地保障校外培训相关主体的利益不受损害，使校外培训市场得到更好的净化。

（三）规治方校外培训治理信心不足

校外培训规治方主要是指制定校外培训治理政策、准入标准等主体，以政府为主要代表。规治方校外培训治理的信心将直接影响治理的成效。

政策文件标题的使用一般有正式文稿标题、含有"试行""意见稿"等表述标题。不同标题的使用可以在一定程度上反映出各地对待校外培训治理的态度和信心。本部分通过对校外培训治理政策标题的分析，对政府校外培训治理的信心等进行阐述。

我国部分市校外培训治理尚处于探索阶段。一方面，从上文各市校外培训治理政策的标题可知，多数市校外培训治理政策的标题为"标准""意见""管理办法""工作方案"等比较确定政策文件表述形式，其中以"标准"的表达方式最多。结合校外培训治理政策具体内容的分析，尽管各市校外培训治理政策的标题有所差异，但涉及的具体治理思想、实施细则和治理措施均较为相近。另一方面，各市校外培训治理政策文本标题中北京、广州、西安、宁波、厦门、泉州等 10 市出台的政策均为"试行""暂行"和"意见征求稿"，所占的比重达到 38.46%。"对于校外培训治理我们也没有特别好的办法，你说这么多人参加，不管是规范机构还是引导家长，都是很困难的事情，我们只能说一步一步地来吧。"（受访政府工作人员 G6）

综上所述，根据校外培训治理政策的标题分析，我国部分地方政府校外培训的治理尚处于探索阶段，同时反映出上海市和南京市校外培训治理政策的"信心"和"决心"相对较高。

（四）结论与讨论

本节从校外培训供给方、需求方及规治方，对校外培训存在问题的原因进行了分析。主要内容聚焦校外培训机构发展现状、校外培训参与现状及校外培训治理政策标题的表述。归纳起来主要论点如下。

需求方校外培训的依赖性较高，导致需求方出现抵制校外培训治理的现象。校外培训治理的目的在于提高需求方参与校外培训的理性水平，使之享受到更加优质教学服务。然而，需求方对校外培训治理的不配合，给校外培训机构的生存和发展提供了"土壤"，成为校外培训机构"治而不倒"的重要原因。

校外培训的应试化特征、综合发展的取向、师生获取顺畅等，使得校外培训机构迎合了需求方的教育需求、规治方教育改革的需求，使得供给方获得持续发展的动力，因而阻碍校外培训治理举措的适切性、有效性，增加了治理的难度。我国校外培训数量多，校外培训类型以学术型机构为主，综合型和兴趣型为辅，且综合型校外培训机构发展迅速。这表明校外培训机构的教学内容由单一化向多元化转变，也反映出校外培训"应试化"的发展特征，在一定程度上充当着应试教育的"帮凶",阻碍素质教育的推行。从校外培训机构注册部门的发展演变分析,得出校外培训机构的注册程序不断精细化和高门槛化。注册审批权逐渐清晰,形成以教育部门为主,工商、市场监管、民政等多部门联动管理的新模式和新特征。"这些新趋势为我们完善治理的措施和理念提供了很多可以借鉴的地方。"(受访政府工作人员 G5)校外培训机构的生源以参与者间的相互影响为主,自主参与和招生宣传为辅的形式。在政府对不规范招生方式的严厉打击下,违规招生得到好转,但仍以一种隐秘的方式存在。"我们还是想通过学校或教师,获取更多的生源,尽管这有违政府的政策。"(受访校外培训机构管理者 H4)政府应进一步优化校外培训机构招生的监管措施,加大处罚力度,进一步促进校外培训机构招生的规范化。校外培训机构的部门设置,在政府治理和监管的影响下,日趋规范化。但多数中小校外培训机构在招生、部门设置、师资培训等仍存在较多的问题。"根据我们目前的清查结果,小型机构的问题相对多些,与家长出现矛盾的机构多是这些规模不太大的。"(受访政府工作人员 G3)这均需要政府进一步优化校外培训治理细则,制定校外培训机构部门设置章程,优化校外培训机构的部门设置。综上所述,校外培训机构在管理制度、招生招聘、组织机构设置等诸多方面存有不规范之处。这些问题成为校外培训被治理的重要原因,也是校外培训治理成效不佳的重要影响因素。校外培训机构作为被治理的对象,应减少对治理政策和措施的抵制态度,增强反思意识,不断完善自身建设,优化教育服务的能力。这样才能更好地应对政府的治理,获得社会的认可,也有利于校外培训治理成效的提升。"我们也在反思,也希望不断地完善自己,让家长和学生更好地接受我们。"(受访校外培训机构管理者 H2)

规治方校外培训治理的信心不足,影响校外培训治理举措的推进。原因在于校外培训是社会、经济、教育等多种因素综合发展的结果,其产生和发展经历较长一段时间,这表明校外培训的治理不是一蹴而就的,而是必然要经历一个漫长的治理过程,从而影响规治方校外培训治理的决心和信心。

四、校外培训治理的路径选择

本节通过各主体对校外培训治理的期待和实施协同治理路径支持度的分

析，归纳校外培训协同治理路径实施的基础与可行性。同时，本部分对政府与不同主体组合下治理路径的不足进行分析，从而表现出政府主导，行业协会、社区、学校、校外培训机构和家长共同参与的协同治理路径的可行性及价值。

本部分主要内容分为两个层面和三个维度。以校外培训治理的整体期待和各主体的期待两个层面以及对校外培训治理的内容和措施、治理方式与治理主体及治理结果三个维度，构成校外培训协同治理路径实施基础的分析。

（一）校外培训协同治理路径的支持度较高

各主体对多元主体参与的期望是比较强烈的，而多元主体参与的协同治理路径是本书的核心。本部分通过调查分析，描述校外培训协同治理路径的支持度。

各主体对校外培训协同治理路径实施的支持度为 88.5%，处在比较高的水平上。各主体校外培训协同治理的支持度分析中，"非常符合"和"比较符合"的比重分别为 27.6% 和 60.9%，合计为 88.5%。持"非常不符合"和"比较不符合"的比重分别为 0.3% 和 3.4%，合计为 3.7%。总的来说，校外培训协同治理路径有着较高的支持度。其中，政府对实施协同治理路径的支持度为 78.3%，行业协会对协同治理路径的支持度为 92.1%，社区对协同治理路径的支持度为 86.7%，学校对协同治理路径的支持度为 85.9%，校外培训机构对协同治理路径的支持度为 93.4%，家长对协同治理路径的支持度为 94.7%。上述表明，校外培训协同治理路径有着一定的群众基础，其中，家长、校外培训机构、行业协会等支持协同治理路径的意愿较为强烈。综上所述，校外培训协同治理路径是众望所归，具备多元主体参与的前提和基础。

（二）"多元和协同"成为校外培训治理的主要期待

本部分聚焦各主体对校外培训治理的期待，分治理内容、治理举措及治理结果三个层面。通过对治理内容、治理举措及治理结果期待的分析，可以了解各主体对校外培训治理路径选择的意向。

1. 校外培训治理内容和措施的期待

本部分将治理内容和措施的期待，分为"细化治理措施""加强政策宣传""构建多主体参与的治理联盟""成立多部门联动机制"及"制定监督问责制度"，五个维度。

构建多主体参与的治理联盟成为各主体校外培训治理的最主要期待。各主体对校外培训治理措施和内容期待最高的为"构建多主体参与的治理联盟"，占比为66.0%。其次为"成立多部门联动机制"，所占比重为61.1%。另有46.3%的被调查者认为应"制定监督问责制度"，而对"细化治理措施"和"加强治理政策宣传"的期待位列最后，但比重也在40.0%以上，依然占有较高的比重。因此，"多主体"和"多部门"成为校外培训治理的最佳选择。这表明校外培训的治理打破"政府一家独大"，由单一主体向多元主体的转变是众望所归。

综上所述，"构建多主体参与的治理联盟"和"成立多部门联动机制"成为各主体对校外培训治理措施和内容的主要期待。这也反映出，目前校外培训治理措施中缺乏对多元主体的考虑。因此，尽快构建校外培训多元主体治理的措施和联盟成为提升校外培训成效和实现校外培训治理目的的重点。

2. 不同主体校外培训治理措施和内容的期待分析

为进一步了解不同主体对校外培训治理内容和措施期待，本书对调查主体与校外培训治理内容与措施期待的交叉分析。具体统计分析结果如图10所示。

政府对校外培训治理内容和措施的期待，"加强政策宣传"占比最高，为71.9；其次为"细化治理措施"，占比为54.9%。然而，分析中占比较高的"多主体参与"和"多部门联动"在政府主体中的占比较低，分别为44.9%和46.2%。政府对于校外培训的治理，对于形成多元主体治理的认同度整体不高。上述表明，政府应不断优化治理理念和服务意识，更加积极主动地去应对变化，提升自身治理能力和水平。

从校外培训机构、社区和家长的选择分析中可知，该三个主体对"多元参与"和"多部门联动"的期待最高。其次对"建立监督问责制度"的期待，位居第三。这一结果与整体的分析结果相一致，这表明校外培训机构、家长与社区协同治理意愿的一致性相对较强烈。校外培训协同治理路径应重点发挥三个主体的协调作用，更好地实现治理的目标。

学校和行业协会对"加强政策宣传"期待最高，其次为"多主体参与"和"多部门联动"。学校和校外培训行业协会选择"加强政策宣传"的主要原

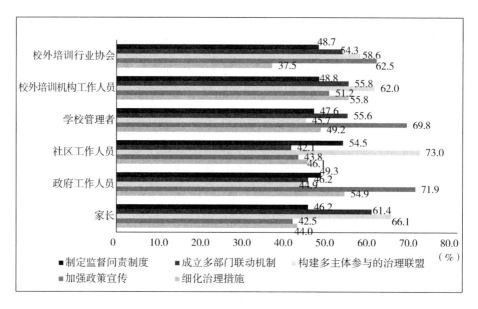

图 10 不同主体校外培训治理措施和内容的期待

因可能是通过政府"加强政策宣传",提升家长等主体的政策认知度,让家长更清晰地了解校外培训,从而提升校外培训参与的理性水平。家长校外培训理性水平的提升,是降低校外培训参与率的重要手段。学校对多主体协同参与治理的期待也很高,表明校外培训协同治理路径是多主体对下一步校外治理措施的迫切期待。

综上所述,不同主体对校外培训治理措施的期待有所差异。家长、校外培训机构、社区主要以"构建多元主体参与的治理联盟"和"建立多部门联动机制"为主要期待。政府、学校、校外培训行业协会主要以"加强政策宣传""细化治理措施"及"制定监督问责制度"为核心,体现出较强的行政属性。政府、学校、校外培训行业协会等主体中"构建多元主体参与的治理联盟"和"建立多部门联动机制"所占的比重也较高。这表明对各主体而言,形成校外培训多元主体参与的协同治理模式是众望所归,符合大多数主体对校外培训治理路径的期待。

3. 各主体对校外培训治理结果的期待

校外培训治理结果的期待,可以为校外培训治理目标的设置提供借鉴,也可以为校外培训协同治理路径的优化提供依据和方向。本书将校外培训治理的结果主要划分为以下五个维度：规范治理下鼓励校外培训发展；全面取缔；实现与学校教育的融合发展；制定标准，提升服务质量；研究制定校外培训的法律法规。

（1）校外培训治理结果的期待

补习教育与学校教育协调发展，成为各主体校外培训治理的主要期待。69.1%的被调查者认为校外培训的治理应引导其与学校教育进行合作，实现两者相互融合共同发展。68.8%的被调查者认为校外培训治理应"制定服务标准，提升校外培训教学质量"。54.1%的被调查者认为应完善校外培训治理的法律法规，使校外培训的治理更加法制化和规范化。调查中认为校外培训应"全面取缔"和"鼓励发展"两种态度的比重相近，占比分别为20.6%和24.7%。上述表明，被调查者对待校外培训治理的问题还是相对比较理性的，没有出现高取缔或高鼓励的现象。

（2）不同主体校外培训治理结果的期待

通过对校外培训各主体对校外培训治理结果期待的分析，可以比较清晰地揭示不同主体的选择差异；同时，可以较好地解释各主体校外培训治理中的立场，为下文更好地引导各主体参与校外培训治理提供支撑。

家长、政府和校外培训机构对校外培训治理结果的期待为引导其与学校教育进行合作，两者相互融合共同发展；社区和学校管理者对校外培训治理结果的期待为制定服务标准，提升校外培训教学质量；行业协会工作人员对校外培训治理结果的期待为制定校外培训的法律法规。具体如图11所示。

综上所述，多元主体参与，多部门协作是各主体校外培训治理举措的主要期待。实现校外培训与学校教育的融合发展是各主体校外培训治理结果的主要期待。因此，"多元主体""部门协作""融合发展"是各主体校外培训治理的核心期待。校外培训协同治理强调多元主体参与，注重协作沟通，强调融合发展，这与各主体校外培训治理的期待相吻合。

（三）校外培训协同治理路径具有较好的可行性与适切性

根据上文校外培训治理存在的问题及校外培训治理期待的分析可知，校外培训协同治理路径能够较好地解决现行治理路径的问题，满足各主体校外培训治理的期待。校外培训协同治理路径实施的可行性与适切性的分析，奠定了校外培训协同治理路径实施的基础，也为下文校外培训协同治理实施的评估提供了支撑。同时，通过政府与不同主体结合中不足的分析，阐述了政府主导，行业协会、社区、学校、校外培训机构及家长共同参与的协同治理路径对规避治理阻力的意义。

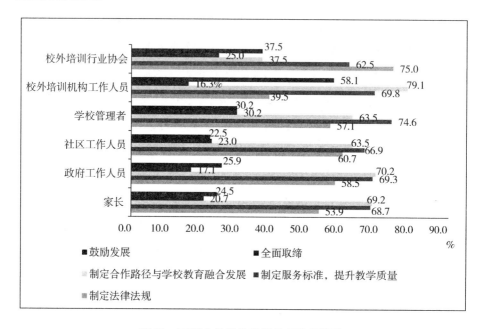

图 11　不同主体校外培训治理结果期待

1. 校外培训协同治理路径实施的可行性与适切性分析

"政府—校外培训"治理路径的优化，应重点构建"以政府为主导，多元主体共同参与的协同治理路径"。上文分析可知，目前校外培训治理路径在治理举措上存在创新性不够、治理满意度不高、治理主体单一、治理信心不足、治理持续性不强等诸多问题。校外培训协同治理路径，由于纳入了更多相关利益主体的参与，可以起到提升治理信心、减小治理阻力、实现校外培训持续治理等的作用。其原因在于，多元主体的参与可以形成校外培训治理的责任联盟。治理责任联盟的成立促进各主体将校外培训治理作为自己的责任，而非"单纯利益相关者"。这样有利于各主体间的交流与合作，加强信息共享，从而可以通过沟通交流、协作商讨等形式，制定出更加符合校外培训治理的举措。

校外培训协同治理主张政府主导下，形成对校外培训的"官民共治"，由于相关利益主体的纳入，可以形成校外培训治理的命运共同体。从而更好地获得校外培训供给方、需求方及规治方的支持，减少治理来自不同主体的阻力。同时，多元主体协同治理的路径可以充分提取各方建议，最大限度满足各方利益诉求，形成治理合力。因而，对提升校外培训治理的信心也具有重要的促进作用。相较于校外培训政府治理路径，协同治理路径的主体涵盖了政府、行业协会、社区、学校、校外培训机构和家长。校外培训协同治理路径形成了完善的主体覆盖设计，可以较好地听取校外培训各主体的利益诉求。校外培训治理路径主张政府主导，多元主体的参与。然而，政府与各主体存在不同的组合，不同组合下均存在需要进一步优化的问题。本书将对政府与不同主体的组合进行分析，更好地展示政府主导，社区、行业协会、学校、校外培训机构和家长共同参与的校外培训协同治理路径的作用与价值。校外培训协同治理路径作用和价值的体现，表明校外培训协同治理路径具有较好的可行性基础。

根据上文校外培训治理期待的分析可知，多元主体参与、部门协作以及融合发展是各主体校外培训治理的主要期待。这表明"多元主体""部门协作""融合发展"应是选取校外培训治理路径的主要参照。校外培训协同治理强调多元主体参与，注重协作沟通，强调融合发展，与各主体校外培训治理的期待相吻合。上述表明，校外培训协同治理路径在满足各主体校外培训治理期待上，具有较好的适切性。

2. 校外培训协同治理的路径组合分析

本部分将政府与不同主体进行组合，通过分析不同组合下需要优化的方向，以反映出多元主体共同参与治理的优势。本书以校外培训相关利益主体参与校外培训的程度和校外培训治理的成效为维度，分为"高参与程度与低参与程度"和"高成效与低成效"，分出"高参与程度—高成效""低参与程度—低成效""高参与程度—低成效"和"低参与程度—高成效"四个维度。进而可以比较清晰地反映出政府与不同主体组合下治理路径的现状。从而为政府主导，行业协会、社区、学校、校外培训机构及家长共同参与的协同治理路径的提出奠定基础。

根据访谈中"您认为参与校外培训协同治理的主体除政府外，还应纳入哪些主体?"问题的分析,得出家长(79.42%)、学校(71.59%)、校外培训机构(66.84%)被选的比重较高。社区(52.35%)、行业协会(48.27%)被选的比重相对较低。被访者对应纳入主体的选择,可以在一定程度上反映出该主体加入校外培训治理责任联盟的重要性。各主体被选为纳入校外培训协同治理责任联盟的比重越高,越能够反映出主体对提升校外培训协同治理路径的重要性。高占比主体的加入,可以更好地满足各主体的需求,从而更可能提升治理成效。依据被访者对纳入校外培训协同治理责任联盟主体的选择,从参与治理的程度及治理成效两个维度出发,构建校外培训协同治理的路径组合分析。

"政府—校外培训"是当前校外培训治理的路径模式。该路径具有满意度不高、治理主体单一化等问题,属于"双低模式",急需优化。由各主体参与协同治理的必要性分析得出家长、学校位居前列。这表明家长和学校参与校外培训协同治理是众望所归,有助于提升治理结果。家长和学校参与只能满足治理主体的基本需求,而更全面考虑其他主体的协同参与,提高参与度才是治理的关键。政府、行业协会和社区的模式,虽然考虑到非必要群体的参与,但没有纳入校外培训的需求方、协同方等主体,较难取得良好的治理结果。校外培训各主体协同参与的治理路径,既可以满足高参与度又可以实现高治理结果。应成为校外培训治理路径的首要选择。政府与不同主体的路径组合如图12所示。

因此,校外培训协同治理路径具有形成校外培训治理责任联盟和治理命运共同体的优势。各主体的参与需要进一步明确政府主导下,校外培训协同治理路径中各主体需要注重提升的方向,为协同治理路径的实施环境评估奠定基础。

个人成长和发展中所需的教育,往往来自社会、学校和家庭三个方面。[①]同样,教育的发展也需要个人与社会、学校、家庭等协同努力,它不是某一主体或群体的责任,而是全社会共同的责任。[②] 校外培训作为教育研究的热点问题,校外培训治理不应是某一主体的责任,而应是其利益相关者的共同责任。

---

① 顾明远.要重视对家庭教育的研究 [J].山西教育,1982(2):2.
② 联合国教科文组织.全球教育监测报告2017/8:教育问责:履行我们的承诺 [M].北京:教育科学出版社,2018:5.

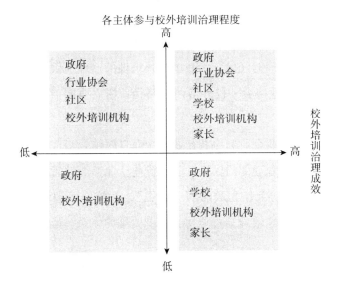

各主体参与校外培训治理程度

高

| 政府
行业协会
社区
校外培训机构 | 政府
行业协会
社区
学校
校外培训机构
家长 |

低 ——————————— 高　校外培训治理成效

| 政府
校外培训机构 | 政府
学校
校外培训机构
家长 |

低

图 12　校外培训协同治理的路径组合

校外培训涉及政府、学校、校外培训机构、家长等多个利益主体。因此，校外培训的治理应探索出一条多元主体共同参与的治理路径。为实现校外培训治理的目标，选择更加适合校外培训治理的路径。本部分以政府主导下，对各主体参与校外培训治理进行路径组合，根据不同组合下的特征，归纳不同组合的问题，从而表明政府主导下，多元主体共同参与的协同治理路径的价值。

（1）"政府—校外培训路径"：优化治理理念，提升治理能力

行政管控、政策治理等是当前校外培训治理的主要手段，这样意味着"政府—校外培训"是校外培训治理的主要路径。该路径直指校外培训，这对政府自身的治理理念和治理能力提出较高的要求。然而，在校外培训治理的问题上，政府的治理理念和能力仍有较多需要优化与提升之处。一是政府应更加注重治理反馈与经验总结。首先，建立校外培训治理进展反馈的常态化制度。根据治理进展及治理中遇到的问题，给予及时的处理与调整；其次，鼓励各地积极探索校外培训治理的新路径、新模式，大力宣传典型举措。通过反馈与总结，不断增强校外培训治理措施的适切性和有效性，构建其更加科学的治理体系。二是加快教育治理现代化建设，敢于尝试国外先进的治理理念与模式。校外培训作为一个普遍的全球现象，各国均采取了一些治理举措或发展规范。政

府一方面应加快教育现代化举措和理念的落地，解放教育管理者的思想；另一方面通过立项、设立专项经费支持等方式，积极主动地了解国外治理的举措，总结国外校外培训治理的经验，为我国校外培训的治理提供借鉴。

（2）"政府—行业协会—校外培训"路径：树立协同治理理念，形成内外相济的治理模式

行业协会指同行业企业为协调行业发展而自愿结合组成的民间行业管理组织。行业协会比行政管理部门更接近于同行业企业，能够管理行业内许多具体的事务工作。[①] 行业协会作为政府的"助手"，在校外培训治理中应发挥"内部治理"的作用，构建政府与行业协会协调治理的体系，形成内外相济的治理思路。

校外培训行业协会作为行业的联合组织，对行业的发展负有监管、评估、反馈等职能。行业协会参与校外培训治理，在很大意义上属于"内部治理"，其治理措施的视角、理念等可能更加符合校外培训的发展要求。政府校外培训治理的举措多归属于"外部治理"，带有一定的"被动成分"，而"内部治理"在某种程度上属于"主动改变"。所以，行业协会的加入可能会更好地推动校外培训治理的各项举措。因此，政府在制定校外培训治理的政策和措施时，应尽可能地征求校外培训行业协会的意见，充分听取行业协会的建议。同时，积极发挥行业协会行业内部评估的作用，注重校外培训治理中的"自查"。形成"政府—行业协会"内外同步治理的体系和模式。

（3）"政府—社区—校外培训"路径：完善社区育人机制，提升社区育人能力

社区是个人成长的重要场所，是孩子接受教育和成长的第二课堂和实践基地。[②] 学生培养的过程中学校教育、社会教育和家庭教育被赋予了重要的使命，社区在教育中的作用往往被忽视，这需要我们完善育人途径，形成"全社会育人体系"。"全"字反映在学校、社会、社区、家庭等协同育人联盟的构建，尤其重视和发挥社区育人作用，应重点从以下几个方面入手。一是建立社

---

① 邓明，等．管理学辞典［M］．成都：西南交通大学出版社，1992：153.
② 朱永新．家校同成长"孤岛"变"环岛"［N］．中国教育报，2017-06-01（9）.

区教育资源管理数据库，通过对社区人群信息的收集，整合社区教育资源。社区作为一个共生集合体，应融合各职业、学历层次和收入的群体。通过加强各群体间的交流与合作，提升社区的教育服务能力。同时，根据不同特征群体的经验和能力，为学生提供丰富多样的教育内容或活动。二是利用社区资源缓解"课后三点半""周末教育"等问题。通过社区力量组织闲散且有教学能力的居民，为放学后的学生开展学业辅导或兴趣培养的公益活动。在周末组织丰富的教育活动和亲子活动等，形成涵盖课程辅导和兴趣培养的教育服务体系，逐渐形成一套社区育人的体系和机制。[①] 社区教育功能的发挥，可以更好地展现社区"教育合伙人"的角色，既能为学生提供教育服务，又能增强社区的凝聚力和归属感。

（4）"政府—学校—校外培训"路径：建立学校现代治理体系，提升学校教育竞争力和服务水平

学校教育质量整体不高、教育竞争力不足是校外培训产生、发展和壮大的重要因素。学校教育质量与校外培训参与率间具有"此消彼长"的内在关联。因此，学校教学质量的提升可以很大程度上降低家长校外培训的参与率及依赖程度。

学生学业成就、教师专业能力、硬件设施保障等是学校教学质量高低的重要衡量指标。一是学校应更加注重学生的综合发展，认真践行素质教育的理念。加大课程研发力度，完善课程建设体系，为学生的全面发展奠定基础。同时，学生成绩是学生成就的重要指标，也是家长关注的核心维度。提升学生成绩成为学校教学质量的关键，研究表明教学自主权与学生成绩有着显著正相关。政府应进一步扩大学校的教学自主权、财政自主权、人事自主权等[②]，不断激发学校的办学活力。二是注重高素养、高质量教育队伍的建设。教师是教学质量提升的关键环节，只有配置高质量的教师，才能更好地培养出高质量的学校，创办出高质量的教育。一方面，政府应进一步完善教师认定、培养、培

---

① 庞庆举. 社会治理视野中的社区教育力及其提升研究 [J]. 教育发展研究，2016（7）：23-30.

② 范勇，王寰安. 学校自主权与学生学业成就：基于PISA2015中国四省市数据的实证研究 [J]. 教育与经济，2018（1）：57-64，87.

训的体系，建立涵盖教师发展"全阶段"的服务体系。另一方面，完善教师保障体系，提升教师幸福感，让教师更好地全身心教书育人。三是优化教育经费投入结构，提升教育经费使用效率，进一步优化学校的办学环境。政府应增加教育经费投入，提升学校的办学条件，尤其是薄弱校的办学硬件条件。通过薄弱校办学环境的提升，实现学校整体教学环境的优化。

（5）"政府—校外培训机构—校外培训"路径：注重内部治理能力提升，满足各主体校外培训教育需求

校外培训机构作为校外培训治理的对象，是校外培训治理阻力来源的核心。校外培训利益诉求的表达，对全面了解校外培训机构呼声，减小来自校外培训机构的治理阻力有着重要的意义。校外培训机构加入校外培训治理的主体，可以使校外培训机构的利益诉求得到表达和维护。同时，可以增加校外培训机构对校外培训治理政策和措施的认识，更好地了解校外培训治理的出发点和落脚点。由上文校外培训机构发展现状的分析可知，校外培训机构在日常管理、教学和招生等多个环节存在问题，成为政府校外培训治理的重要因素。因此，校外培训机构加入校外培训治理的首要任务是提升自我治理能力，注重内部治理。一方面，加大推荐部门、课程、师资培训等改革力度；另一方面，完善部门设置、课程开发体系等，提升教育服务的质量，更好地满足校外培训相关主体的教育需求。

（6）"政府—家长—校外培训"路径：加强教育选择引导，提升家长参与校外培训的理性水平

家庭是学生生活和成长的港湾，也是学生接受教育的重要阵地，它与学校教育具有不可割裂性。[1] 家庭教育是最早期的教育，是一切教育的基础。[2] 良好的家庭教育可以为学生提供更加优良的成长环境，促进学生的健康发展。家庭教育水平的提升，一方面可以协助学校教育服务质量的提升；另一方面可以通过家庭教育的加持提高家长校外培训参与的理性水平。

家长校外培训的参与行为具有非理性的一面，提升家长校外培训参与的理

---

① 苏霍姆林斯卡雅 . 苏霍姆林斯基家校合作思想概述 [J]. 中国德育，2018（17）：43-46.

② 赵忠心 . 家庭教育学 [M]. 哈尔滨：黑龙江少年儿童出版社，1988：序言 .

性水平是降低校外培训参与的重要途径。一是加强新时代教育理念的传播，建立完善的教育理念和政策的宣传体系。受传统文化影响，家长"望子成龙""学而优则仕"等思想根深蒂固，这需要用时代教育理念武装家长头脑，转变教育观念。[1] 首先，要加强素养教育、素质教育、美育等教育理念的宣传，通过学校、社区专题讲座等形式，构建一套由政府、社区和学校共同参与的"再教育"体系，形成政府政策引导、社区讲堂宣传、学校家长工作坊等多层次、多方面的宣传路径。[2] 其次，加强校外培训成效的宣传，引导家长合理参与校外培训。校外培训对满足家长教育需求、补充学校教育服务等方面发挥着一定的积极作用，但校外培训对学生成绩提升并没有统一的定论。政府可以通过微信、抖音、微博、电视、报纸、学校专题讲座、社区讲堂等多种途径，向家长推送校外培训研究的新成果，提升家长对校外培训的认识。

（四）结论与讨论

根据本节对校外培训协同治理路径的支持度、校外培训治理的期待及校外培训治理的路径选择分析，做出如下总结与讨论。

一是校外培训协同治理路径有着较高的支持度，实施基础较好。从上文分析可知，各主体对校外培训协同治理路径的支持度较高，这表明校外培训治理路径的实施基础较好。"关于这个协同治理路径，我觉得还是很可行的，至少可以保证有我们这个群体的利益代表，可以参与到治理的过程中。"（受访校外培训机构管理者 H6）校外培训协同治理路径的高支持度，启示我们要坚定新路径实施的可行性，树立新路径能够治理校外培训问题的信心，积极参与到校外培训的治理工作中。

二是增加校外培训治理的主体，加强协同校外培训治理的重要方向。"我觉得应该考虑把家长、学校这些主体加入进来，他们与校外培训的关系太密切啦，不让他们参与，你怎么搞得好嘛。"（受访行业协会工作人员 V2）各主体对多元主体参与和协同治理的期待，表明当前校外培训治理并没有很好的兼顾

---

[1]　丁亚东，范勇，薛海平. 竞争到合作：学校与影子教育机构的关系模式分析 [J]. 现代教育管理，2018（9）：45-50.

[2]　王晓艳. 校外教育中转变家长教育观念的策略初探 [J]. 中国校外教育，2018（3）：14-15.

上述期待的内容，反映出校外培训治理中存在的主体单一、协同性不强的问题。校外培训协同治理路径，强调政府主导下，多元主体通过交流与协作共同参与校外培训治理。因此，校外培训协同治理路径能够很好地符合各主体对校外培训治理方式的期待。

三是学校教育与校外培训的融合发展，应是校外培训治理的目的。"我可能更希望看到学校和校外培训机构，在教学和学生培养上，达成某种合作，互通有无。"（受访学校管理者F7）"我们一直在积极与学校进行合作，也希望与学校建立更加良好的发展关系。"（受访校外培训机构管理者H12）政府治理路径的不足，在一定程度上反映出校外培训协同治理路径较好的群众基础。"我觉得大家一起参与校外培训治理的想法挺好，我很愿意加入到治理的队伍中。"（受访社区工作人员C5）"我对这个协同治理的方式还是感兴趣的，我觉得可以更好地实现校外培训治理的目标。"（受访家长P11）各主体校外培训治理目的的期待，主要选择在于在规范校外培训的基础上实现与学校教育的融合发展。这是校外培训协同治理路径的重要理念，表明校外培训协同治理路径实施的基础较好。

四是校外培训治理是一个复杂的教育和社会问题，需要树立协同治理的理念，校外培训协同治理成为最佳的路径选择。上述由校外培训各主体组建的治理路径，虽然打破了政府"一家独大"的治理局面，但均有自身的问题和需要优化的方向。因此，构建涵盖政府、家长、学校、社区、行业协会多元主体共同参与校外培训治理的路径，形成校外培训的社会治理网络和命运共同体或许更加符合校外培训治理的特征。同时，在对校外培训治理路径选择和政府主导下，不同主体参与校外培训治理的路径组合分析，表明各主体参与校外培训治理均存在不足和需要优化之处，政府主导，行业协会、社区、学校、校外培训机构、家长共同参与的协同治理路径具有较好的可行性与适切性。因此，对校外培训协同治理路径的实施环境进行评估，具有很大的必要性和重要性，从而为本书"校外培训协同治理路径的评估分析"奠定基础。

第三章　校外培训协同治理路径的评估

当前，校外培训治理路径存在治理满意度不高、治理主体单一、治理措施创新性缺乏、治理信心不足等问题。根据校外培训治理存在的问题和各主体校外培训治理的期待，本书论证了校外培训协同治理路径实施的可行性与适切性。从上述分析可知，校外培训协同治理路径的理念，符合各主体对校外培训治理内容、方式和措施的期待。同时可以较好地解决当前校外培训治理路径存在的问题，促进校外培训治理成效的提升。

校外培训协同治理路径虽然被各主体所认可，且符合各主体对校外培训治理的期待及校外培训治理举措的优化，但校外培训协同治理是一个复杂的系统工程，需要构建科学严谨的评估体系，以保障校外培训协同治理路径实施的顺利开展。校外培训协同治理路径的实施，需要对新路径实施的环境进行评估，总结新路径实施时可能存在的困境；同时，通过对校外培训协同治理路径实施困境的优化，提升校外培训协同治理路径实施的顺畅性与可行性。

本节聚焦于校外培训协同治理路径实施环境的评估，主要包含两大部分：一是校外培训协同治理路径实施环境的得分，二是校外培训协同治理路径实施的影响因素。研究同时对不同主体校外培训协同治理路径的评估进行统计分析，归纳不同主体参与校外培训协同治理的表征。本部分从治理心态、治理意愿、治理体系、治理责任和治理能力五个维度，构建校外培训协同治理路径实施环境的评估量表。量表的设计和具体题项，上文已经做了较为详细的阐述和论证。依照评估量表从整体得分和各维度得分的视角，对校外培训协同治理路径实施环境的得分和影响因素进行统计分析。

一、校外培训协同治理路径实施环境

本部分使用描述统计的方法，对校外培训协同治理路径实施环境及治理心态（gm1、gm2、gm3、gm4、gm6、gm7、gm8、gm9、gm10、gm11、gm12、gm13、gm14、gm15）、治理意愿（gv2、gv4、gv5）、治理体系（gs1、gs2、gs3、gs5、gs8、gs9、gs10、gs11、gs12）、治理责任（gr1、gr4、gr5）和治理能力（gc1、gc2、gc3、gc4、gc5、gc6、gc7）的得分进行评估与阐释。根据本研究量表的赋值规则，估算校外培训协同治理路径实施环境及其构成维度的得分。依据校外培训协同治理路径评估量表的题项构成，从"非常不符合""比较不符合""不确定""比较符合"和"非常符合"依次赋值为1分、2分、3分、4分和5分。一般而言，得分低于3分为较低，高于4分为较好，得分3~4分为一般。依据上述标准，估算出校外培训协同治理路径实施环境的得分。

校外培训协同治理路径的实施环境得分为3.49分，处在"一般"水平上。其中，"非常不符合"和"比较不符合"共计的"不符合"得分，低于"比较符合"和"非常符合"共计的"符合"得分。以平均得分来看，总平均得分高于"符合"和"不符合"，低于"一般"的得分。"符合"的平均得分高于"不符合"。且通过了差异性检验（卡方检验，$\chi^2 = 109.724$，$p = 0.000$）。校外培训协同治理路径实施环境的得分表明校外培训协同治理路径实施环境处在"一般"水平上。为更好地实施校外培训协同治理路径，完成校外培训治理的目标，校外培训协同治理路径实施环境仍需进行优化和提升。"我觉得目前实施多元主体协同治理校外培训是可行的，但感觉整体的环境可能不能很好地符合实施的要求，如纳入的这些主体他们是否愿意加入等，都需要进行调查研究。"（受访政府工作人员G8）具体如图13所示。

治理心态得分最低，治理愿景得分最高。治理心态维度的得分为3.36分，低于总得分。治理愿景维度的得分为3.61分，高于总得分0.12分。治理体系维度的得分为3.53分，高于总得分0.04分。治理责任维度的得分为3.55分，高于总得分0.06分。治理能力维度的得分为3.41分，低于总得分0.08分。根据校外培训协同治理路径实施环境五个维度的得分比较，治理心态得分最低，其次为治理能力。各维度的得分表明，校外培训协同治理路径实施环境的改善，应着重探讨对治理心态和治理能力的优化和提升。治理愿景得分最高，各主体对校外培训协同治理的意愿比较一致，校外培训协同治理路径实施的群众基础较好。"对校外培训进行规范和整治，我觉得很有必要，我个人还是很支持的，我身边的朋友也有蛮多都在抱怨校外培训带来的一些压力，他们的态度应该和我一致。"（受访家长 P5）"我不是很想来补课，我觉得有些课程内容学校都讲了，我想让补习的内容更加适合我，挺支持对校外培训进行规范。"（受访学生 S6）

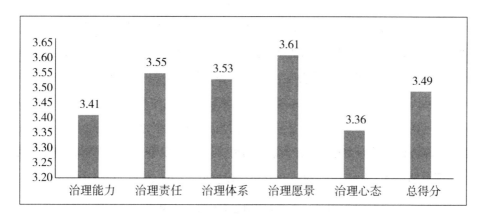

图 13　校外培训协同治理路径实施环境得分

综上所述，校外培训协同治理路径实施环境处在"一般"水平上，不同城市校外培训协同治理路径实施环境差异不显著。上述分析启示我们，一是校外培训协同治理路径的实施，仍需对校外培训协同治理路径实施环境进行优化和提升；二是本书选取校外培训协同治理路径实施环境评估和校外培训协同治理路径实施的研究对象，比较符合校外培训治理的需求与特征。

二、校外培训协同治理路径实施环境各维度的得分

本部分紧承上文的分析，在校外培训协同治理路径实施环境得分的基础上，对校外培训协同治理路径实施环境五个维度的得分情况进行统计分析，更好地揭示了校外培训协同治理路径实施的基础。

本部分以校外培训协同治理路径实施环境中治理心态、治理愿景、治理体系、治理责任和治理能力五个维度为分析对象。根据五个维度的构成题项，分别对这五个维度的得分展开详细的阐述。

（一）校外培训协同治理路径实施环境中治理心态的得分

本部分根据校外培训治理心态评估的题项和维度进行具体分析，更加全面地揭示了校外培训治理心态的得分现状。同时，结合不同城市样本的分析，揭示不同城市校外培训治理心态的得分情况。

治理心态中治理安全感得分最低，治理公平感得分最高。"参与治理的话，我是愿意的，但因为会影响到一些人的利益，还是有些担心安全问题。"（受访家长 P18）校外培训治理心态的得分为 3.36 分，各维度的得分中低于平均得分的有治理满意度、治理压力感、治理安全感、治理问题感四个维度，得分依次为 3.35分、3.26 分、3.14 分和 3.32 分。治理心态各维度中治理安全感得分最低，其次为治理压力感。治理信心的得分最高为 3.52 分，其次为治理公平感得分为 3.50分。治理信心的高得分表明各主体对校外培训协同治理路径实施的信心是充足的，有着较好的群众基础。"如果能够成立治理责任联盟，我觉得实现校外培训的治理目标，还是很有信心的。"（受访学校管理者 F6）具体如表 11 所示。

表 11　校外培训协同治理路径实施环境治理心态的得分

维度	题项		平均得分	合计平均得分	卡方检验
治理心态	治理满意度	gm1	3.34	3.35	$\chi^2 = 136.918$ $p = 0.000$
		gm2	3.36		
	治理信心	gm3	3.49	3.52	
		gm4	3.54		
	治理压力感	gm6	3.26	3.26	
		gm7	3.26		
		gm8	3.25		
	治理公平感	gm9	3.42	3.50	
		gm10	3.57		
		gm11	3.52		
	治理安全感	gm12	3.20	3.14	
		gm13	3.07		
	治理问题感	gm14	3.30	3.32	
		gm15	3.33		
治理心态平均得分			3.36		

（二）校外培训协同治理路径实施环境中治理愿景的得分

为更加全面和具体地描绘校外培训治理愿景的得分现状，本部分将治理愿景量表的维度和题项得分进行统计分析。同时，考虑到不同城市可能带来的差异，研究也将对不同城市治理愿景的得分情况进行描述，以构建治理愿景得分的完整体系。

校外培训治理愿景的得分为 3.61 分，其中，构成治理愿景的目标、价值观和使命三个维度的得分依次为 3.67 分、3.59 分和 3.57 分，且三者得分通过了差异性检验（卡方检验，$\chi^2 = 131.372$，$p = 0.000$）。治理目标维度的得分最高。治理愿景中目标维度的得分表明校外培训协同治理路径具有目标明确的显著特征，这与上文治理心态中治理信心得分较高相呼应。校外培训治理愿景在价值观和使命维度上的得分较为相近，低于治理愿景平均分，但高于协同治理路径总得分，总体而言得分相对较高。具体如表 12 所示。

表 12　校外培训协同治理路径实施环境治理愿景的得分

维度		题项	平均得分	合计平均得分	卡方检验
治理愿景	目标	gv2	3.67	3.67	$\chi^2 = 131.372$ $p = 0.000$
	价值观	gv4	3.59	3.59	
	使命	gv5	3.57	3.57	
	治理愿景平均得分			3.61	

（三）校外培训协同治理路径实施环境中治理体系的得分

校外培训治理体系的得分为 3.53 分，其中构成治理体系的制度化、民主化、法律化和效率化四个维度。治理体系中制度化得分最高为 3.70 分，法制化维度得分位居第二为 3.52 分；其次为效率化和民主化维度，得分分别为 3.49 分和 3.45 分。治理体系分析中制度化维度的高得分表明，校外培训协同治理路径更加符合制度化的要求。同时，效率化和民主化的得分较低，主要原因可能在于担心多元主体的加入，会影响到工作效率。具体如表 13 所示。

表 13 校外培训协同治理路径实施环境治理体系的得分

维度		题项	平均得分	合计平均得分	卡方检验
治理体系	制度化	gs1	3.70	3.70	$\chi^2 = 126.302$ $p = 0.000$
		gs2	3.72		
		gs3	3.69		
	民主化	gs5	3.45	3.45	
	法治化	gs8	3.53	3.52	
		gs9	3.51		
	效率化	gs10	3.48	3.49	
		gs11	3.51		
		gs12	3.49		
	治理体系平均得分			3.53	

（四）校外培训协同治理路径实施环境中治理责任的得分

校外培训治理责任的得分为 3.55 分，其中，构成治理责任的总体责任、团体责任和个人责任三个维度的得分依次为 3.51 分、3.62 分和 3.52 分，且三个维度的得分通过了差异性检验。团体责任的得分最高，总体责任的得分最低。校外培训协同治理路径实施过程中，各主体对形成较好的团体交流的认同度较高，对总体把握校外培训协同治理路径实施的认同度相对较低。因此，在提升各主体对校外培训协同治理路径中，团体的合作信念是路径优化的主要方向。具体如表 14 所示。

表 14 校外培训协同治理路径实施环境治理责任的得分

维度		题项	平均得分	合计平均得分	卡方检验
治理责任	总体责任	gr1	3.51	3.51	$\chi^2 = 114.527$ $p = 0.000$
	团体责任	gr4	3.62	3.62	
	个人责任	gr5	3.52	3.52	
	治理责任平均得分			3.55	

（五）校外培训协同治理路径实施环境中治理能力的得分

校外培训治理能力的得分为 3.41 分，其中，构成治理能力的沟通理解能

力、执行能力和反思能力的三个维度，治理能力中沟通理解能力得分最高为
3.44 分；执行能力和反思能力得分相同，均为 3.40。治理能力分析中沟通理
解能力得分最高，表明校外培训协同治理路径虽然治理主体增多，但沟通和相
互理解的能力并不是各主体关注的重点。因此，如何提升各主体协同治理的执
行能力和反思能力，应是校外培训协同治理路径实施环境优化的重点。具体如
表 15 所示。

表 15　校外培训协同治理路径实施环境治理能力的得分

维度		题项	平均得分	合计平均得分	卡方检验
治理能力	沟通理解能力	gc1	3.35	3.44	$\chi^2 = 146.938$ $p = 0.183$
		gc2	3.52		
	执行能力	gc3	3.41	3.40	
		gc4	3.39		
	反思能力	gc5	3.39	3.40	
		gc6	3.41		
		gc7	3.40		
治理能力平均得分			3.41		

三、不同主体校外培训协同治理路径实施环境的得分

本部分将对政府、行业协会、社区、学校、校外培训机构和家长等主体，
在校外培训协同治理路径实施环境的得分情况进行统计分析。根据不同主体的
得分现状，确定不同主体参与校外培训协同治理路径实施的问题。

本部分内容主要分为两个方面，一是不同主体校外培训协同治理路径实施
环境的得分，二是不同主体校外培训协同治理路径实施环境各维度的得分。该
部分内容主要描述各主体在校外培训治理心态、治理愿景、治理体系、治理责
任和治理能力等维度的得分现状。

政府校外培训协同治理路径实施环境的得分为 3.37 分，低于总体得分，
且列所有主体得分的最后一位。政府在校外培训治理愿景的得分最高为 3.65
分。治理体系的得分为 3.56 分，位居第二。治理责任的得分为 3.54 分，位居

第三。治理能力的得分为 2.72 分，位居最后。政府在校外培训协同治理路径实施环境中的得分最低。这反映出政府校外培训治理中的理念应有所转变。积极加强与校外培训其他主体的沟通和交流，建立多元主体参与的协同治理路径。同时，政府应更加注重对自身治理能力的建设，以更好地实现校外培训治理的目标。

行业协会校外培训协同治理路径实施环境的得分为 3.52 分，高于总体得分。行业协会在校外培训治理愿景的得分最高为 3.63 分；其次为治理体系和治理能力，得分分别为 3.58 分和 3.57 分。行业协会工作人员在治理心态和治理责任中的得分较低。校外培训协同治理路径实施环境优化时，要注重发挥行业协会在治理愿景、治理体系上的优势，注重治理能力的培养和治理心态地树立。

社区校外培训协同治理路径实施环境的得分为 3.51 分，高于总体得分，且位列所有主体得分的第三。社区在校外培训治理愿景的得分最高为 3.61 分。治理能力的得分为 3.6 分，位居第二。治理责任的得分为 3.55 分，位居第三。治理心态的得分为 3.3 分，位居最后。校外培训协同治理路径实施环境的优化中社区应重点从治理心态搭建入手，加强对治理体系的了解。通过各主体治理体系认知的加强，提升校外培训治理愿景的认同感，从而更好地实现校外培训治理的目标。

学校校外培训协同治理路径实施环境的得分为 3.48 分，低于总体得分。学校主体在校外培训治理愿景和治理责任的得分最高为 3.62 分，治理体系的得分为 3.5 分，位居第三。治理心态和治理能力的得分较为相似，分别为 3.34 分和 3.32 分，居后两位。学校主体校外培训协同治理路径实施环境各维度的得分，出现"两极分化"的特征，即治理愿景和治理责任的得分较高，治理心态和治理能力的得分相对较低。学校主体参与校外培训协同治理路径的实施，应重点树立治理信心、加强培训、提升治理能力。

校外培训机构校外培训协同治理路径实施环境的得分为 3.51 分，高于总体得分。校外培训机构管理者在校外培训治理能力的得分最高为 3.58 分；其次为治理愿景和治理体系，得分分别为 3.57 分和 3.51 分。校外培训机构管理者治理心态得分较低，各维度的得分比较平均。校外培训机构的得分表明，校外培训机构管理者校外培训协同治理路径实施环境的得分比较均衡，比较有利于校外培训协同治理路径的实施。

家长校外培训协同治理路径实施环境的得分为 3.55 分，高于总体得分，且家长的得分最高。家长在校外培训协同治理责任和治理能力的得分最高，为 3.61 分；其次为治理愿景和治理体系，得分依次为 3.58 分和 3.54 分，治理心态的得分最低为 3.41 分。家长参与校外培训协同治理路径的实施，应注重加强心态培养，提升对校外培训协同治理的信心。

表 16 不同主体校外培训协同治理路径实施环境得分

项目	总得分	治理心态得分	治理愿景得分	治理体系得分	治理责任得分	治理能力得分	卡方检验
政府	3.37	3.38	3.65	3.56	3.54	2.72	$\chi^2 = 39.108$ $p = 0.000$
行业协会	3.52	3.34	3.63	3.58	3.48	3.57	$\chi^2 = 17.337$ $p = 0.000$
社区	3.51	3.30	3.61	3.49	3.55	3.60	$\chi^2 = 8.892$ $p = 0.000$
学校	3.48	3.34	3.62	3.50	3.62	3.32	$\chi^2 = 33.676$ $p = 0.000$
校外培训机构	3.51	3.39	3.57	3.51	3.50	3.58	$\chi^2 = 13.501$ $p = 0.000$
家长	3.55	3.41	3.58	3.54	3.61	3.61	$\chi^2 = 133.463$ $p = 0.000$

综上所述，各主体校外培训协同治理路径实施环境的得分均具有显著差异，但总体而言治理心态在各主体中的得分均较低，政府治理能力的得分也比较低。各主体校外培训协同治理路径实施环境的得分分析，一是为校外培训协同治理路径实施环境的优化指出重点；二是为不同主体更好地参与校外培训协同治理，提供政策建议的理论和实证基础。

四、校外培训协同治理路径实施的影响因素分析

校外培训协同治理路径的实施环境处在"一般"水平上。为进一步优化校外培训协同治理路径实施环境，本部分使用一般线性回归和结构方程分析相结合的方法对校外培训协同治理路径实施的影响因素进行分析，为校外培训协同治理路径实施的优化提供实证支持。

本部分回归分析共分为两个部分，以"我支持实施校外培训协同治理路径"（ga_7）为因变量。一是建立家庭基本变量影响校外培训协同治理路径实施的回归模型，了解校外培训协同治理路径实施的基本影响因素。使用变量包括学生成绩（dc_4）、户籍（dc_6）、学校性质（dc_7）、学校所在地（dc_8）、家庭经济情况（fc_1）、父母学历（fc_2）、父母教育期望（fc_3）、家庭文化氛围（fc_4）、父母政治身份（fc_5）、是否为公务员（fc_6）、父母职业（fc_7）。二是使用结构方程方法构建校外培训治理心态（GM）、治理愿景（GV）、治理责任（GR）、治理体系（GS）和治理能力（GC）五个潜变量，分析校外培训治理环境及不同维度对校外培训协同治理路径实施的影响。同时，考虑到本研究的研究对象在经济、文化、科教和社会发展程度等方面的差异。

各主体对校外培训协同治理路径实施的支持度与校外培训治理的满意度有着密切关系。校外培训参与者的治理满意度越低，校外培训协同治理路径的实施支持可能性越高。原因在于，校外培训参与者对校外培训治理满意度越低，表明对目前校外培训治理路径的认可度越低，越希望可以改变现行的治理方式，以提升校外培训治理的满意度。由上文分析可知，家庭资本越好的参与者，校外培训治理的满意度越低。由此可以推断，家庭资本越好的参与者，对实施校外培训协同治理路径的支持度可能越高。据此做出如下假设。

假设3：家庭资本越好，各主体对校外培训协同治理路径实施的支持度越高。

治理环境是治理路径实施和治理目标实现的重要基础。良好的治理环境可以促进治理政策和措施的实施，减少治理阻力。校外培训治理具有复杂性的特征，校外培训协同治理路径的实施需要以良好的治理环境为基础。治理环境越优良，各主体对校外培训协同治理路径实施的支持度可能就越高。治理心态的得分越高，表明各主体对校外培训协同治理路径实施的信心越强，压力感越低，对校外培训治理路径实施的支持度可能会越高。治理愿景是各主体对校外培训协同治理目标、价值观和使命一致性的重要体现，各主体治理愿景的得分越高。治理愿景得分越高表明对校外培训治理的责任感和使命感越强，就越容易认同校外培训协同治理路径。治理体系是对治理环境在制度化、民主化等方面的体现。治理体系得分越高，表明各主体对校外培训治理环境的民主化和制度保障等的认可度越高。完善的体系保障，可以增加各主体参与校外培训协同治理的积极性和信心，增强对校外培训协同治理路径实施的支持度。治理责任是各主体参与校外培训协同治理信念的体现，能否将校外培训治理作为自己的责任，对实现校外培训治理的目标具有重要意义。治理体系的得分越高，表明各主体参与校外培训协同治理的责任感越强，对校外培训协同治理路径实施的决心就越大。校外培训协同治理路径实施的支持度也就越高。治理能力的评估，是各主体树立治理信心的重要表现。治理能力的得分越高，表明各主体对参与校外培训协同治理所需能力的认可越高，越有信心参与校外培训协同治理。综上所述，治理环境及构成维度与校外培训协同治理路径的实施有着密切的关系，据此提出如下假设。

假设4：治理环境得分越高，各主体对校外培训协同治理路径实施的支持度越高。

假设5：治理心态得分越高，各主体对校外培训协同治理路径实施的支持度越高。

假设6：治理愿景得分越高，各主体对校外培训协同治理路径实施的支持度越高。

假设7：治理体系得分越高，各主体对校外培训协同治理路径实施的支持度越高。

假设8：治理责任得分越高，各主体对校外培训协同治理路径实施的支持度越高。

假设9：治理能力得分越高，各主体对校外培训协同治理路径实施的支持度越高。

校外培训协同治理路径实施的影响因素，受校外培训本身复杂性的影响而变得复杂。家庭资本是彰显校外培训参与主体身份、能力、社会关系等的重要标识，不同家庭资本的主体参与校外培训协同治理路径，对校外培训协同治理路径实施环境的影响程度，受学历、职业、收入、教育期望等因素的影响。一般而言，学历、职业、收入等越高，个人的理解能力、执行能力、沟通能力等就会越强，参与教育治理更容易推动治理的实施。因此，家庭资本是影响校外培训协同治理实施的重要影响因素。

（一）家庭层面变量对校外培训协同治理路径实施的影响

本部分主要聚焦不同层面变量对校外培训协同治理路径实施的影响。本研究的因变量为连续变量，研究数据符合正态分布，各变量的容忍度值均大于0.1，且方差膨胀因子（VIF）均小于 10，各变量不存在严重的共线性问题。根据因变量特征，本书借鉴教育生产函数理论模型，[①] 构建校外培训协同治理路径实施影响因素的回归分析模型，用于揭示不同层面变量对校外培训协同治理路径实施的影响。

$$Y=f\ (S,\ FC)$$

其中，Y 为因变量，表示支持校外培训实施的程度，属于连续变量；S 表示学生层面的变量，主要包括学生成绩（dc_4）、户籍（dc_6）、学校性质（dc_7）、学校所在地（dc_8）；FC 表示家庭层面对变量中家庭资本变量，主要变量包括家庭经济情况（fc_1）、父母学历（fc_2）、父母教育期望（fc_3）、家庭文化氛围（fc_4）、父母政治身份（fc_5）、是否为公务员（fc_6）、父母职业（fc_7）等。本部分选取的分析变量的具体介绍，详细请参照本书第三章中的问卷设计和变量介绍。根据构建的不同层面变量影响校外培训协同治理路径实施的回归模型，回归分析的结果如表 17 所示。

由回归分析结果可知，学生层面变量中除学校所在地（dc_8）对校外培训协同治理路径的实施没有显著的影响之外，其余变量均有显著相关性。学生成绩（dc_4）与校外培训协同治理路径实施有显著正相关关系，即学生成绩（dc_4）越好，家长对校外培训协同治理路径实施的支持度越高。户籍（dc_6）与校外培训协同治理路径实施有显著正相关关系，城镇户籍的家庭比农村户籍的校外培训参与者更加支持校外培训协同治理路径的实施。学生就读学校的学校性质（dc_7）与校外培训协同治理路径实施有显著负相关关系，即学生就读

---

① HANUSHEK E A. The economics of schooling：Production and efficiency in public school [J]. Journal of Economic Literature，1986（3）：1141-1177.

表 17 家庭层面变量影响校外培训协同治理路径实施的回归模型结果

变量值		系数	标准误差值
学生层面变量	dc_4 （以差为基准）	0.059***	0.132
	dc_6 （以农村为基准）	0.018***	0.016
	dc_7 （以公立学校为基准）	−0.114***	0.035
	dc_8 （以乡村为基准）	0.006	0.015
家庭资本变量	fc_1 （以差为基准）	0.122***	0.017
	fc_2 （以高中及以下为基准）	0.056***	0.010
	fc_3 （以高中及以下为基准）	0.008	0.010
	fc_4 （以家庭藏书量为基准）	0.083***	0.106
	fc_5 （以群众为基准）	−0.012	0.021
	fc_6 （以非公务员为基准）	−0.007	0.040
	fc_7 （以低收入职业为基准）	0.071***	0.016
调整后 R^2		0.133	
模型卡方检验值		0.000	

注：*** $p<0.001$。

私立学校的主体比学生就读公立学校的主体更加支持校外培训协同治理路径的实施。家庭经济条件（fc_1）与校外培训协同治理路径实施的支持度呈显著正相关关系，即家庭的家庭经济条件（fc_1）越好，校外培训参与主体对校外培训协同治理路径实施的支持度越高。父母学历（fc_2）与校外培训协同治理路径实施的支持度呈显著正相关，即父母学历（fc_2）越高，参与者对校外培训协同治理路径实施的支持度越高。家庭文化氛围（fc_4）与校外培训协同治理路径实施的支持度呈显著正相关关系，即家庭文化氛围（fc_4）越好，参与者对校外培训协同治理路径实施的支持度越高。父母职业（fc_7）与校外培训协同治理路径实施的支持度呈显著正相关关系，即父母职业（fc_7）等级越高，对实施校外培训协同治理路径的支持度越高。除此之外，父母教育期望（fc_3）、父母政治面貌（fc_5）和是否为公务员（fc_6）对校外培训协同治理路径实施的支持度均没有显著影响。表明政治身份因素并不是影响校外培训协同治理路径实施的主要因素，学生成绩、家庭社会资本、家庭文化资本等构成了校外培训协同治理路径实施的主要影响因素。"对于影响自己参与补习的原因，我觉得可能会考虑孩子的成绩、家里的收入等因素吧。"（受访家长 P13）

（二）家庭资本对校外培训协同治理路径实施的影响

家庭层面变量中家庭经济条件、父母学历、家庭文化氛围、父母职业等均对校外培训协同治理路径实施的支持度有显著影响。为进一步探析家庭层面变量与校外培训协同治理路径间的关系，本书选取相关变量构建家庭资本变量，分析家庭资本对校外培训协同治理路径实施的影响。结合上文回归分析的结果和已有研究对家庭资本的划分，本部分以"家庭经济条件"作为家庭经济资本的衡量标准，以"学历"作为家庭文化资本的衡量标准，以"职业"作为家庭社会资本的衡量标准，以"是否为公务员"作为家庭政治资本的衡量标准。①②③

本部分使用 Mplus 作为分析工具，对家庭资本与校外培训协同治理路径支

---

① 范静波. 家庭资本、代际流动与教育公平问题研究［J］. 南京社会科学，2019（4）：145-150.

② 杨秀芹，吕开月. 社会分层的代际传递：家庭资本对高考志愿填报的影响［J］. 中国教育学刊，2019（6）：24-29.

③ 邢敏慧，张航. 家庭资本、政治信任与教育扶贫政策满意度：基于全国 31 个省 240 个村庄的实证分析［J］. 四川师范大学学报（社会科学版），2019（4）：77-84.

持度的关系进行分析。模型分析结果表明，该结构方程模型是递归的，构成潜变量的显变量与每个潜变量之间的系数都在1%的水平上显著。本部分结构方程模型各项拟合结果中除 *CMIN/DF*>5 之外，其余均达到了较好水平。*CMIN/DF*>5 的重要原因在于本模型统计分析中样本量比较大（*N* = 17258）。当样本量比较大时，与数据拟合较好的模型会出现被拒绝的现象，因此不能仅靠 *CMIN/DF* 判断模型的有效性（下文均采用此解释）。[①] 其他各项拟合指数均达到了较好水平，表明模型能够与实际观测数据较好拟合，建立的家庭资本影响校外培训协同治理路径支持度的结构方程模型是一个良好的理论假设模型。结构方程模型拟合度结果的数值如表 18 所示。

表 18 家庭资本影响校外培训协同治理支持度的结构方程拟合度结果

拟合度指数	CMIN	DF	CMIN/DF	RMSEA	TLI	CFI	NFI	IFI
计算数值	1389.092	12	115.76	0.021	0.979	0.964	0.935	0.928
参考值			<5	<0.1	>0.8	>0.9	>0.9	>0.9

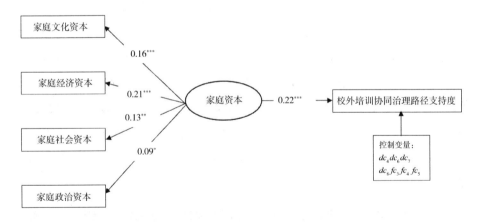

图 14 家庭资本影响校外培训协同治理路径支持度的结构方程模型

注：*** *p*<0.001。

家庭资本对校外培训协同治理路径实施有显著正影响，即参与协同治理主体的家庭资本越好，对校外培训协同治理路径实施的支持度越高。家庭资本中

---

① HOE S L. Issues and procedures in adopting structural equation modeling technique ［J］. Journal of applied quantitative methods，2008（1）：76-83.

家庭文化资本（父母学历）、家庭经济资本（家庭经济条件）、家庭社会资本（父母职业）均对校外培训协同治理路径有显著正相关关系，家庭政治资本（是否为公务员）与校外培训协同治理路径实施的影响不显著。

上述分析给我们校外培训治理带来的启示为校外培训治理主体的选取，应注重制定筛选细则，选取更加符合校外培训协同治理责任联盟搭建的主体，只有这样才能更好地实现校外培训治理的目标，提升各主体校外培训治理的满意度。

（三）校外培训治理环境对协同治理路径实施的影响

本部分将聚焦校外培训治理环境对校外培训协同治理路径实施的影响。根据研究设计，本书将协同治理环境划分为治理心态、治理愿景、治理体系、治理责任和治理能力五个维度。校外培训治理环境对校外培训协同治理路径实施的影响主要分为两个部分，一是聚焦实施环境的五个维度，讨论不同维度对校外培训协同治理路径实施的影响；二是讨论校外培训治理环境对校外培训协同治理路径实施的影响。

1. 校外培训治理环境各维度对协同治理路径实施的影响

本部分使用 Mplus 作为分析工具，对校外培训治理环境构成维度与校外培训协同治理路径支持度的关系进行探讨。模型分析结果表明，该结构方程模型是递归的，构成潜变量的显变量与每个潜变量之间的系数都在 1% 的水平上显著。各项拟合指数均达到了较好水平，表明模型能够与实际观测数据较好拟合，建立的校外培训治理环境构成维度影响校外培训协同治理路径支持度的结构方程模型是一个良好的理论假设模型。另外，$CMIN/DF$ 值大于参考值的解释，见表 19。

表 19 治理环境构成维度影响校外培训协同治理路径支持度的结构方程拟合度结果

拟合度指数	CMIN	DF	CMIN/DF	RMSEA	TLI	CFI	NFI	IFI
计算数值	445575.257	615	724.51	0.015	0.932	0.947	0.950	0.922
参考值			<5	<0.1	>0.8	>0.9	>0.9	>0.9

由于校外培训构成治理环境各维度的题项较多，为了简化结构方程图示，更加清晰地显示校外培训治理环境对校外培训协同治理路径实施的影响。本书将构成各维度的具体变量进行简化。校外培训治理环境各构成维度与构成条目的统计

学关系使用列表进行展示。各维度与构成条目间的因子载荷值，如表20所示。

表20　校外培训协同治理路径实施环境各维度构成条目的因子载荷值

维度	构成条目（因子载荷值）
GM	gm_1（0.13）、gm_2（0.17）、gm_3（0.14）、gm_4（0.20）、gm_6（0.13）、gm_7（0.15）、gm_8（0.10）、gm_9（0.11）、gm_{10}（0.12）、gm_{11}（0.19）、gm_{12}（0.09）、gm_{13}（0.07）、gm_{14}（0.16）、gm_{15}（0.13）
GV	gv_2（0.17）、gv_4（0.16）、gv_5（0.11）
GS	gs_1（0.16）、gs_2（0.22）、gs_3（0.13）、gs_5（0.12）、gs_8（0.19）、gs_9（0.50）、gs_{10}（0.16）、gs_{11}（0.14）、gs_{12}（0.18）
GR	gr_1（0.14）、gr_4（0.09）、gr_5（0.17）
GC	gc_1（0.13）、gc_2（0.22）、gc_3（0.10）、gc_4（0.12）、gc_5（0.18）、gc_6（0.20）、gc_7（0.24）

　　注：各维度构成条目的因子载荷值均显著（$p<0.05$）；括号内为校外培训治理环境各维度与构成条目间的因子载荷值。

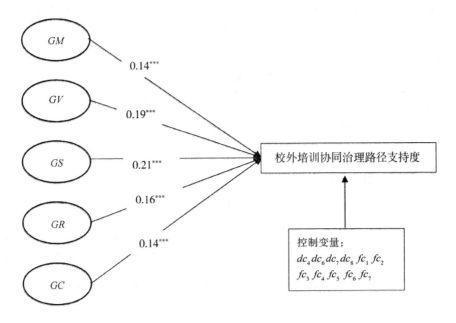

图15　治理环境各维度影响校外培训协同治理路径支持度的结构方程模型

　　注：$^{***}p<0.001$；GM、GV、GS、GR 和 GC 分别表示治理心态、治理愿景、治理体系、治理责任和治理能力。

校外培训治理环境构成的五个维度均与校外培训协同治理路径实施的支持度呈显著正相关关系。治理心态（*GM*）与校外培训协同治理路径实施的支持度呈显著正相关关系，即各主体治理心态（*GM*）的得分越高，对校外培训协同治理路径实施的支持度越高。治理愿景（*GV*）与校外培训协同治理路径实施的支持度呈显著正相关关系，即各主体治理愿景（*GV*）的得分越高，对校外培训协同治理路径实施的支持度就越高。治理体系（*GS*）与校外培训协同治理路径实施的支持度呈显著正相关关系，即各主体治理体系（*GS*）的得分越高，对校外培训协同治理路径实施的支持度就越高。治理责任（*GR*）与校外培训协同治理路径呈显著正相关关系，即各主体治理责任（*GR*）的得分越高，对校外培训协同治理路径实施的支持度越高。治理能力（*GC*）与校外培训协同治理路径实施的支持度呈显著正相关关系，即各主体治理能力（*GC*）的得分越高，对校外培训协同治理路径实施的支持度越高。

治理心态（*GM*）、治理愿景（*GV*）、治理体系（*GS*）、治理责任（*GR*）和治理能力（*GC*）五个维度对校外培训协同治理路径实施的支持度密切相关。一方面，印证了上述五个维度构建和选取的科学性；另一方面，启示我们在校外培训协同治理路径实施和优化中，应注重考虑上述五个维度的影响。

2. 校外培训治理环境对协同治理路径实施的影响

校外培训治理环境各维度均与校外培训协同治理路径显著相关。本部分将进一步构建结构方程分析模型，将各维度形成校外培训治理环境变量，从整体和宏观的视角分析校外培训协同治理路径实施的支持度影响因素。

本部分使用 Mplus 作为分析工具，对校外培训治理环境与校外培训协同治理路径支持度的影响关系进行探讨。模型分析结果表明，该结构方程模型是递归的，构成潜变量的显变量与每个潜变量之间的系数都在 1% 的水平上显著。各项拟合指数均达到了较好水平。表明模型能够与实际观测数据较好拟合，建立的校外培训治理环境影响校外培训协同治理路径支持度的结构方程模型是一个良好的理论假设模型。另外，*CMIN/DF* 值大于参考值的解释见表 21。

表 21　治理环境影响校外培训协同治理路径支持度的结构方程模型的拟合度结果

拟合度指数	CMIN	DF	CMIN/DF	RMSEA	TLI	CFI	NFI	IFI
计算数值	454216.856	624	727.91	0.011	0.922	0.968	0.952	0.936
参考值			<5	<0.1	>0.8	>0.9	>0.9	>0.9

由于校外培训构成治理环境各维度的题项较多，为了简化结构方程图示，更加清晰地显示校外培训治理环境对校外培训协同治理路径实施的影响，本书将构成各维度的具体变量进行简化。校外培训治理环境各构成维度与构成条目的统计学关系使用列表进行展示。各维度与构成条目间的因子载荷值，如表 22 所示。

表 22　校外培训协同治理路径实施环境各维度与构成条目的因子载荷值

维度	构成条目（因子载荷值）
GM	gm_1（0.11）、gm_2（0.13）、gm_3（0.18）、gm_4（0.16）、gm_6（0.15）、gm_7（0.11）、gm_8（0.16）、gm_9（0.09）、gm_{10}（0.16）、gm_{11}（0.23）、gm_{12}（0.12）、gm_{13}（0.14）、gm_{14}（0.08）、gm_{15}（0.10）
GV	gv_2（0.13）、gv_4（0.12）、gv_5（0.21）
GS	gs_1（0.19）、gs_2（0.11）、gs_3（0.18）、gs_5（0.22）、gs_8（0.19）、gs_9（0.16）、gs_{10}（0.12）、gs_{11}（0.20）、gs_{12}（0.18）
GR	gr_1（0.14）、gr_4（0.19）、gr_5（0.17）
GC	gc_1（0.13）、gc_2（0.19）、gc_3（0.10）、gc_4（0.14）、gc_5（0.21）、gc_6（0.13）、gc_7（0.23）

注：各维度构成条目的因子载荷值均显著（$p<0.05$）；括号内为校外培训治理环境各维度与构成条目间的因子载荷值。

校外培训治理环境与校外培训协同治理路径实施呈显著正相关关系，即校外培训治理环境得分越高，各主体对校外培训协同治理路径实施的支持度越高。协同治理环境对校外培训协同治理路径实施的影响系数达到 0.43。一是表明协同治理环境对校外培训协同治理影响较大，是校外培训协同治理路径顺利实施的关键；二是表明本书所构建协同治理环境题项对校外培训协同治理路径实施具有较好的揭示。该部分从反映出本研究治理心态、治理愿景、治理体系、治理责任和治理能力五个维度对校外培训协同治理路径实施的重要性及题目设置的科学性进行分析。

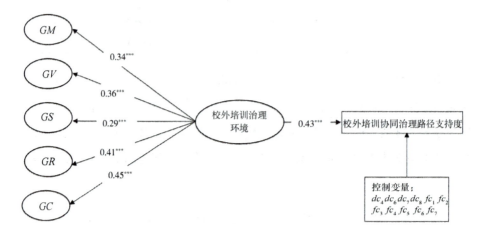

图 16 治理环境影响校外培训协同治理路径支持度的结构方程模型

注:***p<0.001;GM、GV、GS、GR 和 GC 分别表示治理心态、治理愿景、治理体系、治理责任和治理能力。

综上所述,校外培训治理政策和协同治理路径优化时,应在注重治理环境的基础上,从治理心态、治理愿景、治理体系、治理责任和治理能力等方面,完善校外培训治理措施,提升校外培训治理的满意度。

五、结论与讨论

本部分对校外培训协同治理路径实施的得分与影响因素进行分析,比较系统的评估了校外培训协同治理路径的实施环境。为更好地揭示校外培训协同治理路径实施的影响要素,研究从家庭资本、校外培训治理环境与校外培训协同治理路径实施的关系,总结和梳理出如下结论,并进行相应的讨论。

一是家庭资本与校外培训协同治理路径实施呈显著正相关关系。假设 3 成立。家庭资本均与校外培训协同治理路径呈显著正相关关系。"我觉得家庭条件好的参与者,支持校外培训协同治理的可能性会更大,他们对校外培训的需求本身就很大,各方面的投入也比较多。"(受访行业协会工作人员 V4)校外培训协同治理路径是一种区别于校外培训单一主体治理路径,强调多元主体参与、多元联动、注重协同的新路径。校外培训协同治理路径作用的发挥需要各参与治理的主体，对校外培训协同治理路径有清晰的了解。校外培训协同治理路径以构建治理责任联盟为抓手，推动校外培训治理的各项措施。校外培训治理责任联盟主体的选取，应着重考虑其家庭资本情况。政府作为主导主体应依据家庭的具体情况，选取适合校外培训协同治理路径实施的主体。同时，校外培训协同治理主体的选取也要结合影响协同治理路径的其他因素，避免治理联盟参与主体的选择过分强调家庭资本，产生因校外培训协同治理主体选择不规范而导致的新的教育不公平问题。

二是校外培训治理环境是影响校外培训协同治理路径实施的重要因素，两者呈现显著正相关关系。假设4成立。校外培训治理环境与校外培训协同治理路径的实施有着较高的相关性。这表明，校外培训治理环境的优劣是影响校外培训协同治理路径实施的主要因素。上述启示我们实施校外培训协同治理路径时，首先，要依据科学的评估量表对本地区校外培训治理的环境进行评估。归纳本地区校外培训协同治理路径实施环境的特征，寻找协同治理环境的短板，并根据短板制定优化的政策措施；其次，注重制定校外协同治理路径的实施细则。校外培训协同治理路径作用的发挥，在于搭建的治理联盟的适切性、科学性和公平性。"我比较关注在校外培训协同治理中如何更好地保障各主体的权益，尤其是如何能够让大家一起公平地参与这件事情。"（受访学校管理者F10）治理联盟搭建的前提是对本地校外培训治理环境的科学评估。只有在科学评估基础上，补齐校外培训治理环境的短板，才能更好地选取适合治理联盟的主体，发挥出校外培训协同治理路径的作用。

三是治理心态、治理愿景、治理体系、治理责任和治理能力，均对校外培训协同治理路径实施有显著正相关关系。假设5、假设6、假设7、假设8和假设9均成立。校外培训治理环境是校外培训协同治理的主要影响因素。校外培训治理环境评估的科学性，决定能否有效发现和总结出校外培训协同治理路径的实施困境。本书校外培训治理环境的评估，主要聚焦于治理心态、治理愿景、治理体系、治理责任和治理能力五个维度，形成校外培训治理环境评估的完整体系。校外培训治理环境的评估，应注重分析各主体在治理心态、治理愿景等维度的得分现状，总结不同维度的得分短板。只有对治理心态、治理愿景、治理体系、治理责任和治理能力五个维度进行科学的分析，才能更好地评估校外培训治理环境，为校外培训协同治理路径的实施营造良好的环境。"优化目前的治理环境应是校外培训治理的首要工作，只有把现在的环境优化好了，才能更好地联合其他主体，也才能更好地实施你所提出的协同治理。所以对于优化环境的问题我觉得很是有必要。"（受访政府工作人员 G10）

四是家庭不同资本对校外培训协同治理路径实施的影响有所差异。家庭经济资本、家庭文化资本和家庭政治资本均对校外培训协同治理路径实施有显著相关性，家庭政治资本对校外培训协同治理路径实施的影响不显著。这表明，参与校外培训协同治理路径治理联盟的主体选择，应更多考虑其家庭的经济情况、学历情况和从事的职业。对于主体的政治身份等应作为参考因素，而不能因为该主体是党员或公务员，就认为其能够更好地理解协同治理，具有更好的能力去执行协同治理。因此，作为一种校外培训治理的新方式，治理联盟主体的选取应更加理性，既要选取涵盖不同家庭资本的主体，又要防止主观经验的影响。这样才能增强校外培训治理联盟对校外培训治理路径的适切性，更好地发挥各主体在联盟中的作用和价值。"我们家的条件不太好，所以比较担心的是，这样参与治理的机会能不能轮到我们，我们是不是有机会参与其中。"（受访家长 P18）"细化治理联盟选取主体的细则，肯定是必需的，也应是要重点考虑的，只有这样才能更好地发挥新路径的作用。"（受访校外培训行业协会工作人员 V1）

五是不同城市校外培训协同治理路径实施的影响因素既相似又有差异。不同城市家庭资本对校外培训协同治理路径实施的影响分析、校外培训治理环境对校外培训协同治理路径实施的影响分析以及校外培训治理环境各维度对校外培训协同治理路径实施的影响分析，均具有相似的分析结果。这表明，本研究选取的研究对象特征相同，且校外培训治理的总体环境相近。不同城市家庭政治资本、协同治理环境及其不同维度对校外培训协同治理路径影响的程度上，均有所差异。这启示我们虽然都是参与者，但在城市建设水平、社会发展水平和经济发展水平等方面仍有所差异。上述差异化的特征是我们在构建治理联盟、评估协同治理环境、实施协同治理路径时要重点考虑的。只有充分考虑和论证差异性，才可以制定出更加符合本地校外培训治理特征的协同治理路径。

"我们跟上海相比还是有些差距的，所以还希望你们在做研究的时候还要根据不同城市的发展现状，更多地考虑下路径的适切性问题。考虑制定出的举措是否适合更多城市的需求。"（受访政府工作人员 G9）

六是因地制宜，注重治理细则的制定是发挥校外培训协同治理路径作用的重点和关键。"校外培训协同治理的理念很好，但落实起来还是有很大的困难，还需要对落实过程中的一些具体的规则进行详细的研究。"（受访政府工作人员 G12）不同家庭资本对校外培训协同治理路径实施的影响以及不同城市校外培训协同治理路径实施的影响因素均有不同。这启示我们校外培训协同治理，应树立因地制宜的理念。因地制宜在校外培训协同治理路径的研究中具有两个层面的意义。第一，校外培训协同治理路径实施环境的因地制宜。校外培训治理环境是校外培训协同治理实施的前提和关键一环，而对校外培训协同治理路径实施环境的评估是重中之重。对于如何构建适合本地区的评估量表，需要综合各方因素。本书从整体上提出了从治理心态、治理愿景、治理体系、治理责任和治理能力五个维度制定校外培训治理环境的评估量表。虽然上述维度在衡量协同治理环境的科学性和有效性已经通过统计检验和实证分析，但是没有对五个维度的权重进行说明。这需要各地区因地制宜，制定符合本地区实际的校外培训治理环境评估量表。第二，选取治理联盟参与主体要因地制宜。在经济发展、社会发展等层面具有一定的相似性，但仍具有一定的差异化。因此，不同城市在选取校外培训协同治理主体时，要坚持因地制宜的原则，选取符合本地校外培训治理路径实施的治理主体，构建更加科学和有效的治理责任联盟。

第四章　校外培训协同治理路径的
实施困境与优化策略

一、校外培训协同治理路径实施环境的困境

本部分对校外培训协同治理路径实施环境的主要困境进行总结，主要研究内容分为四个方面。一是校外培训治理现状对校外培训协同治理路径实施的阻碍。该部分内容主要是根据校外培训治理的现状，归纳校外培训协同治理路径的实施困境。二是校外培训协同治理路径实施评估对校外培训协同治理路径实施的阻碍。该部分内容主要是根据校外培训协同治理路径评估的得分现状，总结校外培训协同治理路径的实施困境。三是不同校外培训协同治理路径实施的阻碍。该部分内容主要是根据不同城市校外培训治理现状及校外培训协同治理路径实施环境的得分现状，总结不同城市校外培训协同治理路径的实施困境。四是家庭资本差异对校外培训协同治理路径实施的阻碍。该部分内容主要是依据家庭资本对校外培训治理及校外培训协同治理路径实施影响的分析，归纳家庭资本对校外协同治理路径的实施困境。

（一）校外培训治理现状对校外培训协同治理路径实施的阻碍

本书对校外培训治理现状进行全面和系统的分析，既包含对治理满意度和治理期待的分析，也包含对治理政策文本的内容分析及校外培训机构发展现状的分析。本部分从校外培训获得、校外培训治理举措的问题、校外培训治理的满意度及治理信心等方面，总结校外培训协同治理路径的实施困境。

1. 校外培训的"根深蒂固"，阻碍协同治理路径实施的思维创新

各主体对校外培训有着较高的依赖性。校外培训的高参与成为一种普遍的教育和社会现象。"我们班的同学好像都在参与辅导班，感觉跟上学一样，去补习的安排比较时常和规律。"（受访学生S13）校外培训的"根深蒂固"，主要表现在发展历时长、参与规模大、参与程度深等方面，且这些特征对校外培训协同治理路径的实施带来阻碍。我国校外培训产生于20世纪50年代至80年代，发展于20世纪90年代至21世纪初，快速发展于21世纪后。[①]校外培训的参与率处在较高的水平，成为发展中的普遍社会和教育现象。近年来，校外培训所覆盖的内容越发广泛，除了语、数、外等学科知识培训外，还包含美术、音乐、舞蹈等兴趣培训。校外培训的课程设置随着国家教育发展和改革的新趋势，还诞生了科学素养、思维开发、体育特长、劳动技能等辅导内容。校外培训内容的广泛性、全面性和丰富性，结合校外培训的高支出，反映出家长校外培训的高参与依赖特征。

校外培训协同治理路径的实施需要良好的外部环境，各主体的高参与和高支出，需要协同治理路径实施中着重对校外培训治理主体进行教育理念的"思想解放"。[②]首先，校外培训协同治理的目的在于优化校外培训机构的发展，更好地满足参与者的教育需求。这对校外培训提出更高的要求，进行更大力度的改革，必然会影响一部分校外培训机构的利益，产生治理的阻碍。其次，校外培训作为一个市场行为，带来参与者较高的依赖性。[③]"现在家长们对校外培训的寄托还是很大的，都希望通过补习提升孩子的教育竞争力，大家都陷在其中。"（受访家长P16）校外培训依赖性的降低需要解放各主体的"教育理念"，提升校外培训参与的"理性水平"。[④]同时，各主体校外培训的参与率和

① 杨婷，黄文贵. 当前中国校外培训机构的规范与治理 [J]. 教育学术月刊，2020（9）：27-32.

② 张玉玮. 合理与困境：我国影子教育角色矛盾与治理建议 [J]. 河北科技师范学院学报（社会科学版），2019（4）：104-108.

③ 楼世洲. "影子教育"治理的困境与教育政策的选择 [J]. 教育发展研究，2013（18）：76-79.

④ 黄慧利. "影子教育"市场的乱象与治理：基于影子教育市场主体行为的分析 [J]. 内蒙古师范大学学报（教育科学版），2018（10）：32-36.

依赖程度的降低，能够减少治理过程中来自需求方的阻碍。

2. 校外培训治理满意度不高，降低各主体协同治理的信心

各主体校外培训治理的满意度处在"一般"水平上。校外培训治理满意度不高，势必会影响社会各界和校外培训各主体对校外培训治理的信心。"新的治理路径能够考虑到我们这些主体的加入，在理念上真的很不错，但是政府自己搞都没有治理好，大家一起去做是不是也会出现这样的问题。"（受访学校管理者 F11）校外培训协同治理路径是在当前治理路径的基础上，提出由政府主导，各利益相关主体共同参与的治理新思路。鉴于校外培训前期的治理满意度较低，各主体也会对校外培训协同治理路径能否取得预期的治理成效产生怀疑。各主体对校外培训单一主体治理路径产生的治理信心不足，可能会延续到校外培训协同治理。"我还是有些担心，新路径实施后的结果与政府之前的治理结果一样，没有起到很大的作用。"（受访社区工作人员 C9）治理信心的不足对各主体参与校外培训协同治理路径的积极性，校外培训协同治理政策和措施实施的有效性等均会带来不利影响。

3. 校外培训治理主体和权责模糊，不利于治理责任联盟的搭建

目前，校外培训的管理在主体和权责上依然存在"混乱"的现象。① "现在的治理是多数事项交给我们教育部门，但是在安全保障、检查督导等这些事项还是由其他部门负责。整体下来涉及多个部门，这也给我们的治理工作带来很多不方便的地方。"（受访政府工作人员 G12）校外培训机构注册部门分布在工商、教育、民政等多个政府职能机构。对校外培训进行监管的机构涉及工商、市场管理、民政、教育等部门。这种现象容易出现校外培训治理的多头领导问题。参与校外培训治理的部门虽多，但缺乏核心领导，导致校外培训治理出现"踢皮球""推卸责任"等现象。② "相互推诿的现象确实存在吧，有些事项我们也不想接。比如退费的事情，应该是其他部门的责任，都让我们教育部门去管。我们怎么管得了，所以我们也会选择不管或者建议到其他相关部门去

---

① 朱益明，李茂菊，徐影．论校外培训机构的教育定位与治理［J］．青少年犯罪问题，2020（4）：44-52.

② 祁占勇，李清煜，王书琴．21 世纪以来我国校外培训机构治理政策的演进历程与理性选择［J］．中国教育学刊，2019（6）：37-43.

咨询。"（受访政府工作人员 G5）校外培训协同治理路径是由政府主导，多元主体共同参与的一种治理模式，政府主导部门的确定至关重要。校外培训的"多头治理"问题，不利于校外培训主导部门的确定，成为阻碍政府部门间协作交流的重要因素。本书认为，校外培训作为学校教育的补充，治理的政府主导部门应主要为教育机关。但考虑教育部门没有相应的执法权力，校外培训治理主导部门应形成以教育部门为主，工商、市场管理等协同参与为辅的方式，满足校外培训协同治理对"政府多部门"协同治理的需要。

4. 校外培训属性不明确，不利于协同治理路径实施细则的制定

校外培训的属性，目前仍没有统一的定论。校外培训具有教育和商业的双重属性。[1] 有研究论述了校外培训的教育属性，有研究详细阐述了校外培训的经济属性，也有研究提出了校外培训教育和经济的双重属性。[2] 校外培训属性的复杂性不利于校外培训协同治理政策和措施的制定。校外培训的属性归类，将影响治理者以何种理念或思维方式制定校外培训协同治理的政策和措施。若将校外培训作为一种教学行为，则在校外培训协同治理路径实施措施和细则中，将会更多地用教育治理的思路去解决校外培训的问题。若将校外培训作为一种经济行为，则应在协同治理路径实施措施和细则中更多地用经济发展和企业治理的思维去解决校外培训的问题。若将校外培训定义为一种双属性性质，就需要对校外培训中的教育行为和经济行为进行区分，更好地制定校外培训协同治理政策和措施。校外培训属性的模糊性，将影响到校外培训协同治理路径实施的有效性和适切性。"我们也很无奈，现在对校外培训是教育还是经济的属性区分，一直是模棱两可，这给我们对校外培训进行规管带来一些困扰。"（受访政府工作人员 G2）本书考虑到校外培训的复杂性和治理满意度的现状，认为校外培训应以"双属性"看待。政府应加强对校外培训教育行为和经济行为的划分，作为校外培训协同治理政策和措施制定、优化和细化的依据。

（二）校外培训协同治理路径评估结果所表现出的困境

本部分依据上文校外培训协同治理路径评估的统计分析结果，从校外培训

---

① 朱益明，李茂菊，徐影 . 论校外培训机构的教育定位与治理 ［J］. 青少年犯罪问题，
　　2020（4）：44-52.

② 孟庆蛟 . 影子教育产品的经济分析 ［D］. 济南：山东大学，2020：22-27.

协同治理路径实施环境的得分、不同主体校外培训协同治理路径实施环境的得分及校外培训协同治理路径实施的影响因素分析等多个层面归纳校外培训协同治理路径的实施困境。

1. 校外培训协同治理路径实施环境"一般"，阻碍新路径实施的整体规划

校外培训治理环境的得分为 3.36 分，处在"一般"的水平。根据上文治理环境影响校外培训协同治理路径实施的回归分析结果可知，治理环境与校外培训协同治理路径有着显著相关性。治理环境作为校外培训协同治理路径实施的前提和保障，校外培训治理环境得分不高将影响校外培训协同治理路径实施的规划。治理环境得分不高对校外培训协同治理的阻碍，大致体现在以下几个方面：一是影响校外培训协同治理责任联盟的成立，二是不利于校外培训协同治理政策和措施的体系搭建，三是影响校外培训协同治理路径实施的成效，四是不利于获得社会各界对校外培训协同治理路径实施的支持。校外培训治理环境对校外培训协同治理路径实施的阻碍，需要在进一步优化校外培训治理环境的基础上，逐个击破。"关于协同治理，我们肯定是支持的，这也是中央精神的要求。但实话实说我们对是否适合实施协同治理还是存有疑惑的。我们还需要制定更加完善的优化措施，来提升新路径实施的环境。"（受访政府工作人员 G2）

2. 不同主体校外培训协同治理路径实施环境得分的差异化，不利于协同治理命运共同体的创建

政府、学校、社区、校外培训机构、行业协会、家长等校外培训利益相关者，治理环境及不同维度的得分具有差异性。不同主体治理环境得分差异显著，反映出各主体对校外培训治理的态度差异。态度的不统一在一定程度上让各主体对具体治理政策或措施的理解不一致，从而不利于构建校外培训协同治理的命运共同体。各主体在治理环境构成维度上的差异，反映出各主体在治理心态、治理愿景、治理体系、治理责任和治理能力等方面的差异，为校外培训协同治理路径的实施带来阻碍。一是影响校外培训协同治理主体的选取。校外培训治理主体的选取主要以"优势"为标准，但是不同主体的差异化表现对主体选取的比例和标准产生影响。二是对校外培训协同治理路径实施中各主体的考核监管产生不利影响。各主体差异化的表现，表明对不同主体考核评估的标

准也应更加全面。这对校外培训协同治理路径实施的一致性和统一性带来阻碍。如何在校外培训协同治理路径实施中规避各主体的差异化，将是校外培训协同治理路径实施的关键要素。"如果可以起到好的作用，还是比较希望加入的吧，但感觉选出的家长代表不一定代表自己这个家庭环境的利益，对这些还是有些疑虑。"（受访家长 P9）

3. 不同城市校外培训协同治理路径实施环境得分的差异化，降低新路径的适切性

各研究对象在治理环境及不同维度上的得分有所差异，且不同城市校外培训协同治理路径实施的影响因素有所不同，均给校外培训协同治理路径的适切性带来影响。如何制定一个统一协同治理的路径和思路，符合更多城市校外培训治理的特征，成为校外培训协同治理路径的考验。不同城市校外培训协同治理路径评估的差异化，对校外培训协同治理路径的适切性提出更高的要求。如何提高校外培训协同治理路径的适切性，将成为校外培训协同治理路径实施中的重要困境。"不同地区经济、社会和教育发展都不同，还是挺担心新思路怎样做到满足更多城市的需求。就像我们不同社区的服务能力和质量也不一样，大家不见得都做得好。"（社区工作人员 C6）

4. 校外培训治理环境稳定性不足，阻碍新路径实施的持续性

校外培训的产生和发展经历一段较为漫长的过程，其发展壮大也是教育变革、社会经济发展等诸多因素综合作用的结果。[1] 校外培训的问题由来已久[2]，这表明校外培训的治理不是一蹴而就的，而是需要经历一段较为漫长的治理过程。因此，我们要树立持续治理的心态。校外培训协同治理作为教育治理现代化的体现，可持续性是协同治理的显著特征之一。作为教育变革、社会发展的重要阵地，加上经济发展的日新月异，校外培训治理环境的变化较快，产生治理环境稳定性不足的问题。这对校外培训协同治理构建可持续性的思路带来挑战。"关于协同治理路径的展望，我觉得应更多地考虑如何

---

① 杨婷，黄文贵. 当前中国校外培训机构的规范与治理 [J]. 教育学术月刊，2020（9）：27-32.

② 郅庭瑾，丁亚东. 中小学生家庭参与影子教育博弈的行为分析：基于动机的视角 [J]. 清华大学教育研究，2020（4）：68-74.

实现长远适用的目的，也就是你刚提到的可持续性的问题，这还是蛮重要的。"（受访行业协会工作人员 V6）如何在治理环境不稳定的情境下，保障校外培训协同治理路径的可持续性，对校外培训协同治理路径的优化提出较高的要求。

（三）不同城市校外培训协同治理路径的实施困境

本部分将聚焦三个表现出的差异对校外培训协同治理路径实施的阻碍。本部分内容主要以上文对不同城市样本在校外培训参与规模、校外培训治理满意度的影响因素、校外培训协同治理路径实施的影响因素等为基础。

本部分拟从以下四个方面分析校外培训治理中城市化差异对校外培训协同治理路径实施的影响。一是基于不同城市校外培训获得的差异，归纳出校外培训协同治理在实施意愿和治理强度方面的阻碍；二是基于不同城市校外培训治理满意度影响因素的分析，归纳校外培训协同治理路径在政策和措施制定的全面性及适切性的阻碍；三是基于不同城市中各主体参与校外培训治理的表现，归纳校外培训协同治理在主体选取和治理联盟构建细则方面带来的阻碍；四是基于不同城市校外培训治理环境的影响因素分析，归纳校外培训协同治理路径在政策或措施制定、执行及考核等环节的阻碍。

1. 各主体校外培训依赖性的差异化，不利于协同治理意愿的统一

不同城市校外培训的参与率和支出均有明显的差异。校外培训参与态度的差异，必然会影响校外培训治理态度的差异。不同城市会出现对校外培训治理意见的不统一，从而会产生校外培训协同治理中治理意愿不一致的问题。同时，不同城市居民在校外培训的选择和参与程度的差异，反映出居民对教育需求的追逐。"我觉得我参与补习的目的主要是自己的成绩不好，但我的好朋友主要是培养兴趣，我俩应该是不一样的。"（受访学生 S2）不同城市教育发展水平，尤其是优质教育资源的供给能力有所差异，居民选择校外培训意愿的强烈程度也就有所不同，因此就会产生对校外培训治理态度的差异。上述现象给校外培训协同治理路径如何在均衡不同城市治理要求的基础上，统一校外培训治理的意愿造成重要阻碍。

2. 校外培训治理满意度影响因素的差异化，降低协同治理政策的适切性

教育治理现代化的实质是治理教育现代化。① 协同治理作用的发挥，重点在于制定出适合协同理念的政策和规管措施，即法规和权责体系是协同治理完善的重点。② 协同治理是教育治理现代化的重要体现和核心理念。校外培训协同治理政策及措施的制定，需要依靠对校外培训治理满意度影响因素的了解。考虑校外培训治理满意度影响因素，制定出更加有成效的协同治理政策和措施。据不同城市校外培训治理满意度影响因素的回归分析结果可知，各城市校外培训治理满意度的影响因素大体一致，但仍具有一定的差异。如何选取核心的影响因素，作为校外培训协同治理政策和措施制定的参考和依据，成为校外培训协同治理路径实施的一大难题。好的治理理念或治理路径在于对治理对象和治理环节的细致化思考，在于校外培训协同治理路径对不同城市影响因素差异化的细致性思考。虽然对校外培训协同治理实施带来挑战，但是会增加校外培训协同治理路径的适切性，使之更加符合不同城市校外培训治理的需要。

3. 各主体校外培训治理期待的差异，影响协同治理沟通机制的畅通

沟通机制的建立是协同治理的重要体现，主体间的"相互讨论"是协同治理的重要特征。③ 只有保持良好的沟通、交流和讨论，形成完善的沟通交流机制，才能搭建更加科学、有效的协同治理路径。"我觉得协同治理加强沟通和交流，应是比较重要的，大家本来就不是专业人士也不熟悉，所以只有通过更多的交流，加强了解，才有利于治理措施的实施。"（受访学校管理者 F12）不同城市校外培训各主体对校外培训治理的期待有着显著的差异。治理期待是个体对被治理对象及未来的发展设想，具有一定的引领意义。由于不同城市校外培训发展和治理的现状均有所不同，各主体对校外培训未来发展的期待不一致。从整体的视角来看，不同城市校外培训主体治理结果的期待差异，会出现"众说纷纭"的现象，这容易在校外培训协同治理中产生分歧。同时，不同城

---

① 刘铁芳. 教育治理现代化：何种教育，如何现代化［J］. 国家教育行政学院学报，2020（1）：11-15.

② 张立荣，冷向明. 协同治理与我国公共危机管理模式创新：基于协同理论的视角［J］. 华中师范大学学报（人文社会科学版），2008（2）：11-19.

③ 杨清华. 协同治理与公民参与的逻辑同构与实现理路［J］. 北京工业大学学报（社会科学版），2011（2）：46-50，70.

市对校外培训治理结果的期待差异，也对校外培训协同治理路径实施时如何克服治理目标上的阻碍带来挑战。沟通是解决问题的主要方式，校外培训协同治理路径的实施有着沟通交流机制的设计。如何在融合不同城市校外培训治理需要的基础上，最大限度地达到各主体对校外培训治理的期待，是校外培训协同治理沟通能力的重要体现。

4. 校外培训协同治理环境的差异，增加协同治理的复杂性

不同城市校外培训治理环境得分具有一定的差异性。差异性的出现主要是因为各地教育发展和社会经济发展水平不同，即城市居民在学历、职业等背景的不同。治理环境的差异对治理措施细化的要求更高。这需要在协同治理路径实施过程中更加充分和细致地了解城市间的异同，最大限度融合不同城市对校外培训治理的需求及不同城市主体对校外培训治理的意愿和期待。这对校外培训协同治理措施制定的科学性要求更高，从而在一定程度上提升了校外培训协同治理实施的复杂性。

（四）参与主体选取对校外培训协同治理路径的实施困境

家庭资本是家庭获取校外培训资源的重要因素[①]，对校外培训参与和校外培训协同治理环境及校外培训协同治理路径均有着显著影响。已有研究显示，家庭资本与教育机会获得有着显著关联，从而对教育公平有所影响。校外培训的问题同样如此，家庭资本也对协同治理路径实施的公平性等产生影响。由于家庭资本的差异，校外培训各主体在治理环境的评估得分，也具有一定的差异性。各主体在治理环境评估上的不同倾向，也必然对校外培训协同治理路径在治理联盟构建中主体的选择、纳入主体的协调性等方面带来挑战。

本部分主要从四个方面阐述家庭资本对校外培训获得及校外培训协同治理路径影响的差异等对校外培训协同治理路径实施的阻碍。一是家庭资本在校外培训参与规模的差异，给校外培训协同治理主体的选取带来挑战；二是家庭资本在校外培训治理环境的差异，给校外培训协同治理路径评估机制带来挑战；三是家庭资本在校外培训协同治理实施的差异性，给校外培训协同治理路径的

---

① 薛海平. 家庭资本与教育获得：影子教育的视角 [J]. 教育科学研究，2017（2）：31-41，48.

公平性带来挑战；四是不同主体治理环境选择的差异性，给校外培训协同治理的协调性和有效性带来挑战。

1. 各主体家庭资本的差异，影响校外培训协同治理路径参与主体选取的公平性

校外培训协同治理路径的核心内涵在于成立校外培训治理的责任联盟，形成各主体协同参与校外培训治理的命运共同体。多元主体参与是校外培训协同治理的关键。不同资本家庭校外培训参与率有所不同，校外培训协同治理中若主体选择的科学性不充分，就容易出现选择主体因家庭资本问题出现治理能力不够或不同资本主体选取比例失衡等问题。"协同治理是一个很好的选择，但如何选择主体是面临的一个很大的困难。"（受访行业协会工作人员 V3）校外培训协同治理路径对参与主体的选取规则提出了更加细致的要求，增加了校外培训治理的难度和复杂性。

2. 家庭资本的差异，给校外培训协同治理路径的评估带来挑战

不同家庭资本主体在校外培训治理环境中的表现差异，对治理环境的评估带来挑战。各主体在治理环境的选择，反映出对目前校外培训治理现状及趋势的判断。其差异性影响校外培训协同治理对各主体治理意愿和期待的判断。这要求在对校外培训治理环境进行评估时，一是注重机制和方法上的创新，二是全面和系统地考虑各主体在治理环境中的期待。校外培训协同治理路径需要制定出更加具有适切性的评估机制，这无疑是一项复杂而艰巨的工作，从而可能影响各主体校外培训治理的信心。

3. 家庭资本的差异，影响校外培训协同治理路径实施的公平性

由上文分析可知，家庭资本对校外培训治理满意度、校外培训协同治理路径实施均有显著影响。由此可知，家庭资本将直接影响校外培训协同治理对参与主体的选取。为保障校外培训协同治理中治理联盟主体选取的公平性，政府需要通过建立体系和制度，规避家庭资本对校外培训协同治理路径主体选择的影响，以保障主体选择的公平性。公平性是校外培训治理创新发展的重要体

现①,只有在保障公平的基础上,才能更好地发挥协同治理路径的作用。校外培训协同治理路径公平性的追求体现出校外培训治理责任联盟的价值,能够更有效地发挥校外培训协同治理路径的作用。

4. 各主体校外培训协同治理期待的差异,影响校外培训协同治理路径实施的协调性

各主体在校外培训协同治理路径实施环境的得分有所差异。得分差异对校外培训协同治理责任联盟主体选取的有效性带来挑战;同时,对校外培训协同治理路径实施的协同性带来影响。校外培训协同治理相较于其他治理模式,更加强调"协同"理念。顾名思义,"协同"是对统一和协作有着高要求,即校外培训协同治理在实施中更加强调和要求参与治理主体意见达成、措施实施的协调性。然而,各主体对治理环境理解和选择的差异,极易出现意见不统一等问题。各主体对校外培训治理意见的不统一,会对校外培训协同治理实施的协调性产生不利影响。如何克服各主体因治理环境认知的差异导致的治理过程不协调,成为校外培训协同治理面临的一大挑战。

二、校外培训协同治理路径实施环境各维度的困境

本部分以校外培训治理环境各维度得分的统计分析为基础,从治理心态、治理愿景、治理体系、治理责任和治理能力五个维度总结校外培训协同治理路径的实施困境。

(一) 校外培训协同治理路径实施中治理心态的困境

治理心态是校外培训协同治理中各主体对校外培训治理的内心表达,是校外培训协同治理实施的基础。治理心态的评估包含治理满意度、治理信心、治理压力感、治理公平感、治理安全感和治理问题感六个维度。结合治理心态及构成维度的得分现状,总结校外培训协同治理路径的实施困境。

本部分主要内容分为四个方面,一是以治理心态及其构成维度,总结校外培训协同治理实施的困境;二是在考虑城市差异的前提下,总结治理心态存在

---

① 贺武华. 中小学生校外培训专项治理的"标"与"本"[J]. 社会治理,2020 (3): 79-82.

的困境；三是在考虑家庭资本差异的前提下，总结治理心态存在的困境；四是在考虑主体校外培训选择差异的前提下，总结治理心态存在的困境。

1. 校外培训协同治理路径实施环境治理心态的得分最低

治理心态是校外培训治理环境提升的首要维度。校外培训治理心态的得分为 3.36 分，排五个维度的最后一名。治理心态的较低得分，表明各主体对校外培训协同治理路径实施的信心、参与治理的安全感等均有所不足，成为校外培训治理环境中最薄弱的一环。治理安全感和治理压力感是治理心态中最薄弱的部分。治理心态的提升需要在综合分析治理心态现状的基础上，从治理安全感、治理压力感以及治理问题感入手。只有补齐了治理心态构成要素的短板，保持其优势，才能更好地提升治理心态。

2. 不同城市治理心态的得分差异，不利于校外培训治理路径实施的统一性

不同城市校外培训治理心态的得分有所差异。这表明不同城市在进行校外培训治理心态评估中，避免使用单一的视角或标准，应依照本地区校外培训治理现状及治理环境，进行综合评估，确定校外培训治理心态的权重。校外培训治理心态在不同城市间的差异性特征，反映出不同城市各主体治理心态的看法和理解的统一性不强。这可能因校外培训治理心态的理解不一，产生校外培训协同治理理念和措施实施的不统一的现象，从而直接影响校外培训治理的成效。因此，关注不同城市校外培训治理心态得分的差异，对统一校外培训协同治理路径的理解，增强各主体治理校外培训的凝聚力具有重要的意义。

3. 治理心态得分受家庭资本影响较大，影响校外培训协同治理路径实施的公平性

由上文分析可知，各主体家庭资本越好，校外培训协同治理路径实施的支持度越高。家庭资本越好的校外培训治理心态的得分越高，这对推动校外培训协同治理路径的实施有着较好的借鉴意义。校外培训作为一个普遍的教育和社会现象，不光家庭资本较好的参与比重高，家庭资本较差的家庭校外培训的参与比重也较高。① 因此，校外培训治理心态的评估、结论总结和对校外培训协

---

① 郑淑超，任涛，刘军伟. 影子教育治理长效化：困境与对策［J］. 中国教育学刊，2020（10）：58-63.

同治理路径的启示论述应辩证看待。校外培训协同治理路径评估应注重考虑从校外培训参与主体特征的视角出发，依据不同资本主体校外培训治理心态上的得分现状，制定合适的评估比例，保障校外培训治理心态评估的科学性和公平性。

4. 不同主体治理心态的得分差异，弱化了校外培训协同治理路径实施的基础

校外培训治理心态作为治理环境的重要组成部分，各主体在校外培训治理心态上的得分，在一定程度上反映出校外培训协同治理路径实施的群众基础。各主体校外培训治理心态的得分，与其他维度相比均较低。这说明各主体校外培训协同治理的心态整体处在较低的水平上。各主体较低的校外培训治理心态得分，将影响各主体参与校外培训协同治理的积极性。同时，不利于校外培训治理路径认同感的提升，从而对推进校外培训协同治理路径的措施产生诸多不利的影响。因此，提升校外培训协同治理路径实施的群众基础，应是校外培训协同治理路径优化的重要方向之一。

（二）校外培训协同治理路径实施中治理愿景的困境

治理愿景是校外培训治理环境评估的核心维度之一，它可以比较好地反映出各主体对校外培训协同治理路径实施目标的一致性、校外培训治理结果价值观的相同性、对参与校外培训治理使命感的强烈性等。本部分以治理环境的得分 3.49 分为基础，对构成治理愿景的治理目标、治理价值观和治理使命的不足进行总结。

1. 价值观得分较低，不利于各主体校外培训协同治理路径认知度的统一

治理愿景的得分及各维度得分均在总得分之上，相比较而言，治理愿景中的价值观得分最低，成为治理愿景提升的主要短板。价值观代表了对校外培训协同治理路径的认同度，其分值高低在一定程度上反映出各主体对校外培训协同治理路径的认同程度。总体而言，各主体对校外培训协同治理路径的认同度处在较好的水平上。但从治理愿景的视角来看，提升各主体校外培训协同治理的认同度是进一步提升治理愿景得分的关键。治理愿景的整体提升不应仅仅依靠价值观的培养，也要注重对目标和使命两个维度得分的提升，从而形成补齐

短板提升优势的优化策略。

2. 不同城市治理愿景的得分的差异，影响协同治理路径实施的使命感

价值观是治理愿景得分最低的维度。不同城市分析中，使命感在其中两市的得分均最低。这表明，在对治理愿景进行评估时，不能单纯从某一视角出发，而应建立综合分析的理念。结合城市特征对治理愿景进行系统和全面的分析，使命感在不同城市的差异性表现，表明各主体对使命感的理解或认同具有较大的差异。使命感的差异不利于对校外培训协同治理路径治理措施的实施，将会大大降低协同治理措施的作用，削减校外培训治理的成效。因此，在对治理愿景进行分析时，除价值观的重点培养之外，还应重视使命感在不同城市的差异，建立使命感的树立机制。

3. 不同主体治理愿景的得分差异，增加校外培训治理的复杂化

校外培训各主体治理愿景的得分差异显著。这表明，各主体对校外培训治理的愿景各有期待，反映出校外培训治理愿景的多元化和复杂性；各主体治理愿景的复杂性，反映出校外培训治理的复杂性。这启示我们：校外培训协同治理路径实施，应着重考量各主体治理愿景的需求和不足。寻找各主体治理愿景中的低得分维度，提出更加具有针对性的优化策略。这样才能更好、更有针对性地提升不同主体的治理愿景。但也要看到，各主体治理愿景的差异，增加了对不同主体治理愿景评估工作及治理环境评估的难度，对优化治理愿景的工作带来一定的挑战。

4. 不同资本家庭治理愿景的区分度较低，不利于校外培训协同治理联盟主体的选取

家庭资本作为各主体参与校外培训协同治理的重要影响因素，对校外培训协同治理路径的实施至关重要。不同家庭资本在治理愿景维度上的得分具有较高的相似性。这表明，各家庭资本好的家庭均有着比较高的治理愿景，显示出治理愿景与家庭资本间的特征与关系。校外培训协同治理是在公平的基础上，强调治理主体的多元化。多元化不仅要求除政府外的其他校外培训相关主体的参与，也要求在选取同一主体时，不同职业、学历、家庭经济条件等主体均能按照一定的比例加入校外培训治理的责任联盟。家庭资本作为各主体身份区分的重要标准，差异性的显现虽然可能一定程度上影响到治理主体选择的机制、

原则和公平，但至少可以保障对同一治理主体的阶梯式需求。在治理愿景的分析中，家庭资本对治理愿景的区分度整体不高。因此，在一定程度上将不利于从治理愿景维度的视角考量治理主体的选择。

（三）校外培训协同治理路径实施中治理体系的困境

治理体系是治理政策和治理措施实施的重要保障，治理体系的评估是对治理环境在制度建设、效率机制、民主发展等方面的系统揭示。治理体系的评估主要涵盖了治理制度化、治理民主化、治理法治化和治理的效率化。根据上文治理体系的得分现状，结合不同城市、不同主体及不同家庭资本参与者在治理体系的得分，对治理体系存在的不足及对校外培训系统治理路径实施带来的挑战和困境，进行比较全面和系统的归纳。校外培训协同治理中治理体系主要存在以下三个方面的困境。一是治理体系民主机制维度得分最低，各主体对民主沟通和交流有所担忧；二是效率提升渠道不健全，各主体对高效率参与治理工作信心不足，主要包含高质量完成治理服务的决心较弱，建立各主体服务能力培训制度势在必行以及缺乏灵活工作机制，各主体全身心投入治理工作的时间安排忧虑较大；三是自我监管和主动监督意愿不强，法治化环境有待优化。

1. 治理体系民主机制维度得分最低，各主体对校外培训协同治理路径的民主沟通和交流有所担忧

校外培训治理体系民主化评估的重点在于对校外培训治理各主体能否进行民主的沟通和交流。从得分现状来看，各主体对校外培训协同治理路径实施后，治理工作中民主沟通和交流的保障比较担忧。原因可能在于，校外培训协同治理的"主体"不再是单一的政府部门，而是加入了行业协会、社区、学校、校外培训机构、家长，且各不同主体的选取涵盖了不同职业、学历等背景的参与者。参与主体的不同背景使部分主体担心自己在治理工作中受到不民主的待遇。如政府官员、较好背景主体等话语权较大的现象，会引起校外培训协同治理参与者对治理体系中民主表达的担忧。如何实现不同主体间的民主交流，保障弱势主体的话语权，将是校外培训协同治理路径实施优化的重点。

2. 效率提升渠道不健全，各主体对高效率参与治理工作信心不足

注重效率是提升治理工作成效的重点。[1] 在上文治理体系效率维度的统计分析中，该维度的得分低于治理体系平均得分。这表明，各主体对参与校外培训协同治理后能否高效且有质量地完成治理任务或实现治理目标有所担忧，本质反映出各主体对高效率和高成效完成校外培训治理工作的信心有待进一步提升。治理体系评估中效率的体现主要在于工作时间的投入和高质量完成治理工作的信心等，而这些具体变量的得分均在平均分以下。效率作为治理体系的一大短板，主要问题在于参与校外培训治理的主体对参与治理工作后，治理时间投入和能否高质量完成服务工作的担心。因此，治理体系的构建上除了要完善校外培训协同治理的各项制度和机制建设，还需要构建参与主体的保障制度建设。如灵活的工作时间制度、治理服务能力培训体系等。只有辅以相对比较完善的辅助制度，才可以更好地解决参与校外培训协同治理主体的后顾之忧，更加全身心地投入治理工作。

3. 自我监管和主动监督意愿不强，法治化环境有待优化

由上文治理体系中法治化维度的得分统计，该维度的得分在治理体系的平均得分以下，成为治理体系优化的主要方面。法治化在治理体系中的具体表述主要包括两个层面，一是自我监管，即在校外培训协同治理工作中，能否做到自我监督管理自己，并对自身出现的过错，主动承担责任或接受处罚的意愿；二是主动监督，即校外培训协同治理的参与者能否在治理工作中做到主动监督他人。上述法治化的两个具体构成变量得分均在治理体系的平均得分之下，表明在治理体系法治化的评估中，各主体自我监管和主动监督的意愿不强烈。原因在于，参与校外培训协同治理的主体分布于不同的职业、拥有不同的学历和经历，对治理工作的理解也不尽相同，校外培训治理本身也较为复杂。因此，各参与治理的主体担心工作成效，也就对自我监管有所顾忌。同时，各主体对他人的主动监督，也会因为担心"报复"等产生顾忌。"对我来说，我觉得做好就可以了，主动去监督别人的想法可能不是那么强烈，因为你想着监督别人

---

[1] 高翔. 政府治理效率：当代中国公共管理研究中的大问题 [J]. 公共管理与政策评论，2020（1）：55-62.

可能也会带来别人去监督你。"（受访社区工作人员 7）综上所述，治理体系中法治维度的优化，各主体监督和监管意识的提升，需要完善的安全保障制度作为辅助政策。

（四）校外培训协同治理路径实施中治理责任的困境

治理责任是校外培训治理中各主体承担治理任务的责任的意识、对各主体协同工作，共同承担治理工作的责任感的评估以及对成立校外培训治理责任联盟的意愿等。治理责任可以较为全面地反映出各主体对参与校外培训协同治理的责任感、协同工作的责任感及参与者对成立治理责任联盟共同实施治理措施责任的全面评估。由上文对治理责任维度的得分评估，结合治理责任维度的影响因素，从总体责任、团体责任和个体责任三个层面，对治理责任存在的不足与问题进行归纳和总结。本部分将从以下三个方面对治理责任的不足与问题展开归纳：一是各主体的总体责任感不高，履行职责的意愿有待提升；二是个体责任意识不够强烈，校外培训治理的动力不足；三是各主体构建校外培训治理命运共同体的意愿不高，增加了治理责任联盟搭建的难度。

1. 各主体的总体责任感不高，履行职责的意愿有待提升

总体责任是治理责任评估的总体概况，它主要反映各主体对参与校外培训治理时，承担和履行职责的自我评价。总体责任的高低，可以反映出各主体参与校外培训治理的责任感。各主体的责任感将直接对校外培训协同治理责任联盟的搭建、校外培训协同治理的成效等产生影响。总体责任的得分在治理责任各维度中得分最低，成为治理责任优化的最主要短板。总体责任得分较低，表明各主体参与校外培训协同治理的责任感较弱。原因可能在于，校外培训作为一种普遍的教育和社会现象，有着较高的参与率，各主体作为校外培训的利益相关者也均是校外培训的参与者。各主体的子女均是校外培训的获得者，会产生相互间教育机会获得的竞争，且均会担忧校外培训治理对自身校外培训机会的获取产生影响。因此，由于竞争关系的存在，各主体履行治理职责的责任感就会被降低。

2. 个体责任意识不够强烈，校外培训治理的动力不足

个体责任相较于团体责任而言，注重强调的是各主体对自身参与校外培训

协同治理能否将校外培训治理作为自己分内的责任，认真履行职责的自我评估。根据上文治理责任得分的现状，个体责任的得分低于治理责任平均得分，成为治理责任评估的不足之处。个体责任感较低，表明各主体参与校外培训协同治理在治理政策和措施的执行中，可能会出现不认真、不仔细以及延误治理进程等问题。个体责任感较低的原因与总体责任相似。参与校外培训协同治理的各主体均为校外培训的参与者，在学校机会和教育资源日趋均衡的情况下，家长想要获取更多教育机会和教育资源，增强子女的教育竞争力，便只能选择加入校外培训的竞争。这样一来校外培训便成为满足各主体"额外教育需求"的救命稻草。① 各主体间便会产生对校外培训治理态度的疑问，影响自身对校外培训治理的决心，进而不利于治理责任的履行。"现在对校外培训还是抱着很大的期望的，还是想要通过校外培训获取更多的学习机会，让孩子可以更好地实现我们的教育期望，所以在真正加入到校外培训治理中，可能会有所顾忌。"（受访家长 P6）

3. 各主体构建校外培训治理命运共同体的意愿不高，增加了治理责任联盟搭建的难度

团体责任相较于总体责任而言，主要强调的是各主体对成立校外培训治理责任联盟的意识和看法。治理责任维度中团体责任得分最高，可以表明各主体对成立校外培训治理的责任联盟具有较高的支持度。同时，在一定程度上也表明治理责任联盟的成立可以较好地履行校外培训协同治理的职责。但也要看到，尽管团体责任在治理责任的得分最高，但是相较于其他维度，如治理体系的制度评估等，团体责任仍然有很大的提升空间，各主体对构建治理责任联盟的意愿仍旧不够强烈。本部分之所以过于强调治理责任联盟，是因为治理责任联盟的构建是校外培训协同治理路径实施的重中之重，是协同治理各项政策和措施实施的主要抓手。因此，对治理责任联盟搭建环境提出更多、更高的要求，也更加符合本书的研究需要和校外培训治理问题的解决。

（五）校外培训协同治理路径实施中治理能力的困境

治理能力的评估是对校外培训协同治理路径实施的可行性及能否达成预期

---

① 丁亚东，李欢欢. 家长教育政策了解度与子女教育获得：基于课外补习的中介效应分析［J］. 当代教育论坛，2021（1）：38-48.

治理结果的核心。校外培训协同治理中各参与主体只有具备相应的治理能力，才可以更好地理解校外培训协同治理的理念、政策和措施，能更好、更有效率地完成校外培训治理的各项工作，进而更有可能实现校外培训协同治理的目标。本部分依据治理能力构建的沟通交流能力、执行能力和反思能力三个层面的具体得分现状，从以下几方面归纳治理能力的问题：一是各主体执行能力评估得分较低，协同治理政策和措施的了解能力有待提升；二是各主体反思能力整体不高，问题意识缺乏；三是各主体沟通理解能力欠缺，自我个人能力评估的信心不足，参与校外培训协同治理的能力有待提升。

1. 各主体执行能力评估得分较低，协同治理政策和措施的了解能力有待提升

执行能力作为治理能力的重要一环，执行能力得分的高低，将直接影响对治理政策和措施的执行程度，进而对治理的成效和满意度产生影响。执行能力在校外培训协同治理中主要包括，各主体对协同治理政策和措施的理解和贯彻能力以及各主体能够在协同治理政策或措施执行过程中，保持与被治理对象的沟通和理解的能力，强调的是协同治理路径实施过程中对各主体治理能力的需要。由上文治理能力得分的统计分析，各主体执行能力的得分较低。一方面，各主体在协同治理政策和措施的理解及贯彻上的能力不足，有待提升；另一方面，各主体对在协同治理过程中能否与被治理者保持良好且有效沟通的信心也不足。究其原因，可能在于各主体受自身学历等因素的影响，担心自身能力不够。这反映出协同治理路径的实施需要对各主体辅以培训等配套措施的重要性。

2. 各主体反思能力整体不高，问题意识缺乏

反思是促进治理措施更加完善，实现校外培训协同治理持续发展和推进的重要动力。各主体只有具备较好的反思能力，才能不断地提升自身的治理能力，更好地实现治理的目标。各主体的反思能力得分较低，表明各主体校外培训协同治理的反思能力的自我评估不高。反思能力在校外培训协同治理中的表现为，问题意识、改正意识和展望意识，总的来说，各主体发现问题的意识不强，即能够及时发现校外培训协同治理中的问题的意识不强。改正意识有待提升，即能够对自身在协同治理中存在的问题及时进行更正。展望意识为能够为

校外培训协同治理路径实施的持续性提供建议。各主体参与协同治理的反思能力，需要从问题意识、改正意识和展望意识出发，进行系统和全面的提升。

3. 各主体沟通理解能力欠缺，自我个人能力评估的信心不足

各主体的沟通理解能力虽然得分最高，但低于总体平均分。这表明，各主体的沟通理解能力仍是比较欠缺的，也反映出各主体对自我能力评估的信心不足。沟通理解能力为治理能力的前提，只有在充分了解治理政策和措施及自我能力水平的基础上，才能更好地去执行政策和措施。上述表明，各主体对是否具有足够的能力参与校外培训协同治理的疑虑是较大的，主要原因与上文的分析相一致，主要受学历、职业等背景因素的影响，而产生的一种相对自我评估的不自信。因此，提升自我肯定，促进沟通理解能力的提升，也应成为治理能力优化的重点。

三、不同主体参与校外培训协同治理路径的实施困境

本部分以各主体为分析视角，归纳政府、行业协会、社区、学校、校外培训机构和家长参与校外培训协同治理在校外培训治理环境及治理心态、治理愿景、治理体系、治理责任和治理能力中存在的问题，为校外培训协同治理实施中参与主体的选择提供理论支持。

（一）政府参与校外培训协同治理路径的实施困境

校外培训协同治理路径的核心思想为，政府主导下各主体协同参与校外培训治理。政府作为校外培训协同治理路径实施的主导主体，对实施校外培训协同治理路径至关重要。政府参与校外培训协同治理路径实施困境的归纳，对提升政府协同治理路径参与的积极性，更好地发挥政府校外培训治理的主导作用具有重要意义。本部分根据上文政府校外培训治理环境及各维度得分的现状，归纳出如下政府参与校外培训协同治理路径的实施困境。

一是政府参与校外培训协同治理路径实施的积极性不高。"我们也有想要尝试过，也去做过，不过感觉收效不明显，所以虽然支持但不是很看好吧，这里面涉及的事情太多了，不太容易操作。"（受访政府工作人员 G10）政府校外培训治理环境的得分排在各主体的最后一名。这表明，政府作为校外培训治理

的主导者，校外培训协同治理路径实施的支持度不高。究其原因可能在于，校外培训的治理涉及教育、经济和社会发展的多个方面，同时也关联诸多相关主体。① 校外培训的治理作为一个系统和复杂的工程，政府已经通过出台大量政策对校外培训进行了治理，但整体而言效果不佳。② 校外培训治理的成效不佳加剧了政府对校外培训治理成效的担忧。因此，尽管我们提出新的校外培训治理路径，但是受之前治理结果的影响，政府对校外培训协同治理路径依然会缺乏信心，进而对校外培训协同治理路径的支持程度有所降低。

二是治理能力的担忧是政府参与校外培训协同治理路径实施的重要困境。"对和其他主体一起治理校外培训这个事情，不看好的主要原因，我觉得是其他主体没有参与社会治理，这里面很多东西他们不太了解，能力上肯定会有很多欠缺的地方。"（受访政府工作人员 G10）政府校外培训治理环境的得分中，治理能力维度的得分较低，成为优化政府参与校外培训协同治理的主要方向。政府主体对于治理能力的担忧，主要原因在于校外培训治理工作的艰巨性及其前期校外培训治理的经验。对于政府而言，本身在校外培训治理的工作中，已经感受到了治理的压力，并已经在花费一定的人力、物力和财力的前提下对校外培训进行了治理，但成效并不如意。政府作为治理的核心主体，其治理能力尤其政策治理的优势是显而易见的。因此，政府对于家长、社区工作人员等并非教育治理"正规军"的加入存有疑惑。

三是政府校外培训的治理心态有待进一步提升。政府校外培训治理心态的评估，可以反映出政府对校外培训治理的基本看法。从政府治理心态的得分来看，政府对校外培训协同治理路径可以取得的成效、实施的公平性等均有较大的顾虑。政府作为校外培训协同治理路径实施的主导者，提升其校外培训治理心态，对于优化校外培训治理的顶层设计，降低其他参与主体的顾虑和担忧都具有重要意义。

四是政府主体对治理环境的评估，表现出重"制度体系"轻"沟通协同"

---

① 张玉玮. 合理与困境：我国影子教育角色矛盾与治理建议 [J]. 河北科技师范学院学报（社会科学版），2019（4）：104-108.

② 李鑫. 基于政府治理的中小学校外培训机构问题及对策研究 [J]. 产业科技创新，2020（2）：102-103.

的特征。"我觉得咱们的政府,在应对补习这个问题上,存在那么一些过于看重行政的问题吧,和我们的沟通整体太少了。"(受访校外培训机构管理者H6)就政府主体的工作方式而言,通过制定政策或措施解决问题是其主要的问题处理方式,这一点在校外培训治理环境的评估中也有体现。政府在治理体系、治理愿景等维度得分相对较高,但在治理心态、治理能力等维度得分较低。这一现象在校外培训协同治理路径的实施中极容易出现政府话语权较大,容易让其他主体感受不到协同治理的民主性和公平性,从而不利于校外培训治理目标的实现。因此,政府应改变以往的工作理念和方式,在参与校外培训协同治理路径时,更多地使用沟通交流的方式,更好地发挥校外培训治理责任联盟的作用。

（二）行业协会参与校外培训协同治理路径的实施困境

行业协会作为政府管理校外培训的协助者,是校外培训自我管理的体现。① 行业协会在校外培训治理环境的得分表现,可以在很大程度上反映出校外培训内部自我监管的意愿和程度,以及对校外培训协同治理路径的期待情况。本部分结合行业协会在治理环境得分的现状,对行业协会参与校外培训协同治理路径实施的不足和短板进行归纳。根据上文行业协会在治理环境总得分和治理心态、治理愿景、治理体系、治理责任及治理能力的得分,本部分总结出行业协会参与校外培训协同治理路径实施的如下困境。

一是治理心态是行业协会参与校外培训协同治理路径的主要短板。行业协会作为政府校外培训治理的副手,担负着校外培训规管和治理政策实施的部分职能。校外培训的前期治理中,行业协会也是深刻感受到了校外培训治理的复杂性和艰巨性。行业协会与政府治理心态的得分具有很大的相似性,反映出行业协会对校外培训协同治理路径能否实现校外培训治理既定目标的担忧。"大家一起治理,固然是好事,但这个事情比较复杂,还是比较担心其他主体的治理经验。"(受访行业协会工作人员V5)行业协会治理心态的短板,直接影响对校外培训治理态度的坚定性,同时也会削弱校外培训治理的内部力量。从而

---

① 丁亚东. 给补习"退热":从"政府治理"到"社会治理"[J]. 中国教育学刊,2020
(3):74-80.

给校外培训协同治理路径规管政策的制定和实施带来阻碍。

二是行业协会对各主体协同能力的信心不足，影响参与校外培训协同治理的决心。校外培训协同治理对多主体的协作能力、反思能力等有较高的要求。这也是校外培训协同治理路径能否实现治理目标的关键。行业协会治理能力的低得分，反映出其在协同治理路径中对自身自我反思以及加强与其他主体协作能力评估的低信心。校外培训协同路径中每个主体都是关键的一环，行业协会在治理能力上的低得分，将不利于团队和协同治理路径的持续发展，阻碍校外培训协同治理路径实施的成效。

综上所述，本部分依据行业协会在校外培训治理环境及五个维度的得分表现，形成行业协会参与校外培训协同治理路径的实施困境分析。据此为下文行业协会更好地参与校外培训协同治理优化策略的提出提供理论基础和依据。

（三）社区参与校外培训协同治理路径的实施困境

社区作为校外培训治理的协助方，其参与治理的方式主要表现在为学生提供课外活动的场地、开展亲子活动、进行知识讲座等。社区教育功能的发挥，将在很大程度上起到缓解家庭教育压力的作用。[①] 根据上文社区校外培训治理环境的得分分析，社区的得分高于总得分。其他各维度的得分中治理心态的得分最低。这表明社区参与校外培训协同治理路径的实施困境主要来自治理心态。

社区治理心态的低分是社区参与校外培训协同治理路径实施的短板，提升社区治理心态得分，是社区校外培训治理环境优化的重点。社区治理心态的低得分，究其原因主要为社区作为家庭的集合，一直以来参与教育的实践较少，其教育功能的发挥极为有限，所以在参与校外培训治理的问题上社区参与教育治理经验的不足，会产生治理的压力感等，从而影响在治理心态上的得分。

（四）学校参与校外培训协同治理路径的实施困境

校外培训也被称为"影子教育"，其依附于学校教育而存在和发展。学校

---

① 马丽华. 公平取向的社区教育：政策影响因素和实践改进路径 [J]. 教育发展研究，2019（9）：55-62.

教育对校外培训的影响是巨大的①，学校对校外培训治理环境的评估，对促进校外培训协同治理路径的实施有着重要价值。本部分依据上文学校在校外培训治理环境评估中得分的结果优化校外培训协同治理路径。从更好地实现校外培训与学校教育协调发展的治理目的出发，归纳学校参与校外培训协同治理路径的实施困境。

一是学校校外培训治理环境的得分较低，整体提升的迫切性较大。学校校外培训治理环境的得分低于平均分，成为各主体的短板。学校校外培训治理环境的低分，对校外培训协同治理路径实施的阻碍较大。学校作为校外培训的协同方及竞争方②，学校参与校外培训协同治理的决心和信心不足，无法很好地激发学校提升教育竞争力的意志。学校教育竞争力的提升，是降低校外培训参与的重要因素。③ 因此，学校校外培训治理环境评估的低分，在一定程度上反映出学校对校外培训的容忍以及依赖，不利于校外培训治理目标的实现。

二是治理心态是学校参与校外培训协同治理的最大短板。治理心态在学校管理中的低分与政府和行业协会的原因相似。除此之外，学校治理心态的低分还包含对自身教育竞争力的不自信，以及对校外培训在教学手段、模式等方面的依赖。治理心态的低分本质上是一种不自信的表现。学校教育相对于校外培训教育而言，在课程开发、教学手段等方面确实存在一定的不足。校外培训的优势使学校对校外培训树立了"敬畏"之心，出现"鼓励学生补习"的现象。上述均是学校治理心态得分不高的主要原因。这将更加鼓励校外培训，出现"反客为主"的现象，进一步加大了校外培训治理的难度。

三是学校校外培训治理环境评估中治理能力得分较低。与上文政府和行业协会相似，学校对校外培训治理能力的担忧，主要是考虑到治理主体的多元化以及校外培训治理的复杂性及难度较大。该担忧反映的是学校对校外培训协同

① 丁亚东，范勇，薛海平. 竞争到合作：学校与影子教育机构的关系模式分析 [J]. 现代教育管理，2018（9）：45-50.
② 丁亚东. 给补习"退热"：从"政府治理"到"社会治理" [J]. 中国教育学刊，2020（3）：74-80.
③ 朱益明，李茂菊，徐影. 论校外培训机构的教育定位与治理 [J]. 青少年犯罪问题，2020（4）：44-52.

治理路径实施效果的担忧，更主要的是对自身参与校外培训治理能力的担忧。

（五）校外培训机构参与校外培训协同治理路径的实施困境

校外培训机构作为被治理的对象，通过其对校外培训治理环境评估的统计分析，可以更全面地了解校外培训机构的意见和想法。教育治理中只有在充分认识、了解和尊重被治理者的发展要求、意见等前提下，才能更好地制定出符合被治理对象发展的政策和措施，获得被治理者的支持，减少来自被治理者的阻力。① 校外培训治理主要阻力应是校外培训供给方的校外培训机构，因为其自身利益受到的影响最大。校外培训治理要获得校外培训机构的支持，就需要对校外培训机构对治理的具体要求以及在治理环境评估中的问题进行了解。只有比较全面地反映校外培训机构参与校外培训协同治理路径的实施困境，才能制定出更加适合校外培训机构的治理政策和措施，减少来自校外培训机构的治理阻力。由上文校外培训机构治理环境的得分可知，校外培训机构整体得分高于总得分，治理心态和治理体系的得分较低，这与家长的情况较为相似。校外培训机构参与校外培训协同治理的主要困境如下。

一是治理心态整体不高，提升治理心态是校外培训机构环境优化的主要方向。校外培训治理心态得分低，主要原因与家长相似，核心主要是受到校外培训治理效果不佳、治理措施简单、规治条件苛刻等因素的影响。除此之外，由于校外培训政府治理的路径，并没有对校外培训机构的意见和诉求进行比较详细的了解，校外培训机构在治理心态的满意度、问题感、公平感等方面产生顾虑，因而影响到总体的得分。

二是校外培训机构对校外培训协同治理的体系完善度有所顾虑。校外培训机构对治理体系的顾虑，主要来自政府对校外培训的前期治理方式。由于校外培训政府治理模式在治理理念、治理方式等方面，缺少民主和规范，会让校外培训机构在参与校外培训协同治理中对治理环境的民主化、制度化、法治化等产生担忧。

综上所述，校外培训机构参与校外培训协同治理路径的实施困境，主要来

---

① 王晓辉. 关于教育治理的理论构思 [J]. 北京师范大学学报（社会科学版），2007（4）：5-14.

源于对当前校外培训治理路径及成效产生的疑虑。如何消除校外培训政府治理路径留下的不利影响，是提升校外培训机构参与校外培训协同治理积极性的重点。

（六）家长参与校外培训协同治理路径的实施困境

家长是校外培训的最密切关联者，也是校外培训协同治理主体的核心。通过家长对校外培训治理环境的评估，总结家长校外培训协同治理路径的实施困境，对校外培训协同治理路径的实施具有极重要的意义。本部分通过对家长校外培训协同治理路径评估的得分，归纳家长参与校外培训协同治理路径的困境。家长校外培训治理环境的得分高于总得分。其中，得分相对较低的维度为治理心态和治理体系。据此本部分将依据家长在治理心态和治理体系的得分表现，总结家长参与校外培训协同治理路径的实施困境。

一是家长对校外培训协同治理路径实施的预期成效信心不足。家长是校外培训的主要相关者。家长在治理心态中的得分最低，主要表现为对校外培训治理现状的评价较低。由上文统计分析可知，家长对校外培训政府治理的满意度水平整体不高，导致家长治理心态的评估中，对治理满意度等维度的评价低。目前，校外培训治理结果的不显著，也会影响到家长对校外培训治理的信心。因而，会带来家长在治理信心维度的低得分。由于受家庭资本差异的影响，不同家庭资本的家长，参与校外培训治理的可能性存在差异，部分家长对校外培训协同治理路径实施产生公平性的担忧。综上所述，家长在治理心态上的得分现状，主要原因来自两个方面：第一，受校外培训现状及成效不佳的影响；第二，受家庭资本等差异的影响。家长治理心态的低分，降低了校外培训协同治理路径的可行性。提升家长治理心态得分应是校外培训协同治理路径优化的重点。

二是家长对治理体系的担忧，反映出治理环境在制度保障和民主法治方面的不足。治理体系的本质是对各主体参与校外培训协同治理在公平、民主等方面的保障。家长在治理体系上的低分，表明家长对校外培训治理环境的制度建设、民主制度、法治保障等方面的担忧。上述担忧将在一定程度上影响家长参与校外培训协同治理的积极性、决心以及信心。家长对校外培训协同治理的担忧需要在治理环境的优化中，构建更加细致且有保障的治理体系辅助制度，更好地保障各主体参与校外培训协同治理。

四、校外培训协同治理路径实施的优化策略

校外培训协同治理路径实施的优化，主要强调的是对校外培训协同治理路径实施困境的优化。重点在如何优化校外培训协同治理路径实施的环境，增加各主体参与校外培训协同治理的意愿及积极性，以及如何增强校外培训协同治理路径的适切性，使之更好地符合不同城市校外培训治理的需求。

本部分主要以上文校外培训协同治理路径的实施困境及校外培训协同治理路径实施影响因素的分析为基础，提出校外培训协同治理路径实施的优化方向和策略。本节主要内容分为四个部分。一是校外培训协同治理路径实施环境的整体优化。该部分内容主要是对校外培训协同治理路径评估中归纳的困境进行优化。二是校外培训协同治理路径实施环境各维度的优化。该部分主要内容包括对治理心态、治理愿景、治理体系、治理责任和治理能力困境的优化。相较于治理环境的整体优化而言，本部分主要强调从各维度量表的构成题项出发，形成一个更加细致的优化思路和策略。三是不同主体参与校外培训协同治理路径实施的优化。该部分主要内容包括对政府、行业协会、社区、学校、校外培训机构、家长在校外培训协同治理路径评估中存在的短板和不足进行补齐和优化。四是不同城市校外培训协同治理路径实施的优化。该部分主要内容包括对不同城市校外培训协同治理路径评估中存在的差异化特征及其产生的困境进行优化。

本节对校外培训协同治理路径实施的整体环境及不同主体和不同城市校外培训协同治理路径的实施困境进行优化。本书旨在通过改善校外培训协同治理路径实施环境，提升校外培训协同治理路径的适切性。校外培训协同治理路径的优化能够更加符合校外培训的治理需要、各主体的教育需求以及校外培训与学校教育协同发展的需求，从而更好地发挥校外培训协同治理路径的作用和价值。

（一）校外培训协同治理路径实施的整体环境优化

本节主要依据校外培训协同治理路径实施环境的困境，提出校外培训协同

治理路径实施的优化策略与思路。本部分内容主要从以下四个方面，提出校外培训优化策略和思路：一是加强校外培训治理政策宣传，解放校外培训治理的传统思维；二是政府改变校外培训治理的思维和方式，稳固其在校外培训治理的主导地位；三是明确校外培训治理的权责划分，优化校外培训治理的制度体系；四是注重校外培训治理信心的增强，提升各主体校外培训治理的积极性。

1. 加强校外培训治理政策宣传，解放校外培训治理的传统思维

制度、规范等是教育治理的核心手段和重要方式。[①] 政策和措施是制度、规范等的重要体现，政策和治理措施能否发挥良好的治理作用，除了政策和措施制定的科学性之外，被治理对象相关利益主体对该政策和措施的了解度和支持度也较为重要。"当然，群众对我们的政策了解得多了，会有一种被尊重感，同时也会更好地支持我们的工作。"（受访政府工作人员G7）良好的政策和措施认知度可以在很大程度上减少治理的阻力，从而为更好地实现教育治理的目标奠定基础。校外培训治理作为教育治理的焦点问题之一，校外培训的复杂性和普遍性，为治理工作带来了很大的难度。这意味普通的治理思维和治理路径很难达到校外培训治理的成效。本书从上文校外培训治理结果满意度的分析中得到了验证。

校外培训协同治理环境的得分不高，有待进一步优化。本书通过进一步的访谈和数据分析，得出校外培训治理成效不佳成为影响各主体参与校外培训协同治理的重要因素。校外培训治理路径虽取得了一定的成效，但治理理念和解决校外培训问题的思维仍存在一些问题，成为降低校外培训协同治理环境得分的重要因素。同时，各主体尤其是家长对校外培训的"过度需求"思想也是影响治理环境得分的关键。[②] 政府应加强校外培训治理政策宣传，提升各主体校外培训治理的信心，以及校外培训治理政策的认知度。政府、家长等主体校外培训治理理念和思维的优化，有助于优化校外培训协同治理路径实施环境。综上所述，本部分将主要从以下几点提出加强校外培训政策宣传和解放政府、家

---

① 张建. 教育治理体系的现代化：标准、困境及路径 [J]. 教育发展研究，2014（9）：27-33.

② 张墨涵. 规范校外培训机构的理论探讨与政策走向 [J]. 教育科学研究，2019（8）：17-22.

长等主体校外培训治理思想的优化方向和策略。

一是借助网络媒体的信息发布优势，建立完善的政策宣传制度。① "根据我们的调查和了解，现在很多教育的基层部门，均没有建立自己的宣传渠道。这很不利于政策的发布和推广，同时也暴露出建立政策宣传渠道的重要性和必要性。"（受访校外培训行业协会工作人员 V3）政府可以通过多种渠道加强校外培训治理政策宣传。一方面，可以重点发挥互联网在信息传递中的作用，通过微信公众号、微博平台、官方网站等途径，加大对校外培训治理政策的宣传，增强社会各界对校外培训治理的了解度；另一方面，借助学校、社区等信息发布的途径，通过专题讲座、主题海报等方式提升各主体对校外培训治理政策的认识度。"我们会在社区内组织一些活动，所以如果上级能够给些支持，我觉得我们还是很好地起到了政策宣传的作用。"（受访社区工作人员 C4）"通过家长会、家校合作群、学校微信号等，都可以对教育政策进行宣传，我们是比较乐意的，原因很简单，家长了解多了，我们的学校工作也比较好开展。"（受访学校管理者 F8）综上所述，通过"线上+线下"的双通道政策宣传机制，为提升校外培训治理政策的认知度共同发力。

二是加快推动教育治理现代化建设，进一步解放校外培训治理的理念。"在治理的思维上面，我们确实存在一些固化的现象，有些同志考虑到责任承担等问题，对一些好的治理理念和模式执行得有些不是很到位或存在一些不愿使用和接受的想法。"（受访政府工作人员 G9）教育治理现代化提出教育治理主体、路径等多元化思路，以及治理中沟通交流的重要性。② 政府作为校外培训治理的主体，要改变"行政和政策"的教育治理理念，树立沟通交流的治理思维。政府主体校外培训治理理念的优化，对提升校外培训协同治理环境有着重要意义。校外培训治理理念可通过如下举措解放：一方面，加强教育现代化建设的推进。政府通过统筹安排和完善的培训制度，提升教育治理现代化的能力。另一方面，政府应加强理论学习和新兴教育治理模式借鉴，提升治理的应

① 丁亚东，李欢欢. 家长教育政策了解度与子女教育获得：基于课外补习的中介效应分析［J］. 当代教育论坛，2021（1）：38-48.

② 孙杰远. 教育治理现代化的本质、逻辑与基本问题［J］. 复旦教育论坛，2020（1）：5-11.

变能力。只有政府治理思维转变，才能更好地带动其他主体参与校外培训治理的积极性，构建一个更高水平的校外培训协同治理责任联盟。

三是提升各主体校外培训参与的理性水平①，促进参与者教育理念的转变。"我还是觉得教育获得的越多越好，不管有没有效果反正大家都在上，我的孩子也不能落后。"（受访家长 P13）各主体校外培训的高参与，为校外培训市场的壮大提供了动力。同时也加大了各主体对校外培训的"依赖性"，影响各主体对校外培训治理的态度。各主体校外培训参与理性水平的提升，有利于降低各主体对校外培训的依赖。受传统教育思想的影响，各主体对教育获得的渴望比较强烈。尤其是在当前优质教育资源不均衡的现实下，校外培训提供的"名师班"等，增加了各主体对校外培训的"迷恋"。各主体参与校外培训理性水平的提升，可以从以下几个方面展开：一方面要通过校外培训研究成果的推送，让参与者认识到校外培训对学生成绩、身心健康等各方面的影响；另一方面要通过素质教育和教育供给的优化，逐步改变参与者的传统教育思想。②

综上所述，校外培训治理政策了解度的加强以及校外培训治理思维和思想的解放，可以在一定程度上优化校外培训协同治理路径实施的整体环境，增加各主体对校外培训治理的支持，从而为校外培训协同治理路径的实施创造更加优良的教育生态环境。

2. 政府积极创新校外培训治理的思维和方式，增强各主体校外培训治理的信心

本部分主要聚焦政府校外培训治理政策和措施存在的问题，对校外培训协同治理路径实施环境的影响。总体来说，这部分与上文解放政府教育治理思想的思路相一致，但更加侧重于政策和措施的具体执行以及治理满意度不佳产生的不利影响。本部分将从以下两点对政府校外培训治理思维和方式的优化，提出优化策略。

一是完善校外培训治理政策和措施的研制、执行和评估体系。目前，校外

---

① 闫闯. 从补习教育的盛行看应试教育的生成和治理 [J]. 湖南师范大学教育科学学报，2014（6）：15-19.

② 丁亚东，薛海平. 哪个阶层参与影子教育的收益最大：博弈论的视角 [J]. 首都师范大学学报（社会科学版），2020（1）：150-155.

培训治理政策的研制、执行和评估的主体均为政府。这让其他主体对政策制定的科学性、治理措施执行的有效性、治理结果的成效性等产生怀疑。① 为提升校外培训协同治理路径实施的环境，首先，需要在校外培训治理政策的研制环节，增加相关利益主体的参与，充分听取各方意见和建议；其次，构建校外培训治理监管共同体，形成涵盖多方的监管体系；最后，积极引进第三方评估、社会评估等模式，增加校外培训治理成效评估的可靠性。②

二是建立公开透明和常态化的校外培训治理信息公开制度。校外培训协同治理应定期将校外培训治理的进程、阶段性成果、治理措施的变更等进行归纳和总结；及时向社会公开，增加各主体对校外培训工作的认识，从而提升政府工作中公开透明的形象，稳固政府在校外培训治理中的主体地位。③

3. 明确校外培训治理的权责划分，优化校外培训治理的制度体系

由于校外培训治理的复杂性，其治理权责一直没有得到明确。校外培训治理权责的模糊性④，在一定程度上影响校外培训治理的成效。同时，治理主体不明确影响各主体参与校外培训治理的信心、积极性等。明确校外培训治理主体，完善校外培训规管制度和体系，对校外培训协同治理环境的优化有着重要的意义。校外培训治理权责的明确，应从以下两点出发。

一是明确校外培训的属性，依据校外培训属性的特征，分类制定治理政策和措施。校外培训治理权责划分不清晰和不明确的主要原因在于，对校外培训属性界定不清晰。已有校外培训属性的研究主要分为经济属性、教育属性和混合属性。校外培训因为市场的主导，带有一定的经济属性。校外培训的服务对象为学生，又带有一定的教育属性。本书认为，应对校外培训属性进行分类，对涉及财务、市场拓展、注册等方面的问题应交给税务、市场监督和工商等部门管理，课程、教学内容等应交给教育部门管理。只有将校外培训的属性特征

---

① 丁亚东，杨涛. 我国校外培训机构治理政策的特征、问题与展望：基于21个省市政策文本的分析 [J]. 教育与经济，2019（6）：87-93.

② 王素斌，朱益明. 论校外培训机构的综合治理 [J]. 基础教育，2018（2）：49-54.

③ 郅庭瑾，丁亚东. 中小学生家庭参与影子教育博弈的行为分析：基于动机的视角 [J]. 清华大学教育研究，2020（4）：68-74.

④ 马佳宏，覃菁. 基于供需偏差分析的校外培训机构治理探寻 [J]. 现代教育管理，2018（11）：39-44.

进行细化，并根据细化特征归纳，才能对校外培训进行更加细致和有效的治理和监管。

二是建立不同部门校外培训治理联席工作机制①，加强校外培训的协同治理。由上文分析可知，校外培训治理涉及教育、工商、市场监督、民政等多个政府职能部门，在具体治理工作中就需要各部门间的协同与协作。校外培训协同治理应建立联席工作机制和部门联动监管机制。在多方协同努力的治理联盟中，优化校外培训治理政策和措施的实施环境，才能更好地实现校外培训治理的目标。

4. 增强各主体校外培训治理的信心，提升各主体参与校外培训治理的积极性

信心是相信自己有能力实现自己的愿望或完成某一项事业的心理状态，是人生的重要精神支柱。② 信心是个体和团体实现目标的潜在动力，信心越强完成既定目标的可能性越大。③ 校外培训的治理也是如此，各主体校外培训治理的信心越大，实现校外培训治理目标的可能性越高。"我认为信心很重要，只要大家有信心，这个事情一定是可以解决的。"（受访家长 P12）信心作为心态的一个重要体现，各主体校外培训治理信心的增强，对优化治理环境中的治理心态有重要意义。本部分由于聚焦的是优化而非偏向具体政策建议的提出，因此在校外培训治理信心的优化上，主要强调的是治理信心的建立。治理信心的建立一般而言，包含对治理对象必要性的预见、治理路径和措施的可行性预见、治理结果的预见、治理公平和民主的预见等方面。本书将从以下几个方面对各主体校外培训治理信心的提升提出优化策略。

一是加强校外培训治理成果的解读，增强社会各界对校外培训价值的认识。该举措主要聚焦如何增强各主体校外培训治理必要性的预见。这需要帮助各主体充分认识到被治理对象的问题以及不良影响。一方面，可以借助学校和社区对校外培训的相关研究成果进行宣传和解读，让各主体充分了解校外培训

---

① 丁亚东. 价值与阻力：我国课外补习机构的发展阶段与治理路径［J］. 当代教育论坛，2019（3）：17-24.

② 汝信. 中国工人阶级大百科［M］. 北京：中国国际广播出版社，1992：892-893.

③ 宋书文. 管理心理学词典［M］. 兰州：甘肃人民出版社，1989：284.

的作用，尤其是对学生成绩提升的作用。已有研究对此并没有统一的结论，也就是说校外培训对学生成绩的提升并不确定。另一方面，深刻分析校外培训对教育公平、社会阶层流动等产生的深远性不利影响。

二是构建校外培训协同治理路径的宣传体系，加强各主体对校外培训协同治理路径的了解。校外培训协同治理是在校外培训政府治理模式下的升华，它强调的是多元参与、共治共享的理念，是教育治理现代化的重要体现。政府应加强新治理路径在理念、措施等方面优势的宣传。通过加强政策宣传让各主体充分了解新治理路径的思路，增强各主体对协同治理路径治理结果的预见性。

三是优化校外培训协同治理主体选取的评估细则，增加治理责任联盟创建的公平性和民主性。一方面，校外培训协同治理多元主体的选取，应考虑制定更加详细的实施细则，以规避家庭资本等因素对主体选择公平性的影响。另一方面，校外培训治理责任联盟的工作机制，应建立完善的民主制度。政府应将上述辅助制度，及时向社会公布，以增强各主体在治理公平和民主上的预见性。

综上所述，各主体校外培训治理信心的提升，很大程度上是对校外培训协同治理环境中治理愿景、治理体系和治理心态的优化。

（二）校外培训协同治理路径实施环境各维度的优化

本部分根据校外培训协同治理路径实施环境各维度的困境，结合各维度构成变量的得分评估结构，从治理心态、治理愿景、治理体系、治理责任和治理能力五个维度，提出校外培训协同治理路径实施环境优化的方向与策略。本部分通过各维度的优化提升校外培训协同治理路径实施环境，更好地发挥校外培训协同治理路径的价值与作用。

1. 校外培训协同治理路径实施环境中治理心态的优化

治理心态作为校外培训协同治理环境评估的重要环节，对校外培训协同治理的实施有着重要意义。根据上文对治理心态的得分可知，治理心态的得分最低，是校外培训协同治理环境优化的重点。本部分以治理心态的构成要素为基础，通过对治理心态要素的优化实现治理心态的提升。治理心态量表由治理满意度、治理信心、治理压力感、治理公平感、治理安全感和治理问题感六个维度构成。根据上文统计分析的结果，治理心态中治理满意度、治理信心、治理公平感等要素的得分相对较低，成为治理心态优化的重点。本部分将重点从治理满意度、治理信心、治理安全感和治理问题感等维度，提出治理心态优化的方向和策略。

一是建立沟通和信任交流机制，增强各主体间的相互了解和认知度。各主体治理心态中压力感的表现主要为主体间沟通的顺畅程度。校外培训协同治理，参与主体来自不同的学历、不同的职业、不同家庭经济条件等。由上文分析可知，校外培训各主体间的认同度不高，增加彼此间的信任是打开沟通大门的重要途径。信任来自肯定，这需要建立校外培训治理主体定期交流的制度，为各主体提供意见发表和建议表达的平台及途径；同时，通过定期的交流机制，增强彼此间的信任。

二是建立校外培训参与主体人员的安全保障机制，注重参与主体信息安全。校外培训市场规模大，涉及的利益也较多，校外培训的治理会在一定程度上触动或影响一部分人的利益①，这也是各主体对安全问题担忧的重要原因。因此，建立参与校外培训治理人员的信息保障机制，对提升各主体的安全感具有一定的促进作用。通过校外培训协同治理安全感的提升优化治理心态。

三是完善协同治理路径实施的问责机制，建立定期考核制度，提升校外培训协同治理的效率。各主体的问题感，主要来源于对治理措施实施中的"磨洋工"和腐败问题的担心。首先，需要建立问责机制②，对出现上述行为的现象进行问责和处罚。其次，建立常态化定期考核制度。治理责任联盟应定期对各主体进行考核，对不再符合校外培训协同治理路径实施要求的主体及时进行调整。

2. 校外培训协同治理路径实施环境中治理愿景的优化

治理愿景在校外培训协同治理路径实施环境评估中，整体表现较好，构成治理愿景量表的各维度得分均在整体得分之上。本着精益求精的原则，本部分

---

① 丁亚东，薛海平. 哪个阶层参与影子教育的收益最大：博弈论的视角 [J]. 首都师范大学学报（社会科学版），2020（1）：150-155.
② 张薇. 中国校外培训规范治理：统一的政策，多样的回应 [J]. 全球教育展望，2020（2）：62-82.

以治理愿景的得分为参考标准，与构成治理愿景的目标、价值观和使命三个因素的得分进行比较分析，寻找治理愿景优化的重点方向。通过上文治理愿景的困境分析，价值观和使命的提升应是治理愿景优化的主要方向。价值观主要表现为各主体对治理政策和措施的理解度，即各主体能否对治理政策和措施有一致的理解。使命主要为各主体对校外培训持续治理的决心和态度。综上所述，治理愿景的优化可从以下两点出发。

一是制定校外培训治理工作的定期交流制度，加强校外培训治理政策和措施的及时解读。针对参与校外培训协同治理的主体，定期召开交流会，对校外培训治理的政策和措施进行及时解读。增强各主体对校外培训治理政策和措施的理解和把控，从而增加各主体对校外培训治理政策和措施了解的一致度。

二是建立校外培训协同治理路径可持续性的发展机制，树立校外培训长期治理的理念。由上文分析可知，校外培训作为一个复杂的教育和社会现象，要让参与校外培训治理的各主体都清晰地认识到校外培训治理的艰巨性和长久性。只有各主体认识到校外培训治理的难度和长时间跨度，才会更好地树立起校外培训协同治理可持续的决心和态度。

3. 校外培训协同治理路径实施环境中治理体系的优化

依据校外培训协同治理路径评估中治理体系的得分，得出构成治理体系的民主化和效率化两个维度的得分相对较低。本部分将从上述两个维度出发，提出校外培训治理体系民主化和效率化维度优化的方向和策略。其中，治理体系民主化问题的体现，主要为各主体对参与校外培训协同治理能否表达出自己想法和建议的担忧。这需要建立健全校外培训协同治理中各主体权益的保障机制。治理体系效率化问题的体现，主要为对工作时间和提供服务质量的担忧。综上所述，提出如下优化的方向和策略。

一是建立各主体参与校外培训协同治理的权益保障机制，提升各主体参与校外培训治理的民主化感受。根据各主体对校外培训治理中民主化的担忧，应考虑建立校外培训协同治理的民主交流和表达机制。通过制度的规范，保障校外培训参与的各主体均可以较好地表达自己的意见和建议，从而提升各主体的民主化感受。

二是制定各主体参与校外培训协同治理的轮岗制度，构建灵活化和弹性化的工作时间机制。根据各主体参与校外培训协同治理的时间安排，建立灵活化和弹性化的工作时间安排制度，可以让各主体减少来自时间安排的忧虑。同时，完善的轮岗制度，能够给各主体参与校外培训协同治理工作的安排更多的主动权，也可以减少治理工作的任务量，从而更好地降低来自效率化方面的担忧。

4. 校外培训协同治理路径实施环境中治理责任的优化

治理责任主要由总体责任、团体责任和个体责任三个维度构成。根据上文对治理责任存在困境的分析，结合治理责任各维度评估的得分，本部分将主要从总体责任和个体责任两个方面提出治理责任优化的方向和策略。其中，治理责任中总体责任的问题，主要在于治理责任联盟成立后，各主体作为一个统一体能否一起履行职责的担忧。个体责任的问题，主要为各主体能否比较认真对待校外培训治理工作的担忧。

一是建立校外培训协同治理自我监管和主动监管的双向监督机制，提升各主体校外培训协同治理的责任感。该机制强调各主体都参与校外培训协同治理。首先，要加强对自我的管理，以确保自身可以在校外培训协同治理中认真履行职责；其次，要主动对其他主体进行监管，及时发现其他主体在履行职责过程中的问题，形成自我监管和他人监管的结合。双向监督机制可以较好地保障校外培训协同治理中各方都可以及时发现问题并认真履行治理职责。

二是建立校外培训协同治理主体能力提升制度，对校外培训治理主体开展有针对性的能力提升培训。各主体只有对自身参与校外培训治理能力有所肯定，才会具有更高的积极性加入校外培训的治理，更好地实现自身对校外培训治理的价值，从而会提升自身的责任感。因此，从自身责任感提升的维度对校外培训治理责任进行了优化。

5. 校外培训协同治理路径实施环境中治理能力的优化

治理能力由沟通理解能力、执行能力和反思能力构成。根据上文对校外培训治理能力存在的主要困境分析，本部分结合治理能力构成维度的得分现状，从执行能力和反思能力两个方面对校外培训协同治理环境进行优化。校外培训协同治理中执行能力的问题，主要在于各主体对能否有效和科学地执行校外培训政策和措施要具备能力的担忧。反思能力的问题，主要在于各主体对校外培训治理出现新问题的觉察能力以及持续改进能力的担忧。

各主体治理能力之所以在执行和反思能力上出现担忧，主要是因为对自身能力肯定的欠缺，即对参与校外培训治理的不自信。这与上文治理心态和治理体系出现问题的原因比较一致。治理能力的优化应从建立各主体参与校外培训协同治理能力的提升或能力培训的制度作为主要方向。通过能力的提升让校外培训治理的参与者认识到自身能力符合校外培训协同治理的要求，且能够实现校外培训治理的目标，这样才能提升各主体参与校外培训协同治理的信心以及参与校外培训协同治理的积极性。各主体参与校外培训协同治理能力的提升，将是校外培训治理环境优化的重点。

（三）不同主体参与校外培训协同治理路径实施的优化

各主体参与校外培训协同治理的期望、需求等均有一定的差异。各主体校外培训协同治理路径实施的评估得分也具有一定的差异性。由上文分析可知，家庭资本对校外培训协同治理路径实施有显著的影响。各主体参与校外培训协同治理路径实施的优化，重点在于如何降低家庭资本对各主体参与校外培训协同治理的影响。家庭资本对各主体参与校外培训治理的影响，主要在于校外培训协同治理参与主体的选择，避免产生新的教育不公平问题。因此，校外培训协同治理路径的实施要综合考虑家庭不同资本对校外培训协同治理参与权的影响。本部分将围绕家庭资本对校外培训协同治理路径实施的上述影响，提出具有针对性的优化方向和策略。

一是制定家庭不同资本主体参与校外培训协同治理的比例结构，优化校外培训协同治理人员结构合理性。家庭资本作为阶层划分的重要依据①，校外培训作为一个普遍的教育和社会现象，在社会的各个阶层均有着较高的参与率②。尽管家庭资本越好校外培训协同治理环境的得分越高且对校外培训协同治理的支持越高，但考虑到校外培训参与的普遍性应充分考虑不同家庭资本主体校外培训协同治理的比重。校外培训协同治理路径参与主体的选取要树立既

① 任春红.阶层地位再生产与家庭资本的多维构成［J］.金陵科技学院学报（社会科学版），2018（2）：45-48.
② 李佳丽，胡咏梅.谁从影子教育中获益?：兼论影子教育对教育结果均等化的影响［J］.教育与经济，2017（2）：51-61.

要保障治理环境的高水平，促进校外培训协同治理路径的实施，又要注重公平，以防止参与主体出现较高家庭资本的特征。校外培训协同参与主体的比例构成，应按照家庭资本的不同，结合家庭资本在不同主体中的影响程度制定选取比例，构建更加科学的校外培训协同治理责任联盟和命运共同体。

二是充分考虑家庭不同资本对各主体参与校外培训协同治理的影响，系统评估不同家庭资本在校外培训协同治理中的作用。由上文家庭不同资本对校外培训协同治理路径实施影响的结构方程分析可知，家庭文化资本、家庭经济资本和家庭社会资本均对校外培训协同治理路径实施有显著相关性。这表明家庭资本对校外培训协同治理路径的实施有着重要的影响。尽管如此，但并不是所有家庭资本均对校外培训协同治理路径实施的影响是显著的。这启示我们在校外培训协同治理主体的选取上不能单纯从家庭资本的总量去考虑，也要对家庭资本进行细化；同时，结合不同家庭资本对校外培训协同治理路径实施的影响，综合评估不同家庭资本主体参与校外培训协同治理联盟的构成比例，形成更加科学和协调的校外培训协同治理队伍。

（四）不同城市校外培训协同治理路径实施的优化

本部分针对不同城市校外培训协同治理路径的实施困境，从提升校外培训协同治理路径的适切性，增强校外培训治理路径的可推广性提出优化策略，可以为校外培训协同治理路径的可持续推进奠定基础。根据不同城市在校外培训协同治理环境和校外培训治理路径实施影响因素的回归分析，得出校外培训协同治理路径应是一条灵活化和动态化的治理模式。动态化校外培训治理路径的构建，需要校外培训参与主体树立长期性和可持续治理的理念、信心和决心，及制定动态化的校外培训治理主体选取机制和治理政策措施的调整制度。据此，提出如下优化方向和策略。

一是树立校外培训协同长期性治理的思路，实现校外培训协同治理可持续发展。校外培训的普遍性、复杂性和涉及领域的广泛性，表明校外培训的治理不是一蹴而就的，而是需要经历一个漫长的治理过程的。[①] 这需要参与校外培

---

① 丁亚东. 价值与阻力：我国课外补习机构的发展阶段与治理路径 [J]. 当代教育论坛，2019（3）：17-24.

训协同治理的主体明确校外培训治理的长期性和艰巨性，树立校外培训的可持续治理理念。只有树立可持续的理念，奠定校外培训动态化发展的基础，才能更好地实施校外培训动态发展的优化。

二是建立校外培训协同治理政策和措施的动态调整机制。校外培训治理的长期性和持续性，表明校外培训治理具有明显的阶段性特征。这需要定期对校外培训协同治理的现状进行总结，并对校外培训协同治理的各项治理政策和措施的适切性进行探讨与评估。根据评估结果及时对不再符合本阶段治理工作的政策和措施进行修改或完善，形成一个符合校外培训治理要求的治理政策和措施的动态化调整机制。

三是建立校外培训协同治理人员构成的动态调整机制。由于校外培训治理的阶段性以及治理政策和措施调整的动态化特征，需要对参与校外培训协同治理的主体进行适时调整，更好地符合校外培训协同治理的新形式、新特征和新问题。根据校外培训协同治理的阶段性要求，定期召开校外培训协同治理工作推进会议。结合校外培训协同治理不同阶段的新形式、新特征和新问题，对参与校外培训协同治理的人员结构进行调整，形成校外培训协同治理主体的动态化调整机制，增强校外培训协同治理路径的适切性。

五、结论与讨论

本部分以上文校外培训治理环境评估的统计分析、校外培训协同治理路径实施的影响因素分析、校外培训协同治理路径的实施困境分析为基础，对校外培训协同治理路径研究的主要结论进行总结，并结合已有研究展开相应的讨论。

本部分主要从三个方面进行主要结论的归纳与讨论。一是校外培训协同治理路径实施评估的结论。该部分内容主要以校外培训协同治理路径实施环境评估的统计分析结果为基础，归纳校外培训协同治理路径评估的主要结论，主要涉及校外培训协同治理路径实施环境及其构成维度评估的得分、校外培训协同治理路径实施影响因素的分析。二是校外培训协同治理路径实施困境的结论。该部分内容主要以校外培训协同治理路径实施困境的分析为基础。三是校外培训协同治理路径优化的主要结论。该部分内容主要在于归纳校外培训协同治理实施优化策略的主要论点。

（一）校外培训协同治理路径实施评估的结论

校外培训治理环境是校外培训协同治理路径实施的重要基础，通过对校外培训治理环境统计分析主要结论的归纳，可以较好地为校外培训协同治理路径实施的优化提供理论依据和方向。依据上文对校外培训治理环境的分析，本部分主要分为以下四个方面的内容。一是校外培训协同治理路径实施环境评估的结论，其中包含不同城市、不同主体的评估分析。二是校外培训协同治理路径实施环境各维度评估的结论。该部分总结治理心态、治理愿景、治理体系、治理责任和治理能力得分的特征。三是不同主体校外培训协同治理路径实施环境评估的统计分析结论。

1. 校外培训协同治理路径实施环境评估的结论

根据上文校外培训协同治理路径实施环境评估的统计分析及校外培训协同治理路径实施影响因素的回归分析，总结校外培训治理路径实施环境评估的主要结论。

一是校外培训治理环境处在"一般"的水平，整体符合校外培训协同治理路径实施的要求，但仍需对治理环境的整体进行优化。校外培训治理环境的总体得分为3.49分。通过对统计数据更加细致的分析，发现选择"不确定"的比重相对比较高，而"比较符合"和"非常符合"选项的比重相对不高。也就是说在3.49分的得分中，有相当大的一部分被调查者对在校外培训治理环境的评估中的态度是模棱两可的。这表明校外培训治理环境处在"一般"的水平上，整体符合校外培训协同治理路径实施的要求。考虑到校外培训治理的复杂性和持续性，本着精益求精的原则，本书认为校外培训治理环境仍需进行一定的优化，以实现治理环境从"一般"向"较好"和"非常好"发展。

二是校外培训参与者家庭资本越好，校外培训治理环境的得分越高。由上文分析可知，父母职业、父母学历、家庭经济条件等与校外培训治理环境得分，均表现出显著正相关关系。这启示我们校外培训协同治理路径实施的优化，既要充分考虑家庭资本的作用，又要防止因家庭资本的影响，产生校外培训协同治理路径实施中教育不公平问题的产生。

2. 校外培训协同治理路径实施环境各维度评估的结论

本部分根据构成校外培训治理环境的治理心态、治理愿景、治理体系、治理责任和治理能力五个维度得分的统计分析结果，总结出如下主要结论。

一是治理心态和治理能力是校外培训治理环境优化的核心。由上文对治理环境构成维度的统计分析可知治理心态的得分最低，其次为治理能力的得分。两者的低得分，究其原因主要来自校外培训治理的复杂性、校外培训治理结果的不确切性以及校外培训政府治理效果的低满意度等。因此，提升各主体治理心态和治理体系的得分是优化校外培训治理环境的核心。

二是治理愿景在校外培训治理环境的评估中得分最高。由上文分析可知，治理愿景的得分为 3.61 分，位于第一。这表明各主体在校外培训治理的问题上的看法具有较好的一致性。这为后续校外培训治理路径政策和措施的实施，以及治理责任联盟的构建都奠定了较好的基础。"我认为成立校外培训治理的责任联盟，应该会得到很多人支持，大家都想解决这个问题。"（受访学校管理者 F2）

3. 不同主体校外培训协同治理路径实施环境评估的结论

本部分从参与校外培训协同治理的各主体出发，以不同主体校外培训协同治理路径实施环境的评估结果为基础，归纳核心结论。

一是各主体校外培训协同治理路径实施环境得分有显著的差异。由上文分析可知，家长校外培训协同治理路径实施环境的得分最高，其次为校外培训机构行业协会，政府和学校校外培训协同治理路径实施环境的得分最低。因此，对政府和学校进行引导将是优化校外培训协同治理路径实施环境的关键。"协同治理实施的关键还是在政府，只有政府主导，提高积极性，才能更好地推动协同治理的各项工作。"（受访行业协会工作人员 V4）

二是治理心态成为各主体校外培训协同治理路径实施环境优化的共同短板。由上文分析可知，治理心态在各主体五个维度的得分中排名均较低，成为各主体校外培训协同治理路径实施环境优化的共同短板。

三是治理体系和治理责任成为校外培训协同治理路径实施环境优化的次核心。除治理心态之外，家长和社区校外培训协同治理路径实施环境中治理体系的得分也较低。其中，家长治理体系的得分最低，同时，政府、学校、培训机构和行业协会的治理能力得分也均较低。根据不同主体校外培训治理环境优化的核心和重点，制定适合不同主体的提升策略。这样才能更加全面地提升校外培训协同治理路径的治理成效，更好地发挥校外培训协同治理路径的作用。"加快研制协同治理的主体选取机制，应是协同治理路径实施的重要前提和关键之处。"（受访行业协会工作人员 V1）

（二）校外培训协同治理路径实施影响因素分析的结论

对校外培训协同治理路径实施的影响因素分析，为下文校外培训协同治理路径的优化提供实证基础。本部分从家庭资本对校外培训协同治理路径实施的影响分析、治理环境对校外培训协同治理路径实施的影响分析以及治理环境各维度对校外培训协同治理路径实施的影响分析三个方面对校外培训协同治理路径实施影响因素的统计分析结果，归纳核心结论。

1. 家庭资本对校外培训协同治理路径实施的影响分析结论

家庭资本对校外培训参与有着显著的影响。本书对家庭资本对校外培训协同治理路径实施的影响进行了统计分析，验证了家庭资本与校外培训协同治理路径的内在关联。根据家庭资本对校外培训协同治理路径影响的回归分析，本部分总结和归纳出如下主要结论。

一是家庭资本越好，各主体对校外培训协同治理路径实施的支持度越高。由上文分析可知，家庭资本与校外培训协同治理路径实施的支持度呈显著正相关关系。这表明家庭资本对校外培训协同治理具有显著影响。家庭资本好的主体校外培训的参与度较高。通过对校外培训治理，提升校外培训服务质量，获取更加优质的校外培训是各主体参与校外培训治理的主要期望。因此，家庭资本好的主体对校外培训协同治理路径实施的支持度也较高。

二是家庭不同资本对校外培训协同治理路径实施的影响程度不一。家庭文化资本、家庭社会资本和家庭经济资本对校外培训协同治理路径实施均有显著的影响，但家庭政治资本对校外培训协同治理路径实施影响不显著。这表明在校外培训协同治理路径的实施中参与主体的政治身份，应成为主体选择的辅助指标，而参与主体的学历、职业等应作为选择的核心指标。

2. 治理环境对校外培训协同治理路径实施的影响分析结论

本部分以校外培训治理环境为基础，根据上文校外培训治理环境对校外培训协同治理路径实施的结构方程分析结果，归纳如下主要结论。

校外培训治理环境与校外培训协同治理路径的实施具有显著相关性。"环境应该是很重要的，没有一个好的环境大家参与进来也没办法实施各项措施，"（受访家长 P10）"优化治理环境，让大家都有信心和能力参与这个事情，还是蛮重要的。"（受访社区工作人员 C3）治理环境与校外培训协同治理路径实施具有显著的正相关关系。这表明校外培训治理环境越好，越有利于校外培训协同治理路径的实施。从治理环境对校外培训协同治理路径实施影响的系数来看，治理环境与校外培训协同治理路径具有高度相关性。在一定程度上反映出，本书构建的治理环境评估量表对校外培训协同治理路径的反映具有较高的适切性，和解决本书主要研究问题上的有效性和科学性。

3. 治理环境各维度对校外培训协同治理路径实施的影响分析结论

由上文校外培训治理环境构成维度对校外培训协同治理路径实施的影响因素的结构方程分析结果可知，校外培训治理环境各构成维度均与校外培训协同治理路径有显著的相关性。本书构建的治理心态、治理愿景、治理体系、治理责任和治理能力五个维度，反映出校外培训治理环境及校外培训协同治理路径的优化。这表明，对上述五个维度的优化是可以有效推动校外培训协同治理路径实施的。在一定程度上体现了本书治理环境量表及构成子量表对解释本书核心研究问题的有效性和科学性。"我觉得这五个维度比较全面了，可以对实施的环境进行一个整体评估。"（受访行业协会工作人员 V3）

（三）校外培训协同治理路径实施困境的结论

本部分主要以上文中对校外培训治理环境的不足与问题的相关分析为基础，在此基础上进行更加细致化的思考，形成本部分的主要结论和讨论。

一是校外培训政府治理的"行政思维"是校外培训协同治理路径实施的主要束缚。"我们还是建议政府可以采取更多的交流方式，加强与我们的沟通，这样可能也会有利于其他主体的参与。"（受访校外培训机构管理者 H8）各主体参与校外培训协同治理的担忧与困境，多是源于当前校外培训治理成效不佳的影响，再加上政府作为校外培训协同治理的主导，其他主体在现有观念的影响下，会对校外培训协同治理路径的实施产生顾虑。因此，要打开各主体参与校外培训协同治理的心扉，优化治理环境，就需要政府改变校外培训治理的思维，削弱"行政思维"的影响。政府应更加注重使用沟通和交流的方式，解决校外培训治理的问题。

二是民主和公平是各主体参与校外培训协同治理路径实施的主要担忧。治理心态是校外培训治理环境优化的主要短板。这表明，校外培训协同治理中各参与主体对协同治理路径的民主和公平问题比较关注。民主和公平是各主体关注的重点。究其原因在于校外培训协同治理强调多元参与，多主体参与最容易产生民主和公平的问题，这也就成为各主体的关注焦点。"你要说不担心公平和民主的问题，肯定是假的，还是对自己能不能被公平地对待有些顾忌吧。"（受访家长 P1）

三是建立各主体治理能力培养和提升的制度体系，是各主体协同治理的潜在意愿。"我觉得能力提升的培训体系建设很有必要，也很重要。"（受访家长 P7，行业协会工作人员 V2，学校管理者 F5，校外培训机构管理者 H2）各主体在治理能力上的得分较低。这表明，各主体对自身在校外培训协同治理中沟通理解能力、执行能力和反思能力的不足，建立一定的治理能力培养体系，对优化各主体在治理能力上的得分，具有一定的促进作用。

四是校外培训治理愿景较好。校外培训协同治理路径实施环境的困境来自治理愿景的困境较少，这表明校外培训协同治理的愿景较好。各主体对校外培训协同治理的认同度较高。"关于补习治理的问题，我还是持支持的态度。"（受访政府工作人员 G10，家长 P3，社区工作人员 C1，行业协会工作人员 V4，学校管理者 F5）同时，这比较有利于校外培训治理目标的实现，推动校外培训协同治理各项措施的实施。

第五章 校外培训协同治理路径实施的政策建议

本章内容主要依据上文校外培训治理存在的问题分析及校外培训协同治理路径研究的分析，提出校外培训协同治理路径实施的政策建议。本章主要包括两部分内容，一是聚焦校外培训协同治理路径实施的政策建议；二是聚焦校外培训协同治理路径实施的展望。上文校外培训协同治理路径实施的优化主要在于提升校外培训协同治理路径实施的环境。本部分内容从更加全面的视角关注整个校外培训治理的问题。该部分政策建议主要聚焦如何解决校外培训治理存在的问题，如何提升校外培训协同治理路径实施的可行性及治理满意度。展望部分旨在为校外培训的持续治理提供更多的可行性参考。

为更好地实现校外培训治理的目标，提升校外培训治理的成效，营造校外培训与学校教育和谐发展的教育生态。在优化校外培训协同治理路径实施环境的基础上，本研究提出校外培训协同治理路径实施的政策建议。上文对校外培训协同治理路径的实施困境和优化策略进行了总结和阐述，本部分以校外培训治理的问题及校外培训协同治理研究为基础，从提升校外培训协同治理路径实施的成效、优化校外培训治理的政策措施、实现校外培训与学校教育协调发展的治理目标为出发点，提出如下政策建议：优化政策环境，制定校外培训协同治理路径实施细则；加快教育治理现代化建设，转变校外培训治理理念；推动校外培训协同治理命运共同体建设，形成治理责任联盟；注重各主体利益诉求，提升校外培训参与理性水平；遵守因地制宜原则，实施校外培训协同治理路径；树立校外培训持续治理理念，坚固治理决心与信心；促进学校教育与校外培训融合发展，优化教育生态环境；尝试校外培训公有化举措，增强政府、学校对培训治理的主导权。各政策建议具体阐释如下。

一、优化政策环境，制定校外培训协同治理路径实施细则

校外培训治理是教育治理的热点问题之一，目前校外培训治理取得了一定的成效①，但各主体对校外培训治理的满意度整体不高。校外培训治理的政策认知度处在较低的水平，这对优化校外培训治理政策，提出了新的要求。校外培训治理政策环境的优化，对校外培训协同治理有着较大的推动作用。在校外培训治理环境整体优化的基础上，制定校外培训协同治理路径实施的细则，形成校外培训治理从整体到部分的完善体系。

政策环境是校外培训协同治理路径实施的基础。优化政策环境的重点在于提升各主体对校外培训治理政策的认知度，及各主体参与校外培训的积极性，提升各主体对校外培训治理必要性的认同度。由上文分析可知，各主体对校外培训治理政策的认知度整体不高，加强各主体校外培训治理政策认知度具有很大的必要性。一是要在宣传上下功夫，加大校外培训治理政策的宣传力度。二是扩展校外培训治理政策的宣传渠道。如通过微博、电视、社区、学校等对校外培训治理政策进行宣讲。只有在加大宣传力度的基础上，借助信息媒体、网络平台等信息传播的便捷性，依托社区和学校等教育功能的发挥，构建完整的校外培训治理政策宣传体系，提升社会各界对校外培训治理政策的认知度。②

校外培训协同治理是一个复杂的工程，它涉及的范围和人员比较广泛。校外培训协同治理需要多元主体的参与，且对治理环境的要求也较高。根据上文校外培训协同治理路径实施存在的困境。校外培训协同治理路径实施的细则，应着重解决制定校外培训协同治理主体选择的科学性和公平性等问题。多元主体参与是构建校外培训治理责任联盟的重要环节，且参与校外培训治理主体选取的科学性、有效性等直接影响到校外培训协同治理路径作用的发挥，同时，对校外培训治理的成效以及校外培训协同治理的公平性产生影响。校外培训在

---

① 郑淑超，任涛，刘军伟．影子教育治理长效化：困境与对策［J］．中国教育学刊，2020（10）：58-63.

② 丁亚东，李欢欢．家长教育政策了解度与子女教育获得：基于课外补习的中介效应分析［J］．当代教育论坛，2021（1）：38-48.

参与主体的选择上要注意五点：一是注重自愿原则，在自愿的基础上选取治理主体。二是充分考虑家庭资本影响的前提下，将家庭资本进行归类，依据高中低的类别制定选取比例。三是制定校外培训参与主体能力培训的实施细则。校外培训治理是一个漫长的过程，这对治理主体的能力要求较高，各主体因能力预估问题在治理能力、治理心态等方面的得分较低，建立培训制度是提升能力的关键和重点。四是建立和实施各主体参与校外培训治理的工作条例。加强和完善对各主体参与校外培训治理的工作内容、工作时间安排、轮岗制度、奖励制度、问责和监管制度等进行明确的规定。五是建立人员信息和人身安全保障制度。注重对校外培训协同治理的主体信息进行保密，以保障各主体的人身安全。

二、加快教育治理现代化建设，转变校外培训治理理念

教育治理现代化是新时期教育发展的战略之一，为教育变革和教育治理提供了依据。针对教育现代化建设，一是加强教育现代化措施的落地，将教育现代化建设的要求在政府、学校落地生根；二是加强教育现代化实施的督导，深化教育现代化措施实施的监督制度，以保障教育现代化措施和治理理念的实施；三是建立教育现代化的建设动态机制，教育发展和变革的速度日新月异，需要对教育现代化的内涵进行调整，使之更加符合教育发展的要求。教育现代化的落实与完善，对促进教育政策和措施都有着较重要的意义，也为校外培训治理提供更加优良的环境。

共建共治共享是新时代推动社会改革和发展新格局的重要体现[1]，教育治理现代化是共建共治共享在教育领域中的具体践行，也是对教育治理的新要求。校外培训协同治理政策的优化，一是要注重校外培训政策的宣传，增强社会各界对校外培训治理政策的了解度[2]，从而让校外培训各主体充分了解政府的具体做法，获得支持和认同。二是要树立教育治理现代化的理念。政府主导

---

① 夏锦文. 共建共治共享的社会治理格局：理论构建与实践探索 [J]. 江苏社会科学，2018 (3)：53-62.

② 丁亚东，李欢欢. 家长教育政策了解度与子女教育获得：基于课外补习的中介效应分析 [J]. 当代教育论坛，2021 (1)：38-48.

部门应注重依靠国家教育发展的战略要求和导向，从教育现代化、教育规划等方向入手，制定政策和措施，增强治理政策和措施的可操作性；同时，也要加强理论学习，积极借鉴其他社会现象治理的理念优化行政思维理念，加强与校外培训各主体的沟通交流，从而为校外培训治理政策和措施的实施，提供更加优良的环境。

三、建设校外培训协同治理命运共同体，形成治理责任联盟

校外培训协同治理的一个重要特征，在于多元主体参与形成一个治理责任联盟。校外培训治理联盟的建立，是校外培训协同治理政策和措施实施的重要环节。校外培训协同治理路径旨在建设校外培训治理命运共同体，形成校外培训治理的责任联盟。[①] 治理责任联盟和治理命运共同体的形成对校外培训协同治理目标的实现，具有重要的意义。

校外培训治理责任联盟的形成，首先，需要各主体在校外培训治理的态度上达成一致。态度的达成，需要建立良好的沟通交流制度，形成各主体间的相互认同。校外培训协同治理要建立校外培训治理的工作交流制度，通过常态化的交流体系，更好地加强各主体间态度的达成。其次，强化政府在校外培训协同治理路径实施的主导作用，形成治理责任联盟建立的主要推动者。校外培训治理责任联盟的成立是一项复杂的工作，需要在政府的主导下，对校外培训治理联盟的参与者进行联合。最后，校外培训治理责任联盟作用的发挥，需要完善的工作机制，对校外培训治理责任联盟工作的顺利开展提供保障。如构建完善的工作汇报机制、轮岗制度等。

四、注重各主体利益诉求，提升校外培训参与理性水平

校外培训协同治理路径需要选取多元主体的参与，主要原因在于校外培训涉及多个主体。各主体参与校外培训的利益诉求有所不同，意味着各主体参与校外培训治理的目的也会有所差异。这需要对校外培训协同治理中各主体参与

---

① 丁亚东．给补习"退热"：从"政府治理"到"社会治理"[J]．中国教育学刊，2020（3）：74-80.

治理联盟的利益诉求进行了解，并注重对各主体利益诉求的达成。具体的可行做法为，通过问卷调查、沟通交流等方式，对各主体的具体利益诉求进行了解，并将利益诉求进行归纳和分类，更好地满足不同主体的诉求。只有在治理主体的利益诉求都得到有效满足的情况下，才能更好地参与校外培训协同治理，更加有效地实施校外培训协同治理的各项政策和措施，推动校外培训协同治理目标的实现。

校外培训的普遍性，主要在于各主体对校外培训形成的依赖。各主体在校外培训的参与上具有很大的非理性，提升各主体校外培训参与的理性水平，是降低校外培训参与率、减少校外培训治理阻力的重要方面。① 各主体校外培训参与理性的提升，一是增加家长对校外培训的了解，认清校外培训对学生成绩和兴趣专长发展的影响。政府可以借助学校、社区以及网络媒体平台等途径及时向社会推送校外培训的研究成果，增加参与者对校外培训的了解。二是减少校外培训参与的盲目跟风和攀比。在校外培训的参与上，应以家庭经济情况、子女成绩情况等选择校外培训的内容和程度。三是加快教育供给侧结构性改革，提升学校教育竞争力。② 各主体选择校外培训的重要原因在于学校教育质量不足、优质教育资源匮乏等。教育供给侧作为教育资源增加和提升的重要渠道，可以通过教育供给侧结构性改革为学校提供更多优质教育资源，从而提升学校的教育竞争力，降低在校外培训的参与率，实现从补习教育回归到学校教育。

五、遵守因地制宜原则，实施校外培训协同治理路径

校外培训协同治理路径作为校外培训政府治理路径的优化或升级，强调政府主导下多元主体参与的理念。这需要各地区树立"以政府为主导，多元主体协同参与"的理念。根据自身的教育和社会经济发展情况，对校外培训协同治理路径的实施细则进行调整和优化。校外培训协同治理路径实施的细则，应紧

① 周东洋，吴愈晓. 教育竞争和参照群体：课外补习流行现象的一个社会学解释 [J].南京师大学报（社会科学版），2018（5）：84-97.
② 王学男. "减负"与校外培训治理的可能：北京市普通高中学生课业负担的多群体调查 [J]. 上海教育科研，2019（8）：57-61.

紧围绕"因地制宜"的原则。各地校外培训协同治理路径实施的政策和措施，应充分考虑本地区校外培训现状、校外培训治理的特征、治理主体的人员构成情况、校外培训治理的成效等。这要求不同城市要以本地实际情况为基础，在协同治理理念的框架下，优化校外培训治理的实施细则，制定出更加符合本地校外培训治理要求的政策和措施。

六、树立校外培训持续治理理念，坚固治理决心与信心

校外培训作为教育和社会经济发展的产物，因其教育和经济属性的共融性，使各主体对校外培训的治理较为困难。加上学校教育的均衡发展，学生获得的学校教育机会越来越相同。为了增加教育获得，提升子女教育竞争力，校外培训便成为参与者的首选。校外培训生长的社会和教育土壤深厚，也就意味着校外培训的治理需要一个较为漫长的过程。校外培训协同路径是一个可持续的治理路径，它强调对校外培训进行阶段化的治理，并根据不同治理阶段的要求，对协同治理的政策和措施进行适时调整，以更好地满足校外培训治理的需要。校外培训虽然在一定程度上满足了部分主体的教育需求，但校外培训的不规范发展，已出现"反客为主"的趋势，对学校教育在课程设置、教师教育、学生评估等方面产生越来越大的影响。同时，家庭资本对校外培训获取的影响，带来新的教育不公平问题。[1] 校外培训对教育公平的影响，表明校外培训治理的必要性。上述也反映出校外培训治理目标实现的可能性以及校外培训治理是持久战。校外培训治理作为一场拉锯战，各主体应树立校外培训长久治理的理念，尤其是作为校外培训治理主导者的政府，更应坚定校外培训治理的决心和信心。政府应在校外培训协同治理的理念中，通过校外培训治理联盟，加强与各主体的沟通交流，形成校外培训治理的命运共同体，实现校外培训治理的目标。

七、促进学校教育与校外培训融合发展，优化教育生态环境

由上文各主体对校外培训治理的期待可知，实现学校教育与校外培训融合

---

[1] 薛海平. 家庭资本与教育获得：基于影子教育中介效应分析 [J]. 教育与经济，2018（4）：69-78.

发展，构建校内和校外协同育人的教育生态是各主体的主要期待。学校与校外培训的融合发展，并不是要将校外培训合并到学校教育中，更不是将学校教育合并到校外培训教育。学校与校外培训的融合发展应在明确校外培训和学校教育存在竞争关系的基础上①，双方取长补短，形成教育资源、师资培养、学生评价等经验和优势的共享机制。

竞争关系是学校教育与校外培训教育融合发展的重要推动力。只有存在竞争关系，才会激励对方发挥长处，为相互借鉴、发展各自优势、加强交流等提供了一个良好的平台。同时，竞争也是走向更好合作的基础。竞争关系的存在，表明学校在师资招聘和培训等有校外培训需要借鉴之处，校外培训在教育智能、教学模式等也有学校可借鉴之处，这些为双方走向合作提供了基础。目前，很多城市实施的学校购买教育服务就是一个很好的实践，但需要注意的是，要形成学校教育与校外培训教育的良性竞争，避免形成恶性竞争损害教育生态环境。

学校与校外培训的融合发展，一是要加强两者间的合作关系，不断深化合作领域和内容。当前两者的合作实践主要为学校向校外培训购买服务，如"课后三点半""智慧课堂"等。但很少出现校外培训机构向学校购买服务，当然这也与目前政府对学校发展的要求密切相关。学校对校外培训的"单相思"，政府应进一步扩大学校的办学权限，在不影响正常教学的前提下，允许学校为校外培训机构进行教学指导、师资培训等，用以加强各自优势的结合。二是建立学校和校外培训的沟通交流机制，形成常态化的互访体系。双方可以组织人员进行专题会议讨论，通过互访更加深入地了解双方的教学模式，更好地体会到双方对学生培养的优势所在。只有在充分了解优势的基础上，通过竞争机制的推动，才会让学校和校外培训更好地走向合作，共同为学生成长营造良好的校内和校外环境。

八、尝试校外培训公有化举措，增强政府校外培训治理主导权

校外培训机构教育和经济的双重属性，使之在教学内容、教学方式等方

---

① 丁亚东，范勇，薛海平. 竞争到合作：学校与影子教育机构的关系模式分析［J］. 现代教育管理，2018（9）：45-50.

面，都有着较大的灵活性和教育教学优势。同时一定程度上也增加了校外培训治理的难度和复杂性。校外培训的治理是一场持久战，不断创新校外培训治理的理念和方式，以更快更有效的方式或途径实现校外培训治理的目标是各主体对政府校外培训治理的殷切期待。校外培训和学校有着同样的服务对象和发展目标，即培养学生以及提升学生的学业成就。这给校外培训与学校教育由竞争走向合作提供了基础。

为更好地实现校外培训与学校的合作，达成校外培训治理的目的。除了施行上述中的沟通交流的专题会议，建立常态化互访体系。政府还可以尝试参与校外培训的办学，通过控制校外培训的办学权限，一是有效和有力地推动校外培训与学校的融合发展；二是可以通过权限的控制，逐渐优化校外培训存在的不足，使之更好地服务学生。

政府尝试介入校外培训办学要求政府敢于创新，积极出台相应的政策或实施办法。政府参与校外培训办学的方式，一是可以与社会资本合资办学。政府可以通过资本介入，对校外培训的教学进行指导和影响，其核心目的在于为学校和校外培训的融合发展提供思路和实践机会。二是独资办学。这部分机构主要是用来为贫困家庭学生提升校外培训服务的场所，核心目的在于建立普惠性校外培训机构，降低校外培训对教育公平的影响。

政府举办校外培训或参与校外培训办学，在国外部分国家已经有所实践。但在我国实施仍有很大的困难。政府应注重试点的方式，选取具有条件的地区作为试点，积极评估并推行该种模式对学校教育与校外培训走向融合发展的意义及校外培训协同治理目标的实现均具有较大的理论和实践价值。

第六章 结语与展望

根据上文对校外培训及校外培训协同治理路径等相关研究的分析。本章对研究的总结、研究创新、研究不足及研究展望进行全面的梳理、归纳和反思，以更加系统地反映本书的全貌。

一、研究总结

研究总结是对研究中不同部分核心内容的再现和阐释，以增强研究的可靠性、科学性、严密性和逻辑性。本书在研究内容、研究问题及研究思路的逻辑上，使用不同研究方法，对校外培训获得、校外培训治理问题的政策文本分析、校外培训治理问题的调查统计分析、校外培训协同治理路径评估、校外培训协同治理路径实施的影响因素、校外培训协同治理路径的实施困境等进行了分析。综上所述，本部分内容主要分为三个方面，一是校外培训获得分析的研究总结，二是校外培训治理问题分析的研究总结，三是校外培训协同治理路径分析的研究总结。三个层面由浅入深，循序渐进，搭建起本书的研究内容总结体系。

（一）校外培训获得分析的研究总结

上文从校外培训参与率及校外培训支出的视角，对校外培训治理成效不佳进行了解释。综合该部分内容，做出以下几个方面的总结。

各主体校外培训依赖性较高，校外培训的应试化特征成为阻碍校外培训治理成效的因素。校外培训的参与比重为45.4%，具有一定的参与规模。家长在校外培训上的年度平均支出为4.2万元，占据家庭教育总支出的比重为63.64%。根据数据分析，多数校外培训参与者认为校外培训给家庭和子女带来了较大的经济负担、学业负担和心理负担。因此，降低参与者校外培训比重、减轻参与者负担成为校外培训治理的重要因素。学术型校外培训机构比重较高，单一化的兴趣类机构总体比重较少。转变发展理念，增加学术型培训的内容，走向综合型校外培训机构成为兴趣型校外培训机构转型发展的重要路径，同时也表明校外培训的应试化特征依然较为明显。

校外培训获得具有明显的群体差异。家庭资本越好，子女校外培训参与的可能性越大。家庭凭借资本的优势，容易形成教育资源获得的特权，出现资源排斥的现象，产生校外培训领域的教育不公平。[①] 校外培训带来的教育不公平，不利于社会阶层的流动。为维护教育公平，促进社会阶层的流动，成为政府对校外培训治理的主要原因。

（二）校外培训治理问题分析的研究总结

本部分主要依据上文中对校外培训治理问题的政策分析结论，及校外培训治理问题的调查统计分析结论，做出如下比较核心的总结。

校外培训治理政策的分析，校外培训治理措施创新不够、适切性不强、缺乏协同性。校外培训治理政策的分析可知，提高校外培训准入门槛、制定校外培训管理制度等为校外培训治理的主要手段。各地治理举措较为相似，没有因地制宜构建更加具有针对性的治理措施。校外培训治理政策的制定缺乏其他主体的参与，无法融合其他主体的利益诉求，不利于校外培训协同治理责任联盟的搭建。因此，校外培训治理举措的不足，导致校外培训治理的满意度不高。

校外培训治理满意度不高。各主体对校外培训治理的满意度处在较低的水平上。这表明，当前校外培训治理的举措、成效、理念等，并没有获得校外培训相关主体的认可。校外培训治理的低满意度也反映出校外培训的治理单纯依靠政府和行政命令的方式，难以取得预定的治理成效。校外培训治理应实施多元主体共同参与的路径，形成校外培训治理的命运共同体。校外培训协同治理注重治理责任联盟的搭建，进一步优化校外培训与学校教育协调发展的教育生态。

各主体参与校外培训的程度越深，校外培训治理满意度就相对越低。校外培训的参与越深，支出越高，表明各主体对校外培训的依赖性就越大。参与程度较深的主体，对校外培训的期待和需求更为强烈。这些参与者更希望提升校外培训

---

① 薛海平. 家庭资本与教育获得：基于影子教育中介效应分析［J］. 教育与经济，2018（4）：69-78.

的质量，降低校外培训的负担。然而，校外培训治理存在各种问题，无法满足这类主体对校外培训治理的期望与需求，因而校外培训治理的满意度不高。

（三）校外培训协同治理路径评估的研究总结

校外培训治理存在治理满意度不高、治理主体单一的问题，无法满足各主体对校外培训治理的期待。本书据此提出以政府为主导、多元主体共同参与的校外培训协同治理路径。

校外培训协同治理路径实施的基础较好。校外培训协同治理路径具备实施的良好环境基础。校外培训治理主体在治理心态、治理愿景、治理体系、治理责任和治理能力等维度的得分均在 3 分以上。校外培训协同治理路径的实施困境，主要表现在治理心态有待加强等问题。从优化治理路径的角度出发，归纳各主体参与校外培训协同治理路径的实施困境。其中，治理心态、治理能力是政府主体需要优化的主要维度，治理体系和治理愿景是行业协会主体需要优化的主要维度，治理能力和治理体系是学校主体需要优化的主要维度，治理责任和治理体系是校外培训机构主体需要优化的主要维度，治理能力是家长主体需要优化的主要维度。根据校外培训协同治理路径和各主体参与校外培训协同治理的困境，提出更加细致化和精准化的优化策略，促进校外培训协同治理路径的实施。

家庭资本对校外培训协同治理路径的实施有显著影响。家庭资本与校外培训协同治理路径的显著关系，表明校外培训协同治理路径实施主体的选取不是随机的，需要依据校外培训协同治理路径实施的影响因素，制定校外培训治理主体人选的细则。只有选取符合标准的主体参与校外培训协同治理，才能更好地实现治理的目标，发挥出校外培训协同治理路径的更大价值和优势。

校外培训治理环境是校外培训协同治理路径实施的重要因素。治理环境即治理心态、治理愿景、治理体系、治理责任及治理能力五个维度对校外培训协同治理路径的实施均有显著的影响，且相关系数均处在比较高的水平上。治理环境与校外培训协同治理路径实施的显著相关，表明校外培训治理环境的优化，对校外培训协同治理路径的有序实施及作用的发挥十分重要。

二、研究创新

创新之处是研究的生命力和立足点，任何研究若缺乏创新，也就失去了研究的价值。研究的创新主要表现在理论创新、研究视角的创新、研究对象的创新、研究方法的创新、研究设计的创新等多个方面。本书根据研究创新的核心维度，尝试在理论、研究视角、研究对象、研究分析框架、研究工具等方面，论述本书的创新之处。

（一）理论创新

本书的"理论创新"主要表现为：构建"政府主导，多元主体共同参与"的校外培训协同治理路径，推进协同治理理论评估体系的建设。

创新校外培训治理路径。本书构建政府主导、多元主体共同参与的校外培训协同治理路径，有助于推动校外培训治理责任联盟的建立。本书在当前校外培训单一治理主体治理路径的基础上，提出由政府主导，行业协会、社区、学校、校外培训机构和家长共同参与的协同治理路径。因此，本书在校外培训治理新路径的构建及分析视角等方面均具有一定的创新。校外培训已有研究成果，主要包括三大层面：一是以校外培训为视角，通过数据调查归纳校外培训的现状和影响因素，梳理校外培训的发展特征①②；二是以学生学业成绩、教育获得、社会再生产等为视角，分析校外培训对学生成绩、教育获得、社会再生产等的影响③④；三是聚焦校外培训治理的研究，归纳校外培训治理的特征问题与发展路径⑤⑥。上述三个层面的研究，在研究视角中涉及校外培训的主体主要为政府、学校、家长和学生等，且分析中均是做的单独分析，并没有将校外培训涉及的主体，纳入统一的治理联盟或命运共同体。

本书在上述研究的基础上，基于校外培训协同治理路径的分析框架，将政

---

① 吴翌琳. 初中生课外补习的影响因素研究：基于 CEPS 的调查数据分析 [J]. 教育科学，2016（5）：63-73.
② 宋海生，薛海平. 初中生课外补习支出：现状、影响因素及政策启示 [J]. 当代教育论坛，2018（4）：83-92.
③ 薛海平. 课外补习、学习成绩与社会再生产 [J]. 教育与经济，2016（2）：32-43.
④ 黄小瑞，占盛丽. 家庭作业及课外补习对学生数学焦虑的影响：中国上海与芬兰的比较 [J]. 全球教育展望，2015（12）：105-115，124.
⑤ 祁占勇，于茜兰. 校外培训机构治理政策的内容分析 [J]. 现代教育管理，2019（3）：44-50.
⑥ 张薇. 中国校外培训规范治理：统一的政策，多样的回应 [J]. 全球教育展望，2020（2）：62-82.

府、行业协会、社区、学校、校外培训机构和家长纳入统一的治理联盟。① 校外培训协同治理路径不仅丰富了已有研究涉及的研究主体，同时通过协同治理路径的搭建，将不同主体纳入统一的责任联盟，共同参与校外培训的治理。校外培训协同治理路径实现校外培训治理主体由单一向多元的转变。校外培训协同治理路径能够满足校外培训各主体的利益诉求，更好地获得各主体对治理政策和措施的支持。多主体参与校外培训治理的协同路径，也符合教育治理现代化的要求。教育治理中将治理对象相关的利益主体考虑进来，才能更好地满足各方利益诉求，从而减少政策措施实施的阻力。

推进协同治理理论评估体系的建设。本书以协同治理理论为理论基础，构建校外培训协同治理路径研究的分析框架，具有很好的适切性。协同治理理论强调政府主导下的"官民合作"和"官民沟通"，通过权力赋予的形式实现"善治"。当前，协同治理理论的核心在于通过整体治理和网络治理路径的搭建，在政府主导，多元主体共同参与的情境下，实现治理的目标。它更多强调的是对治理过程的指导，但任何一种理论的发展都需要完善的评估体系，以验证该理论对治理对象的适切性。协同治理理论在国家"共治共享"治理理念的倡导下，得到学者们的关注，并广泛应用到教育治理、社会治理、政府治理等场域中。然而目前对协同治理理论的使用主要以多元主体参与的理念为基础，搭建"官民合作"或"官民协商"的治理路径，缺乏对协同治理理论适切性的思考。本书在协同治理理论的框架内，从校外培训治理的问题、校外培训治理的满意度、校外培训协同治理路径的评估及优化等逻辑框架上构建研究思路和内容。本书在研究内容和研究思路的逻辑下，从治理心态、治理愿景、治理体系、治理责任和治理能力五个维度构建校外培训协同治理路径实施的评估量表，对校外培训协同治理路径实施环境和影响因素进行分析。该部分的评估本质是对协同治理理论适切性的评估。可以以此作为借鉴，从治理心态、治理愿景、治理体系、治理责任和治理能力等方面评估协同治理理论对研究对象和研究内容的适切性。因此，本书在一定程度上推进了协同治理理论评估体系建设，对研究者选取协同治理理论、协同治理理论的适切性考量以及更好地发挥

---

① 丁亚东.给补习"退热"：从"政府治理"到"社会治理"［J］.中国教育学刊，2020（3）：74-80.

协同治理理论的科学性等均具有重要意义。

（二）视角创新

本书"丰富校外培训治理的研究对象及视角"的创新主要表现为关注校外培训协同治理问题。校外培训已有的实证研究成果中，样本选择上多是中小城市，其中涉及北京、武汉等大城市的调查分析①②，一是数据比较陈旧；二是没有形成城市间的比较分析，无法很好地总结大城市中校外培训的特征。本书根据协同治理的需要选取经济发达区域的城市为研究对象。经济发达的城市具有经济发展水平高、校外培训参与活跃、居民素养高、治理理念先进等优势，更加符合协同治理路径实施的需要。校外培训机构类型多，可以比较好地满足研究对校外培训机构类型的需要。教育治理中很多好的治理理念和改革措施，多是从开始作为试点，并逐渐向中小城市推广。作为社会改革、教育改革的前沿阵地，是新型政策、措施和改革模式的试验中心。

本书选取研究对象，一是可以满足校外培训协同治理路径对城市环境的需求；二是协同治理路径实施的经验可以依据的影响力，实现推广的可能。从而可以实现向全国范围的扩散，进而为各地校外培训协同治理提供治理经验。

（三）思路创新

本书"完善校外培训治理研究工具及研究思路"的创新主要表现为：编制校外培训协同治理路径实施评估量表，形成"理论分析—混合研究—问题总结—路径提出—优化展望"的系统性分析框架。

完善校外培训协同治理的研究工具，编制校外培训协同治理路径研究调查问卷。研究工具的创新包含研究方法和研究问卷的突破。在研究方法上，已有校外培训的研究成果主要包含两个方面。一方面是以期刊论文为主的成果。这部分的成果以实证文章和思辨文章为主。实证文章多是运用描述统计和回归分析的方式，较少有文章在内容上结合访谈等性质研究方法。思辨性文章主要以作者对已有成果和校外培训现象的理解，做出的个人阐释，研究方法上主要以文献法为主。另一方面是以学位论文为代表的研究成果。这部分成果在研究方

① 张羽，陈东，刘娟娟．小学课外补习对初中学业成绩的影响：基于北京市某初中九年追踪数据的实证研究［J］．教育发展研究，2015（Z2）：18-25．

② 彭湃，周自波．城市义务教育阶段课外补习研究：基于湖北武汉市 H 区的抽样调查［J］．中小学管理，2008（4）：22-25．

法上主要采用以实证分析为主，访谈资料分析为辅的研究方法模式。这也是目前对研究对象分析时所普遍采用的研究方法，且很多学者或研究中将其称为"混合研究方法"。本书在研究方法的选取上，也是以混合研究方法为主，以描述统计分析现状类部分的内容，以回归分析和结构方程模型分析影响因素部分的内容，再通过访谈资料的梳理对实证分析的结果加以印证。

一直以来，校外培训的研究都是教育研究的热点问题。校外培训的研究目前主要以校外培训治理为核心内容。但国内外对校外培训治理的研究缺乏统一或权威性的评估量表。本书在研究内容思路、理论基础的指导下，根据校外培训协同治理路径实施环境的需要，结合各主体的利益诉求，从治理心态、治理愿景、治理责任、治理体系和治理能力五个维度，编制了《我国校外培训协同治理路径研究调查问卷》。该问卷在项目分析、信效度检验、因子分析等方面均符合统计学的要求，可以确定为一份合格的调查问卷。调查问卷的编制为校外培训协同治理路径实施环境评估，提供了数据采取的载体，奠定了文章分析的数据来源基础。

构建更加系统的校外培训协同治理的研究思路，形成"理论分析—混合研究—问题总结—路径提出—优化展望"的系统性分析框架。研究框架是本研究有序开展的重要基础。本书以校外培训治理为研究对象，为明确研究问题、制定研究思路，本书构建起符合研究需要的系统化分析框架。理论分析是研究的前提，本书根据文献综合和理论基础的分析，为全文奠定文献基础和理论框架。综合已有研究成果，根据本研究校外培训协同治理路径实施的需要，采取混合研究方法的方式，构建了访谈、量化的方法体系。本研究针对不同研究内容和研究对象选取适切性更强的研究方法，从而更加科学地总结出校外培训治理存在的问题。校外培训治理问题的存在就需要从新的治理路径去解决，本书顺势提出了校外培训协同治理路径，以优化校外培训治理存在的问题。校外培训协同治理路径的实施需要良好的外部环境。本书通过编制的调查问卷对校外培训协同治理路径进行评估，归纳实施校外培训协同治理路径可能遇到的困境，并提出优化策略。

综上所述，本书的分析框架，在逻辑上是相互关联、环环相扣的，以"剥洋葱"的方式，循序渐进、科学有序地展开各项研究，增强本书的科学性和严密性。本书构建的系统化分析框架，可以更加清晰地反映出研究的问题，解决策略和优化方向，相较于已有研究的理论分析框架，更具科学性和适切性。

三、研究不足

任何学术研究都会受到研究环境、研究者能力、研究设计等方面的影响，存在一些不足。根据本书的研究过程，研究在研究视角、研究工具、研究对象、研究方法等方面，尚存在以下不足之处。

从研究工具来看，由于国内外对校外培训协同治理的研究成果较少，本书的调查问卷是依据研究问题和研究内容，结合已有文献和研究经验，编制而成的。本书的调查问卷通过了信效度分析、因子分析、项目分析等统计学检验，但仍缺乏实践检验。调查问卷的实施需要一定程序和检验，本书作为一个毕业论文设计，在完成对调查问卷的相关统计学检验并达到合格标准后，就投入使用符合学术研究的规范。但要作为长期研究和持续性研究，就需要对调查量表进行更长时间或更加复杂的统计学检验。这一点上本书存在一定的不足。

从研究对象来看，本书聚焦大城市和经济发达地区，缺乏对中小城市和经济欠发达地区的关注。本书以发达地区为研究对象，反映出研究的如下两个特征：一是选取经济发达的地区为研究对象。二是选取规模较大的城市。校外培训作为一个普遍的教育和社会现象，在不同地区均有着较高的参与规模。经济欠发达地区校外培训机构的规范性更差，小规模和无注册的校外培训机构及私人补习班现象相对而言可能更复杂。因此，对欠发达地区校外培训治理的研究，同样具有很大的现实意义。欠发达地区校外培训治理的研究，有助于校外培训机构服务水平的优化，也可以提升经济欠发达地区教育质量和教育服务的能力。中小城市校外培训发展的时间短、规范差，一定程度上更容易实现治理的目标。中小城市具备快速检验治理政策和措施成效的优势。另外，经济欠发达地区，也存在一些优势，这些城市校外培训治理的分析，同样具有很强的代表性，也特别值得去研究。综上所述，本书以经济发达的地区为研究对象，虽然比较符合本书的需要，但总体考虑不够全面，有待进一步完善和优化。

从研究方法来看，缺乏较为系统和完善的个案研究。本书使用了访谈和量化相结合的研究方法，可以最大限度满足研究的需要。但由于校外培训治理的复杂性，本书没有使用个案分析的方法，选取典型校外培训机构进行介绍，以更加全面地揭示需求方为什么选择校外培训、校外培训的优势和困境是什么等问题。本书系统化的研究方法体系包含访谈、量化和个案分析。而个案分析仅仅集中在个别城市校外培训治理的经验和典型做法，并没有涉及对典型校外培训机构的产生、发展和优势等进行细致化的个案分析。更加详细和有力地回应，校外培训为什么产生，发展壮大的基础和优势是什么，家长选择的原因是什么等问题。综上所述，典型校外培训机构个案分析的缺乏，成为研究在研究方法和研究内容上的一个不足。

从研究视角来看，本书虽对校外培训相关的核心主体进行了纳入。但由于校外培训的复杂性，如校外培训教师、政府其他校外培训治理的部门（工商局、市场监管局等）等，没有纳入研究的对象中。研究视角的纳入，本书尽可能地进行研究，但在校外培训的发展中，教师的角色很重要，既包括学校教师，也包括校外培训机构的教师，他们作为教学一线的工作人员对校外培训现象和校外培训治理的看法值得分析。目前，校外培训主要以教育部门为主导，同时也涉及了工商、市场监管、消防、公安、民政、发改委等十余个部门，教育部门外的其他部门同样对校外培训治理也负有治理责任，具有校外培训治理的话语权。本书根据前期调查对校外培训治理主体的选择，最终确定了政府教育部门、行业协会、学校、社区、家长等主体。这些主体基本上代表了校外培训的主要利益方，可以较好地满足研究的需要。尽管如此，仍没有比较全面地将所有相关主体纳入进来，这也会对研究的过程和主要政策建议提出的适切性产生一定的影响。

四、研究展望

研究展望是对研究不足的回应，同时也是研究持续推进和完善的重要环节。展望的提出可以从研究的长远规划上体现出研究的可持续性、价值和生命力。依据上文中的研究不足，本书拟在研究视角、研究对象、研究内容等层面提出研究展望，以凸显本书的可持续性和长期研究的价值及生命力。

（一）开展校外培训协同治理路径实施成效的反馈研究

本书的主要内容为归纳校外培训治理存在的问题，提出校外培训协同治理路径。新路径的论述，主要是对新路径的实施环境进行评估，明确校外培训协同治理路径实施的基础，从而判断校外培训协同治理路径实施的可行性及困境。新治理路径在经过实施一段时间后需要再对治理路径的效果和存在问题进行分析，这是本书后续跟进的重点。它可以更加有力地反映协同治理路径的价值。

校外培训协同治理路径实施成效和问题反思是本书后续展开的重中之重。该部分的后续研究主要包括三个部分：一是对校外培训协同治理路径实施后校外培训治理取得的成效进行归纳；二是对校外培训协同治理路径实施中存在的主要问题和路径实施后产生的其他连锁反应进行反思和总结，从而更好地完善校外培训协同治理路径；三是对校外培训协同治理路径进行动态调整。根据路径实施中存在的问题，建立动态调整体系，提升校外培训治理路径的适切性，更好地应对校外培训治理的新问题和新挑战。

（二）实施中小城市校外培训协同治理路径的研究

中小城市校外培训的规模较高，且校外培训机构发展不规范，同样面临迫切的治理需求。针对中小城市校外培训的治理问题，本书在对校外培训协同治理路径实施后的成效进行全面评估后，经过对协同治理路径实施的过程及评估量表的完善，构建更加有效的治理路径。在依据校外培训协同治理的经验，对中小城市校外培训的特征、社会和经济发展水平、社会治理和教育治理能力等方面综合考量，形成中小城市校外培训治理路径选择的研究。

中小城市的研究是本书后续研究的重要组成部分。根据研究的经验，通过制定中小城市校外培训治理的分析框架和评估工具，对中小城市校外培训的特征、治理难点等进行归纳和总结，形成中小城市校外培训治理的问题合集。根据中小城市校外培训存在的主要问题，在借鉴治理经验的基础上，制定以问题解决为核心的路径模式，以更加贴切的方式实现中小城市校外培训的治理。中小城市校外培训教学质量的提升，可以在一定程度上弥补中小城市教育资源尤其是优质教育资源的不足，提升中小城市的整体教育竞争力，缩小与大城市间的教育差距，进一步推动不同城市间教育的均衡发展。

（三）增加个案研究，传播典型经验

个案研究是深入挖掘研究对象特征、剖析事物发展现象的有力研究范式。本书对个案的分析较少，仅仅停留在对部分城市校外培训治理举措与经验的介绍上，既没有完善的个案分析体系也没有深入的挖掘分析。在进一步的研究中，本书将从两个层面加强校外培训的个案研究。一是对校外培训治理结果较好的城市进行个案介绍，深入分析该城市取得较好成效的原因和典型做法，为其他城市校外培训的治理提供更有借鉴性的治理措施；二是选取典型校外培训机构进行个案介绍，全面分析校外培训机构产生、成长和发展壮大的原因，总结典型校外培训机构的优势和做法，从而对校外培训机构进行更加深入和细致的分析，更加清晰校外培训机构的发展，也更加有利于对校外培训机构进行治理。两个层面的个案研究，一方面，加深了对校外培训机构的认识；另一方面，传播了更加有效的治理经验和措施，两者的结合可以更好地提升校外培训治理的成效，实现校外培训治理的目标。

（四）加强校外培训治理中教师意愿表达的研究

从不同的视角来看，校外培训活动主要被分为两种活动类型。一种是从经济的视角，将校外培训机构视为完全的企业性质。这种视角下，校外培训被视为一种商业活动。另一种是从校外培训的内容视角来看，它主要的服务对象是学生，输出的产品为知识、教学方式、思维开发等。这一视角下校外培训被视为一种教学活动行为。无疑作为教育学术研究，本书将校外培训视为一种教学活动行为。提起教学活动，那就需要教师的参与，所以教师对校外培训具有很强的重要性。

校外培训关联的教师主要分为两种类型，一是校外培训机构招聘的专职教师，二是学校在职教师有偿参与校外培训的兼职教师。由于校外培训参与规模的庞大，其涉及的教师数量也较多。校外培训治理中对参与教学教师的分析，可以了解教师在校外培训治理中的期待、治理意愿和利益诉求，同时也可以归纳和总结教师在校外培训中的问题，更好地提升校外培训的质量。

综上所述，对校外培训教师的关注，本书在后续研究中将注重聚焦以下几点。一是关注校外培训专职教师的师资现状、专业发展和素养提升等方面的问题和经验做法。形成反思与经验推广的双重问题分析逻辑，更好地提升校外培训的教学质量。二是了解校外培训教师的利益诉求及对校外培训教学的反思与总结。通过利益诉求的了解可以提升校外培训教师的职业幸福感，教学的反思与总结形成校外培训教学的优势和典型教学的案例，可供学校教学参考。三是对学校在职教师有偿补习行为进行访谈、数据调查和个案分析，深入了解在职教师有偿补习行为的原因、逻辑和关联要素，从而全方位对在职教师有偿补习行为进行揭示。

参考文献

一、著作类

[1] 贝磊，等．教育补习与私人教育成本［M］．杨慧娟，于洪娇，杨振军，等译．北京：北京师范大学出版社，2012．

[2] 贝磊．教育补习与私人教育成本［M］．杨慧娟，译．北京：北京师范大学出版社，2008．

[3] 边燕杰，吴晓刚，李路路．社会分层与流动：国外学者对中国研究的新进展：导言：述评与展望［M］．北京：中国人民大学出版社，2008．

[4] 陈建宏，姚宏昌．学术牛人之教战手册：在国际社科 TOP 期刊上发表论文的诀窍［M］．杭州：浙江大学出版社，2016．

[5] 陈振明．公共政策分析［M］．北京：中国人民大学出版社，2001．

[6] 陈振明．公共政策分析［M］．北京：中国人民大学出版社，2003．

[7] 郭志刚．社会统计分析方法：SPSS 软件应用［M］．北京：中国人民大学出版社，1999．

[8] 郝迟，盛广智，李勉东．汉语倒排词典［M］．哈尔滨：黑龙江人民出版社，1987．

[9] 蒋广学，朱剑．世界文化词典［M］．长沙：湖南出版社，1990．

[10] 李鑫生，蒋宝德．人类学辞典［M］．北京：华艺出版社，1990．

[11] 联合国教科文组织．全球教育监测报告 2017/8：教育问责：履行我们的承诺［M］．北京：教育科学出版社，2018．

[12] 梁志燊．中国学前教育百科全书：教育理论卷［M］．沈阳：沈阳出版社，1995．

[13] 廖盖隆，孙连成，陈有进．马克思主义百科要览：下卷［M］．北京：人民日报出版社，1993．

[14] 刘红云. 高级心理统计 [M]. 北京: 中国人民大学出版社, 2019.

[15] 刘蔚华, 陈远. 方法大辞典 [M]. 济南: 山东人民出版社, 1991.

[16] 卢之超. 马克思主义大辞典 [M]. 北京: 中国和平出版社, 1993.

[17] 陆雄文. 管理学大辞典 [M]. 上海: 上海辞书出版社, 2013.

[18] 罗国杰. 中国伦理学百科全书: 伦理学原理卷 [M]. 长春: 吉林人民出版社, 1993.

[19] 马国泉, 张品兴, 高聚成. 新时期新名词大辞典 [M]. 北京: 中国广播电视出版社, 1992.

[20] 纳扎罗夫. 社会经济统计辞典 [M]. 铁大章, 王毓贤, 方群, 等译. 北京: 中国统计出版社, 1988.

[21] 潘懋元. 高等教育研究方法 [M]. 北京: 高等教育出版社, 2008.

[22] 庞元正, 丁冬红. 当代西方社会发展理论新词典 [M]. 长春: 吉林人民出版社, 2001.

[23] 彭克宏, 马国泉. 社会科学大词典 [M]. 北京: 中国国际广播出版社, 1989.

[24] 任超奇. 新华汉语词典 [M]. 武汉: 崇文书局, 2006.

[25] 汝信. 中国工人阶级大百科 [M]. 北京: 中国国际广播出版社, 1992.

[26] 阮智富, 郭忠新. 现代汉语大词典: 下册 [M]. 上海: 上海辞书出版社, 2009.

[27] 圣吉. 第五项修炼: 学习型组织的艺术与实务 [M]. 上海: 上海三联书店, 2003.

[28] 宋书文. 管理心理学词典 [M]. 兰州: 甘肃人民出版社, 1989.

[29] 王海山, 王续琨. 科学方法辞典 [M]. 杭州: 浙江教育出版社, 1992.

[30] 吴明隆. 问卷统计分析实务: SPSS操作与应用 [M]. 重庆: 重庆大学出版社, 2010.

[31] 萧浩辉. 决策科学辞典 [M]. 北京: 人民出版社, 1995.

[32] 徐少锦, 温克勤. 伦理百科辞典 [M]. 北京: 中国广播电视出版社, 1999.

[33] 杨代福.政策工具选择研究：基于理性与政策网络的视角［M］.北京：中国社会科学出版社，2016.

[34] 杨华峰.协同治理：社会治理现代化的历史进路［M］.北京：经济科学出版社，2017.

[35] 张声雄，沈作松.学习型组织知识问答400题［M］.上海：上海三联书店，2005.

[36] 赵忠心.家庭教育学［M］.哈尔滨：黑龙江少年儿童出版社，1988.

[37] 中国百科大辞典编委会，袁世全，冯涛.中国百科大辞典［M］.北京：华夏出版社，1990.

[38] 汝信.社会科学新辞典［M］.重庆：重庆出版社，1988.

[39] 朱贻庭.伦理学大辞典［M］.上海：上海辞书出版社，2002.

二、期刊论文

[1] 陈彬.关于理性选择理论的思考［J］.东南学术，2006（1）.

[2] 陈宏军，李传荣，陈洪安.社会资本与大学毕业生就业绩效关系研究［J］.教育研究，2011（10）.

[3] 陈华仔，肖维.中国家长"教育焦虑症"现象解读［J］.国家教育行政学院学报，2014（2）.

[4] 陈健.总结教学经验提高教学质量［J］.天津职业大学学报，2000（2）.

[5] 陈亮，李惠.论教育治理法治化［J］.高校教育管理，2016（4）.

[6] 陈全功，程蹊，李忠斌.我国城乡补习教育发展及其经济成本的调查研究［J］.教育与经济，2011（2）.

[7] 陈荣卓，刘亚楠.迈向共享治理：新时代社区教育创新实践与发展路向［J］.理论月刊，2020（7）.

[8] 陈雅雯.澳门英语私人补习：基于高三学生的视角［J］.全球教育展望，2020（2）.

[9] 陈肇新.提升教育公平感的法律程序治理：以中小学校外培训机构的法律规制为视角［J］.全球教育展望，2018（9）.

[10] 程同顺，张国军．理性选择理论的困境：纠结的理性与不确定性[J]．理论与现代化，2012（2）．

[11] 褚宏启，贾继娥．教育治理中的多元主体及其作用互补[J]．教育发展研究，2014（19）．

[12] 褚宏启．教育现代化的本质与评价：我们需要什么样的教育现代化[J]．教育研究，2013（11）．

[13] 褚宏启．教育治理：以共治求善治[J]．教育研究，2014（10）．

[14] 崔国富．中小学生校外教育乱象的治理困境与突破[J]．当代教育科学，2015（3）．

[15] 代蕊华，仰丙灿．国外校外培训机构治理：现状、经验、问题及其启示[J]．教师教育研究，2017（5）．

[16] 邓旭，赵刚．我国教育政策评价的实践模式及改进路径[J]．国家教育行政学院学报，2013（8）．

[17] 丁亚东，范勇，薛海平．竞争到合作：学校与影子教育机构的关系模式分析[J]．现代教育管理，2018（9）．

[18] 丁亚东，李欢欢．家长教育政策了解度与子女教育获得：基于课外补习的中介效应分析[J]．当代教育论坛，2021（1）．

[19] 丁亚东，刘积亮，薛海平．在职教师参与课外补习的政策模式分析[J]．上海教育科研，2016（6）．

[20] 丁亚东，薛海平．哪个阶层参与影子教育的收益最大：博弈论的视角[J]．首都师范大学学报（社会科学版），2020（1）．

[21] 丁亚东，薛海平．在职教师与学校影子教育获得的博弈论分析[J]．当代教育论坛，2017（2）．

[22] 丁亚东，杨涛．我国校外培训机构治理政策的特征、问题与展望：基于21个省市政策文本的分析[J]．教育与经济，2019（6）．

[23] 丁亚东．给补习"退热"：从"政府治理"到"社会治理"[J]．中国教育学刊，2020（3）．

[24] 丁亚东．价值与阻力：我国课外补习机构的发展阶段与治理路径[J]．当代教育论坛，2019（3）．

[25] 丁亚东．我国中小学生家庭参与影子教育的博弈策略[J]．苏州大

学学报（教育科学版），2020（2）.

[26] 董辉. 给择校热"降温"：从"内部治理"到"社会治理"[J]. 全球教育展望，2014（2）.

[27] 董雪兵，潘登，周谷平. 国家治理体系与治理能力建设：发展与共享 [J]. 浙江大学学报（人文社会科学版），2020（1）.

[28] 范静波. 家庭资本、代际流动与教育公平问题研究 [J]. 南京社会科学，2019（4）.

[29] 范晓慧. "影子教育"的思考：多种视角 [J]. 清华大学教育研究，2008（6）.

[30] 范勇，王寰安. 学校自主权与学生学业成就：基于PISA2015中国四省市数据的实证研究 [J]. 教育与经济，2018（1）.

[31] 方晨晨，薛海平. 影子教育的影响因素及对学生成绩影响的实证研究：基于京、黑、鲁、晋、青、川六省市的调查数据 [J]. 现在中小学教育，2015（8）.

[32] 方晨晨，张平平. 学生课外补习支出越多越好吗？[J]. 基础教育，2017（5）.

[33] 方玲玲，张云霞. 城镇居民参与社区教育意愿影响因素分析：基于Logistic回归模型 [J]. 教育学术月刊，2020（4）.

[34] 风笑天. 方法论背景中的问卷调查法 [J]. 社会学研究，1994（3）.

[35] 傅利平，涂俊. 城市居民社会治理满意度与参与度评价 [J]. 城市问题，2014（5）.

[36] 高翔，薛海平. 国际影子教育研究的现状、热点、趋势与启示：基于WoS数据库的知识图谱分析 [J]. 教育理论与实践，2020（16）.

[37] 高翔. 政府治理效率：当代中国公共管理研究中的大问题 [J]. 公共管理与政策评论，2020（1）.

[38] 高耀，刘志民，方鹏. 家庭资本对大学生在校学业表现影响研究：基于江苏省20所高校的调研数据 [J]. 高教探索，2011（1）.

[39] 葛洋娟，徐玲，张淑娟. 中小学生家庭背景性资本对其参加课外补习的影响研究：以内蒙古赤峰市为例 [J]. 基础教育，2016（2）.

[40] 顾明远. 要重视对家庭教育的研究 [J]. 山西教育，1982（2）.

[41] 郭丛斌，闵维方．家庭经济和文化资本对子女教育机会获得的影响 [J]．高等教育研究，2006（11）．

[42] 郭科，顾昕．教师有偿补习为何屡禁不止：从委托代理理论的视角分析政府监管的困境 [J]．教育与经济，2016（2）．

[43] 何大安．西方理性选择理论演变脉络及其主要发展 [J]．学术月刊，2016（3）．

[44] 何翔舟，金潇．公共治理理论的发展及其中国定位 [J]．学术月刊，2014（8）．

[45] 贺武华，娄莹莹．中国式"影子教育"及其规范发展 [J]．浙江社会科学，2020（7）．

[46] 贺武华．中小学生校外培训专项治理的"标"与"本" [J]．社会治理，2020（3）．

[47] 贺晓珍．高等教育机会获得的家庭资本影响探析 [J]．当代教育论坛，2019（4）．

[48] 洪向华，张杨．论国家治理体系和治理能力现代化的五重维度 [J]．大连理工大学学报（社会科学版），2020（3）．

[49] 胡洁．当代中国青年社会心态的变迁、现状与分析 [J]．中国青年研究，2017（12）．

[50] 胡天佑．我国教育培训机构的规范与治理 [J]．教育学术月刊，2013（7）．

[51] 胡咏梅，范文凤丁，维莉．影子教育是否扩大教育结果的不均等：基于PISA2012上海数据的经验研究 [J]．北京大学教育评论，2015（3）．

[52] 胡咏梅，李佳丽．父母的政治资本对大学毕业生收入有影响吗 [J]．教育与经济，2014（1）．

[53] 胡咏梅，王亚男．中小学生家庭对子女课外教育的投资及效果分析 [J]．首都师范大学学报（社会科学版），2019（5）．

[54] 黄芳，李太平．美国中小学课外教育质量保障机制与启示 [J]．比较教育研究，2013（4）．

[55] 黄慧利．"影子教育"市场的乱象与治理：基于影子教育市场主体行为的分析 [J]．内蒙古师范大学学报（教育科学版），2018（10）．

[56] 黄俊亮. 教育培训机构成本管理研究: 基于会计成本的视角 [J]. 财会通讯, 2012 (24).

[57] 黄小瑞, 宋歌, 李晓煦. 不同成绩排名对初中生课外补习参与的影响 [J]. 教育发展研究, 2018 (Z2).

[58] 黄小瑞, 占盛丽. 家庭作业及课外补习对学生数学焦虑的影响: 中国上海与芬兰的比较 [J]. 全球教育展望, 2015 (12).

[59] 黄晓春, 嵇欣. 非协同治理与策略性应对: 社会组织自主性研究的一个理论框架 [J]. 社会学研究, 2014 (6).

[60] 蒋国河, 闫广芬. 城乡家庭资本与子女的学业成就 [J]. 教育科学, 2006 (8).

[61] 孔令帅, 陈铭霞, 刘娣. 社会教育培训机构治理的国际经验及启示 [J]. 外国中小学教育, 2017 (6).

[62] 雷沙沙, 宫新荷. 利益相关者视角下我国社区教育治理研究 [J]. 成人教育, 2017 (1).

[63] 雷万鹏. 高中生教育补习支出: 影响因素及政策启示 [J]. 教育与经济, 2005 (1).

[64] 李春玲. 社会政治变迁与教育机会不平等: 家庭背景及制度因素对于教育获得的影响 (1940—2001) [J]. 中国社会科学, 2003 (3).

[65] 李汉卿. 协同治理理论探析 [J]. 理论月刊, 2014 (1).

[66] 李宏彬, 孟岭生, 施新政, 等. 父母的政治资本如何影响大学生在劳动力市场中的表现: 基于中国高校应届毕业生就业调查的经验研究 [J]. 经济学 (季刊), 2012 (3).

[67] 李佳丽, 胡咏梅. 谁从影子教育中获益?: 兼论影子教育对教育结果均等化的影响 [J]. 教育与经济, 2017 (2).

[68] 李佳丽, 潘冬冬. 中国香港学生参加校内外教育补习的影响因素与效应 [J]. 教育与经济, 2020 (2).

[69] 李佳丽, 薛海平. 父母参与、课外补习和中学生学业成绩 [J]. 教育发展研究, 2019 (2).

[70] 李佳丽. 不同类型影子教育对小学生学业成绩的影响: 及其对教育不均等的启示 [J]. 教育科学, 2017 (5).

［71］李静，薛海平．家庭资本对初中生参加课外补习活动影响实证研究 ［J］．基础教育，2016（6）．

［72］李立煊，曾润喜．网络舆情治理的主体参与满意度评估体系研究 ［J］．情报科学，2017（1）．

［73］李娜．校外培训在我国的发展趋势 ［J］．中国教育学刊，2015（5）．

［74］李培林．理性选择理论面临的挑战及其出路 ［J］．社会学研究，2001（6）．

［75］李清刚．民办校外培训：定位与监管 ［J］．教育导刊，2016（3）．

［76］李润洲．学位论文核心概念界定的偏差与矫正：一种教育学视角 ［J］．学位与研究生教育，2012（6）．

［77］李巍，王华东，姜文来．政策评价研究 ［J］．上海环境科学，1996（11）．

［78］李鑫．基于政府治理的中小学校外培训机构问题及对策研究 ［J］．产业科技创新，2020（2）．

［79］李尧．教育公共服务、户籍歧视与流动人口居留意愿 ［J］．财政研究，2020（6）．

［80］李作章．区域教育治理现代化：价值、要点与体系构建 ［J］．国家教育行政学院学报，2020（3）．

［81］梁春贤，游宇．日本中小学课外补习教育的治理经验及启示 ［J］．文化创新比较研究，2020（1）．

［82］林枫．教育治理中社会参与的相关问题探讨 ［J］．广西广播电视大学学报，2017（4）．

［83］林荣日．教育培训机构乱象怎么治 ［J］．人民论坛，2019（26）．

［84］刘东芝．小学生影子教育弊大于利 ［J］．中国教育学刊，2014（11）．

［85］刘冬冬，姚昊．课外补习对初中学生不同学科成绩的影响研究：基于 CEPS（2013-2014）实证分析 ［J］．教育学术月刊，2018（10）．

［86］刘冬冬，张新平．教育治理现代化：科学内涵、价值维度、实践路径 ［J］．现代教育管理，2017（7）．

［87］刘菁菁．东亚国家（地区）课外补习的政府监管之道：香港大学教

育学院比较教育研究中心主任马克·贝磊教授专访 [J]. 外国中小学教育, 2014 (10).

[88] 刘菁菁. 东亚国家（地区）课外补习的政府监管之道: 香港大学教育学院比较教育研究中心主任马克·贝磊教授专访 [J]. 外国中小学研究, 2014 (10).

[89] 刘珊珊, 杨向东. 课外辅导对学生学业成绩影响效应的元分析 [J]. 教育发展研究, 2015 (22).

[90] 刘铁芳. 教育治理现代化: 何种教育, 如何现代化 [J]. 国家教育行政学院学报, 2020 (1).

[91] 刘显, 张志勇. 体育人文社会学博士学位论文问题与反思: 理论基础探微 [J]. 体育科学, 2012 (8).

[92] 刘训华, 周洪宇. 新加坡教育治理体系探析 [J]. 比较教育研究, 2016 (10).

[93] 刘艺. 国家治理理念下法治政府建设的再思考: 基于文本、理念和指标的三维分析 [J]. 法学评论, 2021 (1).

[94] 刘志丹. 国家治理体系和治理能力现代化: 一个文献综述 [J]. 重庆社会科学, 2014 (7).

[95] 刘志军, 徐彬. 教育评价: 应然性与实然性的博弈及超越 [J]. 教育研究, 2019 (5).

[96] 刘志民, 高耀. 家庭资本、社会分层与高等教育获得: 基于江苏省的经验研究 [J]. 高等教育研究, 2011 (12).

[97] 刘中起, 瞿栋. 社会阶层、家庭背景与公共服务满意度: 基于CGSS2015 数据的实证分析 [J]. 北京行政学院学报, 2020 (4).

[98] 刘作翔. 关于社会治理法治化的几点思考: "新法治十六字方针"对社会治理法治化的意义 [J]. 河北法学, 2016 (5).

[99] 楼世洲. "影子教育"治理的困境与教育政策的选择 [J]. 教育发展研究, 2013 (18).

[100] 卢学晖. 理性选择理论的理论困境与现实出路 [J]. 天津行政学院学报, 2015 (3).

[101] 陆伟. 公共政策选择与影子教育参与 [J]. 比较教育研究, 2019

(8).

[102] 吕慈仙，李卫华．高校学生专业选择的影响因素分析：基于理性选择理论的视角 [J]．高等工程教育研究，2014 (1)．

[103] 麻宝斌，于丽春，杜平．中国民众教育政策公平认知状况的影响因素分析 [J]．公共管理与政策评论，2017 (3)．

[104] 马德浩．从割裂走向融合：论我国学校、社区、家庭体育的协同治理 [J]．中国体育科技，2020 (3)．

[105] 马广海．论社会心态：概念辨析及其操作化 [J]．社会科学，2008 (10)．

[106] 马焕灵，樊丹丹．教育管理效率化批判 [J]．复旦教育论坛，2006 (5)．

[107] 马继迁，张宏如．人力资本、政治资本与失地农民的工作获得 [J]．华东经济管理，2015 (12)．

[108] 马佳宏，覃菁．基于供需偏差分析的校外培训机构治理探寻 [J]．现代教育管理，2018 (11)．

[109] 马良，方行明，雷震．父母的政治资本和人力资本对子女深造意愿的影响及传导机制：基于中介效应和调节效应的分析 [J]．教育与经济，2016 (3)．

[110] 马晓东．政府、市场与社会合作视角下的灾害协同治理研究 [J]．经济问题，2021 (1)．

[111] 毛婧，祁占勇，答喆．教育培训机构的法律属性与法律规制 [J]．中国教育学刊，2020 (8)．

[112] 南旭光．共生理论视阈下职业教育治理模式创新研究 [J]．职业技术教育，2016 (28)．

[113] 牛继舜．论共同愿景的构成要素与作用 [J]．现代管理科学，2005 (6)．

[114] 庞庆举．社会治理视野中的社区教育力及其提升研究 [J]．教育发展研究，2016 (7)．

[115] 彭湃，周自波．城市义务教育阶段课外补习研究：基于湖北武汉市 H 区的抽样调查 [J]．中小学管理，2008 (4)．

[116] 祁型雨.论教育政策的价值及其评价标准 [J].教育科学,2003 (2).

[117] 祁占勇,李清煜,王书琴.21世纪以来我国校外培训机构治理政策的演进历程与理性选择 [J].中国教育学刊,2019 (6).

[118] 祁占勇,于茜兰.校外培训机构治理政策的内容分析 [J].现代教育管理,2019 (3).

[119] 钱国英,唐丽静.城市义务教育阶段学生参加课外补习机率的影响因素分析:基于武汉、深圳的调查 [J].教育财会研究,2009 (6).

[120] 钱国英,唐丽静.城市义务教育阶段学生加课外补习机率的影响因素分析:基于武汉、深圳的调查 [J].教育财会研究,2009 (3).

[121] 丘海雄,张应祥.理性选择理论述评 [J].中山大学学报 (社会科学版),1998 (1).

[122] 邱昆树,王一涛,周朝成.论政府对民办教育培训机构监管的责任担当 [J].中国教育学刊,2018 (6).

[123] 曲波,郭海强,任继萍,等.结构方程模型及其应用 [J].中国卫生统计,2005 (6).

[124] 曲颖,薛海平.我国义务教育阶段影子教育私人成本研究 [J].上海教育科研,2015 (4).

[125] 任春红.阶层地位再生产与家庭资本的多维构成 [J].金陵科技学院学报 (社会科学版),2018 (2).

[126] 山子.中小学减负政策文本的梳理及分析 [J].教育科学研究,2015 (2).

[127] 上官莉娜.论政府治理理念的创新 [J].武汉体育学院学报,2003 (5).

[128] 盛欣,姜江.协同治理视域下高等教育治理现代化探究 [J].当代教育论坛,2018 (5).

[129] 斯拉木,玉散.基于有序 Logistic 模型的居民对援疆政策满意度的影响因素分析:以南疆三地州数据为例 [J].现代城市研究,2018 (4).

[130] 宋光辉,彭伟辉.义务教育阶段择校制度优化:基于教育需求视角的分析 [J].经济体制改革,2016 (1).

[131] 宋海生，薛海平．初中生课外补习支出：现状、影响因素及政策启示 [J]．当代教育论坛，2018（4）．

[132] 苏霍姆林斯卡雅．苏霍姆林斯基家校合作思想概述 [J]．中国德育，2018（17）．

[133] 孙伯龙．我国校外培训的市场准入管制转型：理论与路径 [J]．教育学报，2018（4）．

[134] 孙杰远．教育治理现代化的本质、逻辑与基本问题 [J]．复旦教育论坛，2020（1）．

[135] 孙伦轩，唐晶晶．课外补习的有效性：基于中国教育追踪调查的估计 [J]．北京大学教育评论，2019（1）．

[136] 孙绵涛．现代教育治理体系的概念、要素及结构探析 [J]．教育研究与实验，2015（6）．

[137] 孙蕊，孙萍，张景奇，等．内容分析方法在公共政策研究中的应用：以耕地占补平衡政策为例 [J]．广东农业科学，2014（4）．

[138] 孙天华，张济洲．社会阶层结构与高等教育机会获得：基于山东省的实证研究 [J]．湖北社会科学，2017（1）．

[139] 谭远发．父母政治资本如何影响子女工资溢价："拼爹"还是"拼搏"？[J]．管理世界，2015（3）．

[140] 田凯，黄金．国外治理理论研究：进程与争鸣 [J]．政治学研究，2015（6）．

[141] 童星．家庭背景会影响大学生的学业表现吗?：基于国内外41项定量研究的元分析 [J]．南京师大学报（社会科学版），2020（5）．

[142] 万晓．"放学后学校"：韩国应对课后补习热的重要举措 [J]．中小学管理，2010（11）．

[143] 王吉，刘东芝．对补习教育研究几个基本问题的思考 [J]．教学与管理，2013（27）．

[144] 王建梁，赵鹤．印度高等教育治理：权力演变、体系建构和逻辑审视 [J]．大学教育科学，2018（4）．

[145] 王军．从行政监管到多元治理："社会教育培训机构的综合治理"研讨会综述 [J]．教育发展研究，2017（10）．

[146] 王俊秀. 社会心态的结构和指标体系 [J]. 社会科学战线, 2013 (2).

[147] 王乃弋, 李红, 高山. 评执行功能的问题解决理论 [J]. 心理科学进展, 2004 (5).

[148] 王倩, 刘俊哲, 刘彦. 中国制造背景下服务设计教育效率化研究 [J]. 南京艺术学院学报 (美术与设计), 2016 (6).

[149] 王素斌, 朱益明. 论校外培训机构的综合治理 [J]. 基础教育, 2018 (2).

[150] 王晓辉. 关于教育治理的理论构思 [J]. 北京师范大学学报 (社会科学版), 2007 (4).

[151] 王晓艳. 校外教育中转变家长教育观念的策略初探 [J]. 中国校外教育, 2018 (3).

[152] 王学男. "减负" 与校外培训治理的可能: 北京市普通高中学生课业负担的多群体调查 [J]. 上海教育科研, 2019 (8).

[153] 王益富, 潘孝富. 中国人社会心态的经验结构及量表编制 [J]. 心理学探新, 2013 (1).

[154] 王有升. 补习教育: 一类不可忽视的教育现象 [J]. 上海教育科研, 1997 (6).

[155] 魏建. 理性选择理论与法经济学的发展 [J]. 中国社会科学, 2002 (1).

[156] 吴宏超, 冯梅. 城市义务教育家长满意度影响因素研究: 基于 Ordered Logistic 回归模型的分析 [J]. 教育发展研究, 2015 (10).

[157] 吴宏超, 冯梅. 城市义务教育家长满意度影响因素研究: 基于 Ordered Logistic 回归模型的分析 [J]. 教育发展研究, 2015 (10).

[158] 吴翌琳. 初中生课外补习的影响因素研究: 基于 CEPS 的调查数据分析 [J]. 教育科学, 2016 (5).

[159] 郗芳. 义务教育阶段政府对校外教育机构的监管责任与边界 [J]. 教育发展研究, 2013 (12).

[160] 夏锦文. 共建共治共享的社会治理格局: 理论构建与实践探索 [J]. 江苏社会科学, 2018 (3).

[161] 夏立军, 方轶强. 政府控制、治理环境与公司价值: 来自中国证券市场的经验证据 [J]. 经济研究, 2005 (5).

[162] 谢舜, 周鸿. 科尔曼理性选择理论评述 [J]. 思想战线, 2005 (2).

[163] 邢敏慧, 张航. 家庭资本、政治信任与教育扶贫政策满意度: 基于全国 31 个省 240 个村庄的实证分析 [J]. 四川师范大学学报 (社会科学版), 2019 (4).

[164] 邢瑞磊. 理解理性选择理论: 历史、发展与论争 [J]. 武汉大学学报 (哲学社会科学版), 2015 (3).

[165] 邢芸, 胡咏梅. 流动儿童学前教育选择: 家庭社会经济背景及迁移状况的影响 [J]. 教育与经济, 2015 (3).

[166] [0] 徐莉. 中小学校外培训乱象及其体制根源探寻 [J]. 教育科学, 2015 (4).

[167] 徐伟琴, 方芳. 谁获得了高等教育: 基于户籍身份和家庭背景的双重视角 [J]. 重庆高教研究, 2020 (1).

[168] 徐嫣, 宋世明. 协同治理理论在中国的具体适用研究 [J]. 天津社会科学, 2016 (2).

[169] 徐艳国. 关于教育治理体系和治理能力现代化建设的分析 [J]. 中国高等教育, 2014 (17).

[170] 许家云, 毛其淋. 政府补贴、治理环境与中国企业生存 [J]. 世界经济, 2016 (2).

[171] 许可法. 韩国课外补习政策述评 [J]. 上海教育科研, 2009 (2).

[172] 许淑萍. 公共政策伦理评价的意蕴、标准及其维度 [J]. 学习与探索, 2017 (4).

[173] 薛海平, 丁小浩. 中国城镇学生教育补习研究 [J]. 教育研究, 2009 (1).

[174] 薛海平, 高翔, 范皑皑. 中小学教师工资水平对学生参与课外补习的影响研究 [J]. 教育科学, 2019 (5).

[175] 薛海平, 师欢欢. 义务教育均衡发展能否降低初中生课外补习参与率? [J]. 教育与经济, 2020 (5).

[176] 薛海平，宋海生．课外补习时间对中学生成绩影响的实证研究：基于 PISA2012 上海的数据［J］．教育科学研究，2018（4）．

[177] 薛海平，王东，巫锡炜．课外补习对义务教育留守儿童学业成绩的影响研究［J］．北京大学教育评论，2014（3）．

[178] 薛海平，赵阳．高中生参加课外补习有助于考大学吗？［J］．华东师范大学学报（教育科学版），2020（5）．

[179] 薛海平．家庭资本与教育获得：基于影子教育中介效应分析［J］．教育与经济，2018（4）．

[180] 薛海平．家庭资本与教育获得：影子教育的视角［J］．教育科学研究，2017（2）．

[181] 薛海平．课外补习、学习成绩与社会再生产［J］．教育与经济，2016（2）．

[182] 闫闯．从补习教育的盛行看应试教育的生成和治理［J］．湖南师范大学教育科学学报，2014（6）．

[183] 闫闯．集体行为理论视角下学生参加补习教育行为的诱发因素［J］．当代青年研究，2018（4）．

[184] 杨博文，杨令平．校外辅导机构治理的现实困境与破解之策［J］．教学与管理，2019（36）．

[185] 杨春．课外补习教育中师生关系伦理性与契约性的博弈［J］．教育理论与实践，2011（2）．

[186] 杨倩，马芳．父母职业类别与蒙古族学生高等教育机会获得的关联：基于内蒙古 3 所高校的实证调查［J］．民族教育研究，2018（1）．

[187] 杨清华．协同治理与公民参与的逻辑同构与实现理路［J］．北京工业大学学报（社会科学版），2011（2）．

[188] 杨清．区域教育治理体系现代化：内涵、原则与路径［J］．河北师范大学学报（教育科学版），2015（5）．

[189] 杨婷，黄文贵．当前中国校外培训机构的规范与治理［J］．教育学术月刊，2020（9）．

[190] 杨威．访谈法解析［J］．齐齐哈尔大学学报（哲学社会科学版），2001（4）．

[191] 杨秀芹，吕开月．社会分层的代际传递：家庭资本对高考志愿填报的影响［J］．中国教育学刊，2019（6）．

[192] 杨宜音．个体与宏观社会的心理关系：社会心态概念的界定［J］．社会学研究，2006（4）．

[193] 杨颖秀．怎样治理"影子教育"乱象［J］．人民论坛，2018（14）．

[194] 杨育民．略论"制度化"［J］．社会科学辑刊，2001（6）．

[195] 仰丙灿．影子教育治理的国际经验与启示［J］．比较教育研究，2018（8）．

[196] 姚琳，马映雪．日本校外培训机构学习塾治理探析［J］．比较教育研究，2020（1）．

[197] 姚松．县域教育治理现代化转型：价值、困境与创新路径［J］．宁波大学学报（教育科学版），2020（3）．

[198] 于冰洁，余锦汉．家庭文化资本、家长参与对学生学业成就的影响效应及作用路径分析［J］．教育学术月刊，2020（1）．

[199] 于金申，贾利帅．日本"影子教育"的治理与启示［J］．当代教育科学，2020（4）．

[200] 俞可平．全球治理引论［J］．马克思主义与现实，2002（1）．

[201] 袁德润．校外教育与校内教育衔接：可能与可行［J］．教育发展研究，2016（20）．

[202] 袁红．国家治理体系现代化的价值目标及其衡量标准［J］．理论与改革，2016（3）．

[203] 岳建军．论在职教师从事"有偿家教"的合理性及约束性［J］．教育科学，2012（2）．

[204] 曾春华，胡国柳．治理环境、终极股东控制与公司并购绩效［J］．商业经济与管理，2013（9）．

[205] 张冰．"影子教育"与中国"新中间阶层"的文化再生产：从布迪厄的文化资本理论说开去［J］．教育理论与实践，2017（22）．

[206] 张长东．国家治理能力现代化研究：基于国家能力理论视角［J］．法学评论，2014（3）．

[207] 张春华，吴亚婕．社区教育满意度评价模型构建及实践研究［J］.

中国远程教育，2020（7）.

[208] 张家军，靳玉乐. 论课程政策评价模式 [J]. 教育理论与实践，2004（7）.

[209] 张建. 教育治理体系的现代化：标准、困境及路径 [J]. 教育发展研究，2014（9）.

[210] 张俊青. 高职院校外部治理环境建设初探 [J]. 教育与职业，2019（8）.

[211] 张立荣，冷向明. 协同治理与我国公共危机管理模式创新：基于协同理论的视角 [J]. 华中师范大学学报（人文社会科学版），2008（2）.

[212] 张墨涵. 规范校外培训机构的理论探讨与政策走向 [J]. 教育科学研究，2019（8）.

[213] 张薇. 中国校外培训规范治理：统一的政策，多样的回应 [J]. 全球教育展望，2020（2）.

[214] 张文显. 法治化是国家治理现代化的必由之路 [J]. 法制与社会发展，2014（5）.

[215] 张小燕，管越，李森. 户籍制度背景下我国残疾人就业影响因素分析 [J]. 人口与发展，2020（2）.

[215] 张颖，张清. 基础教育阶段课外补习的实证研究：基于西安市城区的调查与分析 [J]. 吉林教育学院学报，2013（12）.

[216] 张羽，陈东，刘娟娟. 小学课外补习对初中学业成绩的影响：基于北京市某初中九年追踪数据的实证研究 [J]. 教育发展研究，2015（Z2）.

[217] 张玉玮. 合理与困境：我国影子教育角色矛盾与治理建议 [J]. 河北科技师范学院学报（社会科学版），2019（4）.

[218] 张赵姝影，郑东辉. 基于高频词汇的国家减负政策分析 [J]. 教师教育研究，2016（2）.

[219] 张志学. 组织心理学研究的情境化及多层次理论 [J]. 北京：心理学报，2010（1）.

[220] 赵岚. 有效教育治理体系构建的几个重要维度 [J]. 国家教育行政学院学报，2016（3）.

[221] 赵楠楠. 小学生影子教育现状调查与思考：以淮北市相山区小学为

例［J］. 曲靖师范学院学报, 2014 (9).

［222］赵延东, 洪岩璧. 社会资本与教育获得: 网络资源与社会闭合的视角［J］. 社会学研究, 2012 (5).

［223］赵阳, 薛海平. 参与课外补习对我国初中生睡眠时间的影响研究: 基于北京市十六所初级中学的实证分析［J］. 基础教育, 2018 (6).

［224］郑淑超, 任涛, 刘军伟. 影子教育治理长效化: 困境与对策［J］. 中国教育学刊, 2020 (10).

［225］郅庭瑾, 陈佳欣. 教育发展的不平衡与不充分［J］. 清华大学教育研究, 2018 (3).

［226］郅庭瑾, 丁亚东. 中小学生家庭参与影子教育博弈的行为分析: 基于动机的视角［J］. 清华大学教育研究, 2020 (4).

［227］中泽涉, 鲍威, 冯倩倩. 日本的影子教育: 聚焦高中阶段的课外补习支出［J］. 北京大学教育评论, 2015 (3).

［228］钟世潋. 社会力量参与和监督职业教育治理: 价值、困境与路径: 基于新公共服务理论的视域［J］. 职教论坛, 2017 (22).

［229］周翠萍. 论校外培训机构的特点、问题及定位监管［J］. 教育科学研究, 2019 (10).

［230］周东洋, 吴愈晓. 教育竞争和参照群体: 课外补习流行现象的一个社会学解释［J］. 南京师大学报 (社会科学版), 2018 (5).

［231］周付军, 胡春艳. 政策工具视角下"双一流"政策工具选择研究: 基于政策工具和建设要素双维度的分析［J］. 教育学报, 2019 (3).

［232］周霖, 孙晓雪. 谁更易于获得核心素养: 家庭文化资本对核心素养获得的影响［J］. 教育理论与实践, 2017 (7).

［233］周霖, 周常稳. 韩国影子教育治理政策的演变及其启示［J］. 外国教育研究, 2017 (5).

［234］周霖, 周常稳. 韩国影子教育治理政策的演变及其启示［J］. 外国教育研究, 2017 (5).

［235］周晓亮. 西方近代认识论论纲: 理性主义与经验主义［J］. 哲学研究, 2003 (10).

［236］周延军. 社区教育深度融入社区治理的路径探析［J］. 人民论坛,

2020 (24).

[237] 周中胜. 治理环境、政府干预与大股东利益输送 [J]. 山西财经大学学报, 2007 (4).

[238] 朱伟文. 协同治理：完善社区教育治理的新方法 [J]. 成人教育, 2014 (9).

[239] 朱洵. 教育全球化中的影子教育与文化资本理论 [J]. 清华大学教育研究, 2013 (4).

[240] 朱益明, 李茂菊, 徐影. 论校外培训机构的教育定位与治理 [J]. 青少年犯罪问题, 2020 (4).

[241] 左崇良, 胡劲松. 美国高等教育治理体系的结构与特征 [J]. 职业技术教育, 2016 (34).

三、硕博论文

[1] 陈晋琼. 初中生课外辅导现状及治理对策研究 [D]. 岳阳：湖南理工学院, 2018.

[2] 陈静. 泸州市 L 区初中阶段"影子教育"市场现状、问题与治理对策研究 [D]. 成都：四川师范大学, 2019.

[3] 陈晓陆. 冲突与合作：辅导机构与学校的关系研究 [D]. 南京：南京师范大学, 2014.

[4] 陈宇秦. 科尔曼理性选择理论研究 [D]. 兰州：西北师范大学, 2007.

[5] 丁翠翠. 拉萨市基础教育课外辅导市场发展中的政府职能探究 [D]. 拉萨：西藏大学, 2016.

[6] 丁亚东. 我国影子教育需求的博弈竞争 [D]. 北京：首都师范大学, 2018.

[7] 杜建军. 青少年体育锻炼多主体协同治理研究 [D]. 济南：山东大学, 2019.

[8] 杜丽娜. 基于协同治理的管办评分离后的本科教育评价研究 [D]. 郑州：郑州大学, 2019.

[9] 杜悦嘉. 理性选择理论视角下高校学生考证现象研究 [D]. 南宁：广

西大学, 2016.

[10] 符春欢. 中小学校外培训机构行政监管法律问题研究 [D]. 北京：中央民族大学, 2020.

[11] 付康. 大学生群体"考证热"现象研究 [D]. 桂林：广西师范大学, 2011.

[12] 高文丽. 课外补习对小学生数学课堂学习行为的影响及治理研究 [D]. 上海：华东师范大学, 2020.

[13] 郭燕春. 影子教育乱象的合作治理研究 [D]. 南昌：南昌大学, 2020.

[14] 江晓曦. 探析登哈特的新公共服务理论 [D]. 长沙：湖南师范大学, 2010.

[15] 蒋庆荣. 协同治理视角下中国高等职业教育治理模式研究 [D]. 长春：吉林大学, 2018.

[16] 李江华. 校地共建新型研发机构协同治理研究 [D]. 武汉：华中科技大学, 2019.

[17] 李瑞敏. 理性选择理论对民主本质及其原则的反思 [D]. 天津：天津师范大学, 2013.

[18] 李嫣. 基于"管办评"分离的高等教育协同治理研究 [D]. 长春：长春工业大学, 2019.

[19] 李妍. 蚌埠医学院继续教育学院内部协同治理研究 [D]. 合肥：安徽大学, 2019.

[20] 廖梦雅. 中小学校外培训机构发展现状及治理研究 [D]. 武汉：华中师范大学, 2019.

[21] 刘畅. 委托代理视域下基础教育集团化办学的协同治理研究 [D]. 青岛：青岛大学, 2019.

[22] 刘广超. "互联网+"背景下基础教育管办评的协同治理研究 [D]. 南宁：南宁师范大学, 2019.

[23] 刘鹏昊. 区域间高等教育协同治理研究 [D]. 大连：大连理工大学, 2016.

[24] 刘宇. 协同治理视角下辽宁省高校在线教育质量保障研究 [D]. 大

连：大连理工大学，2018.

［25］刘宗锦．我国城市社区教育协同治理研究［D］．天津：天津大学，2017.

［26］马维娜．K市校外培训机构专项治理政策执行问题研究［D］．开封：河南大学，2019.

［27］孟庆蛟．影子教育产品的经济分析［D］．济南：山东大学，2020.

［28］倪靖冉．理性选择理论视角下小学生家庭选择课外辅导行为研究［D］．石家庄：河北大学，2020.

［29］荣霁．我国运动员文化教育的协同治理［D］．长春：东北师范大学，2016.

［30］沈飞．上海市中小学课外辅导机构发展策略［D］．上海：上海师范大学，2016.

［31］汤尚．基础教育课外辅导市场的政府规制研究［D］．长沙：湖南师范大学，2012.

［32］田培杰．协同治理：理论研究框架与分析模型［D］．上海：上海交通大学，2013.

［33］汪明霞．影子教育的现状、问题及治理［D］．南京：南京师范大学，2019.

［34］王雪菲．我国中小学课外辅导市场乱象的政府治理研究［D］．长春：吉林财经大学，2019.

［35］吴景松．政府职能转变视野中的公共教育治理范式研究［D］．上海：华东师范大学，2008.

［36］肖玲．我国义务教育阶段影子教育治理的政策研究［D］．金华：浙江师范大学，2015.

［37］杨欢．理性选择理论：经验与思考［D］．上海：复旦大学，2014.

［38］杨茹苑．义务教育阶段校外培训机构专项治理效果研究［D］．上海：华东师范大学，2020.

［39］翟理想．协同治理理论视阈下松江区职业教育集团化办学的路径优化研究［D］．上海：华东政法大学，2017.

［40］张琦苓．需求视角下影子教育的成因及治理困境研究［D］．哈尔滨：

227

哈尔滨工业大学，2019.

[41] 赵凤. 中小学课外辅导机构监管问题研究 [D]. 泰安：山东农业大学，2017.

[42] 赵磊磊. 农村留守儿童学校适应及其社会支持研究 [D]. 上海：华东师范大学，2019.

[43] 左芸. 理性选择理论视角下高学历青年返乡就业行动研究 [D]. 武汉：华中师范大学，2020.

四、其他文献

[1] 王亚楠. 一路走来 [N]. 北京晚报，2012-12-26 (2).

[2] 中国教育报评论员. 新时代要有新气象新作为：论学习贯彻党的十九大精神 [N]. 中国教育报，2017-11-01 (1).

[3] 徐汉明，邵登辉. 打造共建共治共享的社会治理格局 [N]. 人民日报，2018-06-21 (7).

[4] 陈昭全，张志学，WHETTEN D. 管理研究中的理论建构 [M] //陈晓萍，徐瑞英，樊景立. 组织与管理研究的实证方法：第2版. 北京：北京大学出版社，2012.

[5] 朱永新. 家校同成长"孤岛"变"环岛" [N]. 中国教育报，2017-06-01 (9).

[6] 甘甜，倪秀，王强，赖斯捷. 如何让校外培训真正"退烧"？ [N]. 中国教育报，2018-06-21 (4).

[7] 王东旭. 打造共建共治共享的社会治理格局 [N]. 人民日报，2018-10-22 (7).

[8] 新浪教育. 中国家长教育焦虑指数报告：成长烦恼不再是孩专属 [EB/OL]. (2018-09-18) [2020-11-01]. http：//edu.sina.com.cn/zxx/2018-09-18/doc-ihkhfqns4070541.shtml.

[9] 上海市人民政府网. 走进上海 [EB/OL] (2020-10-20) [2020-11-19]. http：//www.shanghai.gov.cn/nw2318/index.html.

[10] 中国杭州. 走进杭州 [EB/OL] (2020-10-20) [2020-11-19]. http：//www.hangzhou.gov.cn/col/col805740/index.html.

［11］南京市人民政府. 城市概况［EB/OL］. ［2020-10-20］. http：//www. nanjing. gov. cn/zjnj/csgk/201910/t20191016_ 1678402. html.

［12］中华人民共和国教育部. 教育部通报表扬北京贵阳等地的校外培训机构治理工作［EB/OL］. （2018-8-10）［2020-10-16］. http：//www. moe. gov. cn/jyb_ xwfb/gzdt_ gzdt/s5987/201812/t20181210_ 362899. html.

［13］上海市民办教育培训机构管理平台. 上海市校外培训机构白名单，公布啦［EB/OL］. （2020-01-16）［2020-10-12］. https：//pxphb. com/xinwen/265. html.

［14］杭州网. 杭州公布校外培训机构白名单［EB/OL］. （2020-06-30）［2020-10-12］. https：//hwyst. hangzhou. com. cn/xwfb/content/2020-07/22/content_ 7779018_ 15. htm.

［15］南京市教育局. 南京市校外培训机构总"白名单"出炉［EB/OL］. （2020-01-15）［2020-10-12］. https：//www. sohu. com/a/289157916_ 559640.

［16］中国青年报. 中国家庭教育年总支出超1.9万亿［EB/OL］. （2017-12-29）［2020-10-16］. http：//www. chinanews. com/gn/2017/12-29/8412078.

五、外文文献

［1］BECKER S. Shadow education and allocation informal schooling：Transition to university in Japan［J］. American Journal of Sociology，1992（6）.

［2］WEICK K E. What theory is not，theorizing is［J］. Administrative Science Quarterly，1995（3）.

［3］WHETTEN D A. What constitutes a theoretical contribution?［J］. Academy of Management Review，1989（4）.

［4］SUTTON R I，STAW B M. What theory is not［J］. Administrative Science Quarterly，199（3）.

［5］BRAY M，LYKINS C. Shadow education：Private tutoring and its implications for policy makers in Asia［R］. Manila：Asian Development Bank；Hong Kong：Comparative Education Research Center，The University of Hong Kong，2012.

［6］NATH S R. Private supplementary tutoring among primary students in Bangladesh [J]. Educational Studies, 2008 (1).

[7] BRAY M. Private supplementary tutoring: Comparative perspectives on patterns and implications [J]. Comparative Education, 2006 (4).

[8] BANK W. Vietnam: Reading and mathematics assessment research [R]. Washington DC: Human Development Sector Unit, East Asia and Pacific Region, 2004.

[9] SUJATHA K. Private tuition in India: Trends and policy implications. Paper presented at the IIEP policy forum on confronting the shadow education system: what government policies for what private tutoring? [M]. Paris: IIEP-UNESCO, 2007.

[10] KIM T. Shadow education: School shadow education: quality and demand for private tutoring in Korea. Interfaces for the Advanced Economic Analysis [C]. Kyoto University, 2005.

[11] PETERS M, CARPENTER H, EDWARDS G, et al. Private tuition: Survey of parents and careers. ResearchbriefDCSF - RBX - 09 - 01. London: Department for Children, Schools and Families [EB/OL]. (2009-09-01) [2020-10-13]. http: //www. dcsf. gov. uk/research/program me of research/project information. cfm? project [12] =15666&results page=1, 2009.

[12] MAHMUD R. Learning in the shadows: Parents' investments, family burden, and students' workload in Dhaka, Bangladesh [J]. Asia Pacific Education Review, 2021 (1).

[13] GLASMAN D. Tutoring for the rich, tutoring for the poor? Short notes from France. Paper presented at the IIEP policy forum on confronting the shadow education system: What government policies for what private tutoring? [M]. Paris: IIEP-UNESCO, 2007.

[14] PSACHAROPOULOS G, STANTINOU P G. The real university costs in a 'free' higher education country [J]. Economics of Education Review, 2005 (1).

[15] SMYTH E. Buying your way in to college? Private tuition and the transition to higher education in Ireland [J]. Oxford Review of Education, 2009 (1).

[16] BRAY M, SENG B, BANK W, et al. Balancing the books: Household financing of basic education in Cambodia [J]. Comparative Education, 2005 (100).

[17] KWOK P. A cultural analysis of cram schools in Hong Kong: Impact on youth values and implications [J]. Journal of Youth Studies, 2009 (1).

[18] TANSEL A, BODUR B F. Private supplementary tutoring in Turkey recent evidence on its Various Aspects [J]. Social Science Electronic Publishing, 2008 (1).

[19] BUCHMANN C. Getting ahead in Kenya: Social capital, shadow education, and achievement [J]. Research in the Sociology of Education, 2002 (2).

[20] DANG H A. The determinants and impact of private tutoring classes in Vietnam [J]. Economics of Education Review, 2007 (6).

[21] KIM H. Can the academic achievement of Korean students be portrayed as a product of "shadow achievement"? [J]. Asia Pacific Education Review, 2015 (1).

[22] BYUN S, PARK H. The academic success of East Asian American youth: The role of shadow education [J]. Sociology of Education, 2012 (1).

[23] SUNG K, KIM J. A comparative research on the relationship between private tutoring experiences and high school students' academic science achievement: Korea, Finland, and Japan [J]. Korean Journal of Sociology of Education, 2010 (1).

[24] FERGANY N. Survey of access to primary education and acquisition of basic literacy skills in three govern-orates in Egypt [M]. UNICEF: CAIRO, 1995.

[25] Smyth, E. The more, the better? Intensity of involvement in private tuition and examination performance [J]. *Educational Research and Evaluation*, 2008 (5).

[26] KARIN G, BOS W. Effectiveness of private tutoring in mathematics with regard to subjective and objective indicators of academic achievement [J]. Journal for Educational Research, 2014 (6).

[27] DOMINGUE B, BRIGGS D C. Using linear regression and propensity score matching to estimate the effect of coaching on the SAT [J]. Multiple Linear

Regression View points, 2009 (1).

[28] KANG C. An international comparison of the effect of private education spending on Student academic performance: Evidence from the Program for International Student Assessment (PISA), 2006 [J]. Korean Journal of Labor Economics, 2009 (3).

[29] KUAN P. Effects of cram schooling on mathematics performance: Evidence from junior high students in Taiwan [J]. Comparative Education Review, 2011 (3).

[30] PARK G C. In context: Multicultural education in Korea [J]. Multicultural Education, 2011 (3).

[31] CONGRESS U S. No Child Left Behind Act of 2001 Public. No. 107 – 110. SEC. 1003 [EB/OL]. (2012-09-25) [2020-11-18]. http://www2.ed.gov/nclb/landing.jhtml.

[32] Department of Agriculture. Child and Adult Care Food Program [EB/OL]. (2012 – 09 – 25) [2020 – 10 – 01]. http://www.fns.usda.gov/cnd/care/CACFP/about cacfp.htm \ .

[33] After school Alliance. New progress reports find every state has room for improvement in making after school programs available to all kids who need them [EB/OL]. (2012-09-18) [2020-10-01]. http://www.After school alliance.org/press_ archives/Nation-al-Progress-Report-NR-10202011.pdf.

[34] GARY B, TOMES N. Human capital: A theoretical and empirical analysis with special reference to education [M]. Chicago: University of Chicago Press, 1994.

[35] OLIVE R L. A cognitive model of the antecedents of satisfaction decisions [J]. Journal of Marketing Research, 1980 (3).

[36] HANUSHEK E A. The economics of schooling: Production and efficiency in public school [J]. Journal of Economic Literature, 1986 (3).

[37] BRAY M. The shadow education system [M]. UNESCO: International Institute for Educational Planning, 2007.

[38] BRAY M, KWOK P. Demand for private supplementary tutoring: Con-

ceptual considerations, and socio-economic patterns in Hong Kong [J]. Economics of Education Review, 2003 (22).

[39] TIAN R. Shadow education in Myanmar: Private supplementary tutoring and its Policy Implications [J]. International Review of Education, 2020 (4).

[40] KOSUNEN S, HALTIA N, SAARI J, et al. Private Supplementary Tutoring And Socio-Economic Differences In Access to Higher Education [J]. higher education policy, 2020 (1).

[41] FOONDUN A R. The issue of private tuition: An analysis of the practice in Mauritius and selected South-East Asian countries [J]. International Review of Education, 2002 (6).

[42] PARK D. Researching private supplementary tutoring: Methodological lessons from diverse cultures [J]. Comparative Education, 2019 (4).

[43] HARGREAVES A, FULLAN M. Mentoring in the new millennium [J]. Theory Into Practice, 2000 (1).

[44] DONAHUE J. On collaborative governance. Corporate social responsibility initiative working paper No. 2 [S]. Cambridge, MA: John F. Kennedy School of Government, Harvard University, 2004.

[45] JUDITH I, DAVID E, BOOHER E. Planning with complexity: An introduction to collaborative rationality for public policy [M]. London: Routledge, 2010.

[46] GHOSH P, BRAY M. School systems as breeding grounds for shadow education: Factors contributing to private supplementary tutoring in West Bengal, India [J]. European Journal of Education, 2020 (3).

[47] MAHMUD R, BRAY M. School factors underlying demand for private supplementary tutoring in English: Urban and rural variations in Bangladesh [J]. Asia Pacific Journal of Education, 2017 (3).

[48] SHARMA H. The perception on need and impact of private supplementary tutoring at higher secondary level in Delhi Region of India: An exploratory research [J]. The Eurasia Proceedings of Educational and Social Sciences, 2019 (13).

[49] MAHMUD R, KENAYATHULLA H B. Shadow education: Patterns and scale of private supplementary tutoring in English in secondary education at urban

Dhaka in Bangladesh [J]. Compare: A Journal of Comparative and International Education, 2018 (4).

[50] JEFFERY H, FUKAO M T. Shadow education and inequality in lower secondary schooling in Cambodia: Understanding the dynamics of private tutoring participation and provision [J]. University of Chicago Press, IL, 2019 (1).

[51] DAVIES S, AURINI J. The franchising of private tutoring: A view from Canada [J]. Phi Delta Kappan Magazine, 2006 (2).

[52] BRAY M. The challenge of shadow education: Private tutoring and its implications for policy makers in the European Union [M]. Brussels: EC/NESSE, 2011.

[53] ZAMBETA E. Education and social solidarity in times of crisis: The case of voluntary shadow education in Greece [J]. Education Inquiry, 2014 (1).

[54] SOBHY H. The de-facto privatization of secondary education in Egypt: A research of private tutoring in technical and general schools [J]. Compare: A Journal of Comparative and International Education, 2012 (1).

[55] BERBEROGLU G, TANSEL A. Does private tutoring increase students' academic performance? Evidence from Turkey [J]. International Review of Education, 2014 (5).

[56] SOUTHGATE D E. Determinants of shadow education: A cross national analysis [D]. Columbus: The Ohio State University, 2009.

[57] ZHAN S, BRAY T, WANG D. The effectiveness of private tutoring: Students' perceptions in comparison with mainstream schooling in Hong Kong [J]. Asia Pacific Education Review, 2013 (4).

[58] JUNG H, SEO E H. Examining a causal effect of private tutoring in Korea: Does private tutoring damage students' self-regulated learning? [J]. Asia Pacific Education Review, 2019 (3).

[59] HOE S, L. Issues and procedures in adopting structural equation modeling technique [J]. Journal of Applied Quantitative Methods, 2008 (1).

[60] BANK W. The road not traveled: Education reform in the middle east and north Africa [M]. Washington D C: The World Bank, 2008.